經學研究叢書

歸○解易十六講
第三集

廖慶六　著

目次

陳序

　　一般而言，學術之研究雖然有「求異」與「求同」的兩大層面，但兩者往往形成『二元對待』的螺旋關係，也就是說，「求異」多少，既可以徹上「求同」多少；同理，「求同」多少，既可以徹下「求異」多少。這樣循環不已，就拓展了學術的領域和成果。廖先生這本《歸〇解易十六講》的大作，初看只是解析《周易》六十四卦中的十六卦，為徹下的「求異」之作，卻能徹上「求同」，一一「歸〇」，因此就有既「求異」又「求同」的特色：

　　一、這本書不論卦象、不談易傳。如果以易經之形式與內容作區分，《周易》一書大致可以分成「文字卦」及「數字卦」兩個部分：「文字卦」是指經文內容，它以歷史典故及哲理意涵做為敘述主體；而「數字卦」是指數字、卦象與符號，它以占筮及數術之論述見長。而本書之解易內容純以「文字卦」為主，不涉及象數、卦象、易例、占卜或風水等各種易學觀點之研究。針對精簡之文字卦內容，作者期以精準之詮釋法，逐一解開經文之意涵為目的，其解易之觀念與方法，確實相當獨特。這在「求異」中又涉「求同」。

　　二、中、法兩大古文字學家郭沫若先生及法國馬伯樂教授（Henri Maspero），他們都強調中國的訓詁之學，其實就是要注意「說的字」，而不是「寫的字」。傳統易經之注釋，都局限於「寫的字」；而本書對於內容之詮釋，頗多借助於臺灣話「說的字」之功效，並全面性深入經文「形、音、義」之考證。例如：乾卦之「亢龍」，坤卦之「不

習」，訟卦之「有孚」，大有卦之「交」、「彭」，豐卦之「蔀」，巽卦之
「床」，等等字詞為是。這主要在「求異」。

　　三、清儒章學誠早有「六經皆史」之創見，以蒙卦及師卦為例，
內有商末周初之史事關聯性，因為兩卦分別論述箕子及姜太公，兩人
與周武王之間的奧妙關係；另外需卦及訟卦，則是記載紂王之子祿
父，他與「三監」與「封侯」變易之間的微妙互動。近人鄒昌林亦有
「六經皆禮」之論說，以豐卦為例，其中就有針對殷人重視祭祀禮儀之
敘述。以史證易，以禮論易，這是作者詮釋「文字卦」經文內容，相
當具有說服力之處。這主要在「求同」。

　　四、本書係以客觀手法撰寫而成的學術研究論文，論文撰寫格式
與文章講述順序，一律分成五個段落，其中「卦爻辭之解釋」、「關鍵
字辭之解釋」、及「六十四卦之聯通」三個段落，這是組構本書各講之
核心內容。在撰寫各篇文章內容時，作者依科學性的學術研究方法，
各篇論文之研究方法與考證依據，均參酌易經每卦內容之差異性，分
別採用最妥切之研究途徑。本書雖以語言文字及歷史文獻之研究方法
為多見，但對於獨特之易卦，均分別採用更有效益之研究方法。以
「乾」卦為例，因為卦爻辭之意涵，隱含聖人對「宇宙」兩字的認知
與詮釋。因此本書作者就利用社會學家的結構主義理論及其系統分析
法，以做印證乾卦整體意涵之設計；該文就是運用語言文字、天文星
象及結構主義之分析理論與研究方法，進行探索及佐證乾卦經文之意
涵。再以「坤」卦為例，本卦係以月球運行及朔望天象之變化作為核
心內容，論述在朔日、望日所產生的日蝕、月蝕等特殊天文景象，以
及其中所蘊含的有關世事變化之義理。本文即以語言文字及天文曆法
之科學研究文獻與方法應用，進行解讀坤卦之卦、爻辭。再以漸卦為
例，本卦係以候鳥習性為物象，以鴻雁循序漸進為意象；對於鴻雁之
遷徙、棲息、配對、繁殖、飛行，均依照六爻之順序，逐一詮釋其文

字內容。作者指出，鴻雁是大自然界候鳥之一，我們應該效法大自然精神，並以候鳥生態為師，從觀察學習中得到啟發；因此本文即以生態環境觀察法，進一步解讀「漸」卦之意涵。這在「求異」也涉「求同」。

五、書名《歸○解易十六講》，「○」象徵太極（含無極），「歸○解易」代表作者撰寫解易論文的一個期望與做法。本書是以易經原典作為唯一範本，並模擬回歸經典原著年代的時空情境，回溯三千年前所用語言文字的文化層次。作者也都能逐一舉證並探索易卦經文之意涵，並藉此發掘聖人原創、純正，而且充滿智慧的哲理。這主要在「求同」。

六、本書雖只收錄易經十六卦，但最重要之前八卦，最精華之乾坤兩卦，皆已收錄在本書內容之中，「以有限表現無限」了。這在「求異」又「求同」。

以上特色，如以「（○）一（太極〔含無極〕）←→二（兩儀）←→多（四象、八卦、六十四卦）」的螺旋結構切入，則「求異」屬於「多←→二」、「求同」屬於「一（○）」。如此看待本書的整體思想架構，是最能突顯其重大價值的。

在出版這種好書之前夕，忝為萬卷樓圖書公司董事長兼總編輯，特為此說一些話，突出本書特色與價值，以表慶賀之意。

陳滿銘
序於萬卷樓圖書公司董事長室
2013 年 5 月 21 日

第一講
淺釋易經小畜卦

一　前言

　　中西方各有一句非常相似的訓勉話語，中文曰：「惟自助者，天助之」；英文則是 "Heaven helps those who help themselves"。簡單的說，不管是否能得到人助或天助，一切都要先從自助做起。所謂自助（Self-Help），就是指位居劣勢者必須憑其自信、自立，並勇敢邁向自尊、富裕之路。自助者必能建立起信心，然後才能有好表現，並慢慢得到他人的敬佩與相助。如果是曾經遭遇過挫折的人，他們總是期望有一天可以回復舊日的元氣與風光；若要達成這樣的目標，唯有依靠平日的努力與奮鬥。事實上，自助可以先從建立小康之家做起；而成為小康之家必須要能養成勤儉之習慣。俗話常說小康之家幸福多，邁向小康之路要靠自助；人人必須經過日積月累的勤奮工作，這樣才能讓自助者受益無窮。「畜」含有畜養、儲蓄、凝聚之意思，「小畜」表示從小地方積蓄做起；積少成多好辦事，在現代生活中就有不少佳例。據媒體報導，有新北市板橋區後埔國小，於二〇一一年初曾經推動一個「儲蓄三六五書香買好書」活動；學校提供每人一個圓夢之撲滿，並鼓勵每人每天儲蓄一塊錢。結果一年下來，全校師生共計存款一百零三萬餘元，校方就利用這筆資金購買書籍，並提供給全校師生分享更多的

閱讀樂趣。一天一元可以改變一個世界，改變也許就從每天一元的資
助開始；在中國安徽省蕪湖市地方，就有一蕪湖愛心陽光協會，他們
也曾經發起一項「陽光愛心助學」活動。這項活動之目的，就是要資
助當地十一個特困學生家庭，以切實改善他們的家庭生活。這項「愛
心儲蓄罐」慈善活動，是從二〇一三年初展開勸募，為期一年期間主
動贈送愛心儲蓄罐給大家。通過向社會家庭、個人及企業，以期達到
募集家庭和個人的零錢，但也鼓勵愛心企業能踴躍捐贈專項善款。

　　考小畜卦之經文意涵，似乎在告訴我們可以先從建立一個小康之
家做起；你可以從小、從近出發，包括自己、夫妻、朋友、鄰居等，
都要做好人際關係管理並樹立好印象。有人說家和萬事興，而興家之
道在於夫妻要能和諧相處；夫妻不能反目，兩人必須同甘共苦，這樣
才有累積財富的機緣。事實上，小畜與晉卦之物象頗為類似，兩卦
都以王侯之家作為案例，並藉經文述說君子貴族如何興業起家或東山
再起，並指出成功者所要具備的基本要件與方法。另據《易經》大畜
卦之經文內容與意涵，讓我們了解上古時代的商族，他們的先公先王
就是依靠大畜而興盛起來的。換句話說，商族之祖先因從事於馴牛、
畜馬、養豬等大型畜牧業，他們藉牛馬運輸而順利與外族進行貿易買
賣，因此才能從畜牧與貿易行業中，獲得很大的利益，並順利建立起
一個長達數百年的殷商王朝。最後經過周武王翦商滅紂之戰，紂子祿
父終於被武王降封為諸侯，周族更在殷都之周圍，特別派人監視殷商
舊族子民之活動。當時遭到滅亡命運的商族，他們立即面臨相當不利
環境之考驗，但為了繼續生存下去，當下就必須先從穩住一個小小局
面做起。小畜卦之經文內容與意涵，就是要喚醒殷商舊族要能從小畜
做起，要他們先奠定一個小康之環境，這樣他們才有機會能夠東山再
起。本文試以語言文字及歷史文獻之研究方法，並參酌殷墟甲骨卜辭
之考訂，探索小畜卦經文之意象，並依照卦爻辭之解釋、關鍵字辭之

解釋、六十四卦之聯通，三個段落順序，分別撰述個人鄙見，並就教
於方家。

二　卦、爻辭之解釋

卦辭：小畜：亨，密雲不雨，自我西郊。

譯文：論述小畜之卦：人從小處蓄養，這樣可以得到護佑；雖然天上
　　　　有雲彩卻下不起雨來，它正從我的西方醞釀飄浮過來。

初九：復自道，何其咎，吉。

譯文：修復重建之道，先由本身努力做起，這樣做有何過錯禍害可
　　　　言？這樣做是會得到吉祥的。

九二：牽復，吉。

譯文：修復重建之時，幸得他人牽扶相助，這是很吉祥的。

九三：輿說輻，夫妻反目。

譯文：夫妻反目相向，就像車子的車廂與車輪輻木已經脫離一般；兩
　　　　人失和是會讓家庭生活失去重心的。

六四：有孚，血去惕出，無咎。

譯文：自己一定要充滿信心，就讓傷害遠去並把恐懼排除吧；這樣就
　　　　不會有過錯禍害發生了。

九五：有孚攣如，富以其鄰。

譯文：個人要充滿信心且與他人和諧相處，又要能和好鄰居共享富裕

安定之生活。

上九：既雨既處，尚德載，婦貞厲；月幾望，君子征，凶。
譯文： 人人期盼天能降下甘霖，但如今雨已降下、雨也停止了；你要
　　　　感恩與尊崇祖德之廣被與留傳，貴婦很賢慧聰明，她治家嚴厲
　　　　有方；雖然外界景色有如月近十五之明亮美艷，但身為尊貴的
　　　　諸侯君子，如果還心存慾念與奢求，這樣就會有凶兆厄運臨頭
　　　　的。

三　關鍵字辭之解釋

　　《易經》六十四卦中，包含有小畜及大畜兩卦；兩卦之卦名各有一
「畜」字，另以大、小分別敘述經文之不同意象與哲理。卦名之「畜」
字，具有一字多音、多義之特色。畜，通蓄；據語言學家錢大昕（1728-
1804）之《十駕齋養心錄・卷一畜》考釋，「畜」字之音、義，包括
有：一、勑六切，訓積、聚；二、許六切，訓養；三、許就切，訓六
畜。以臺灣話而言，對他人賺錢買動產或不動產，稱之為「畜財產」，
或「畜傢伙」，此「畜」字之發音，曰學六切（HAK4）。在《爾雅・釋
畜》內容中，列舉六畜之名稱：馬、牛、羊、豬、狗、雞；臺灣話稱
六畜之「畜」，發音為虛郁切（HIOK4），另外指罵別人卑劣行為有如
畜牲之「畜」，其發音則為他菊切（THIOK4）。[1]在大畜卦經文中，列
舉了三種大型家畜，分別是馬、牛、豬；在小畜中所描述之對象，則
是個人、朋友、夫妻、鄰居等。小畜卦之引申意義，表示要涵養一個
人的優良行為與態度，因此凝聚對象可以先從小、近、親、鄰下手。
事實上，「小畜」兩字，含有以小畜大之義；表示你要從自己開始，更
要勇敢、努力出發，再逐漸擴大凝聚力之範圍，因此要與你身邊的妻

子、朋友、鄰居等關鍵性人物，都能保持最密切友好之關係。如果當下你是位居劣勢者，或是曾經遭遇過挫折的人，那總會期盼將來有一天，仍可回復舊日的元氣與風光；為了能夠有東山再起之機會，唯有依靠你自己平日的努力與奮鬥。以小畜卦之物象與意象而言，人們當可從奠定小康之家作為基礎，你絕不能有躁進之心理與行為。有關小畜卦之卦爻辭內容與意涵，以下分別從關鍵字詞進行詮釋：

密雲

　　小畜卦之卦辭曰：「亨，密雲不雨，自我西郊。」「亨」字，表示要從小地方開始畜養起來，這樣才可以得到貴人的護佑。「密雲不雨，自我西郊」，表示只有看到滿天雲彩卻下不起雨來，因為它是從我的西方醞釀飄浮過來的。密雲不雨之「密」字，《唐韻》曰：美畢切，《集韻》、《韻會》曰：莫筆切，《正韻》曰：覓筆切，從音蜜，一曰靜也。據《說文解字》曰：密，山如堂者，從山宓聲，美畢切。清代段玉裁註曰：山如堂者，堂，殿也；《爾雅‧釋山》曰：山如堂者，密。又《玉篇》曰：止也，默也，深也。「密」含有「靜」之意，據《周易‧繫辭傳》曰：聖人以此洗心，退藏於密；《詩經‧周頌》曰：夙夜基命宥密。據前人註曰：謂所以承藉天命者，宏深而靜密也。通常密雲是指雲汽成綿密狀，其色雪白；密雲非烏雲，天上布滿烏雲，這樣才有下雨的可能。俗話常說，出門看天氣，如果只見雲彩，下雨之機率不高；如果是烏雲密布時，出門就要攜帶雨具了。我們聽收音機或看電視播報氣象預告，經常會有「晴時多雲偶陣雨」之句，表示天氣是變化無常的。在氣象諺語中，也有「起雲下雨收雲晴」之說，「起雲下雨」，這是指烏雲連在一起的現象；「收雲晴」，這是指雲彩一旦消散，雨就會停止並轉為好天氣。「自我西郊」一詞，意指天上所凝聚之雲

彩，還留在作者所處位置的西方，它仍處於醞釀飄浮狀態；如果能夠累積成烏雲時，才會有下雨的機會。

　　中國古諺云：雲行東，車馬通，雲行西，披雨衣；自古中國民間就很重視看雲測天氣，例如下列所記載之地方諺語：

> 雲行東，車馬通；雲行西，雨淒淒；雲行南，水連天；雲行北，好曬穀。
>
> 雲朝東，一場空；雲朝南，水滿塘；雲朝西，披蓑衣；雲朝北、黑一黑。
>
> 雲跑東，一場空；雲跑南，雨成團；雲跑西，披蓑衣；雲跑北，雨沒得。
>
> 雲往東，一陣風；雲往南，水連天；雲往西，披蓑衣；雲往北，一陣黑。
>
> 雲彩南，水漣漣；雲彩北，乾研墨。

從這些諺語中，讓我們見識到關於天氣變化的一般狀況，包括：雲彩往東越走越空，雲彩往西騎馬披蓑衣，雲彩往南搬到水塘，雲彩往北越走越黑。據中國山西省氣象局網頁之資訊報導，雲氣變化主要是指低壓系統中低雲雲系移動方向；因受高空西風環流引導影響，對於中國大型天氣系統來說，大多是從西向東移動的。當我們看到雲向東或向北時，說明已處於低壓系統前部，與別的天氣系統交界面已經移過，天氣將逐漸轉為本系統內部地面，低壓區內由於上升氣流作用雲彩會多些，但是要產生大範圍大雨天氣，尚是不可能的（颱風除外）。特別當雲行東時，盛行的是西風，而西風是由大陸吹來水汽很少，即使上升，由於水汽太少也很難凝結成雲；所以古諺說：雲行東，太陽紅彤彤。反之，雲行西說明上空盛行東風，風從東面吹來；大陸東面是浩翰無垠的太平洋，因此可以帶來充分的水汽，為降水準備好充裕

條件，可見雲行西、雲行南是要下雨的。[2]

牽復

　　九二爻辭：「牽復，吉。」意指能得到他人牽手扶持或與他人共同合作者，將會有助於修復過去的敗象或劣勢，這才是得到吉祥之好徵兆。「牽」字之義，引也，挽也，連也，拘也；例如牽手，牽連，牽掛等。《說文解字》曰：引前也，從牛，象引牛之麋也；另指牲牢可牽而行者，例如夬卦：牽羊悔亡；意指羊隻被人偷牽走了。九二爻「牽復」一詞，緊接在初九爻「復自道」一詞之後，而兩爻又能得到「吉」兆。「復自道」表示修復之道，一靠自己做，一靠貴人扶。在中、西方文化中，各有一句非常相似的訓勉話語，中文曰：「惟自助者，天助之」；英文則是 "Heaven helps those who help themselves"。簡單的說，修復工作或復返正道，一切都要先從己身做起；能自助而後人助、天助。當你位居劣勢時，就必須憑自信、自立，然後才能得到他人的敬佩與相助，最後才能邁向自尊、自強之康莊大道。

輿說輻

　　九三爻辭：「輿說輻，夫妻反目。」意指夫妻反目相向，就像車子的車廂與車輪輻木已經脫離，如此車子再也不能載人與行駛了；同理夫妻兩人失和，也會讓家庭生活失去重心。事實上，當你計畫進行修復重建工作的時候，如果不能立志從己身做起，又沒有得到他人的幫助牽扶，加上夫妻兩人也不能同心協力，那就會像車廂與輪子脫落一般，結局就是車輛不能繼續運轉前行了。在中國傳統社會之基本結構中，都是由夫妻兩人共組一個家庭；而夫妻兩人所扮演的角色，就像

一輛車子的車廂與車輪兩個部分，這些都是影響家庭與車輛運作之關鍵所在。輿說輻之「說」字，音、義作「脫」解；「輿說輻」一詞，表示「輿」已脫去「輻」。事實上，小畜卦「輿說輻」，或大畜卦「輿說輹」，都表示一部運輸工具已經發生故障了，因此車輛再也不能繼續往前行駛了。「夫妻反目」一詞，正好反映出造成一個家庭破碎的主要原因，這樣對於子女的成長與教育，也將會造成負面的影響。

血去惕出

六四爻辭：「有孚，血去惕出，無咎。」意指自己一定要充滿信心，就讓傷害遠去並把恐懼排除吧；這樣就不會有過錯或禍害發生了。「有孚」一詞，說明要建立個人的自信心，這才是邁向成功的必要條件。「去」、「出」，表示將不好、不利因子排出體外，如此污血去、恐懼除，即可保人平安。「血去惕出」一詞，這是一種警惕與訓示，針對位居劣勢者，或是曾經遭遇過挫折的人，他們一定要以堅強的自信心與意志力，儘快將心中的傷痛、憂惕、恐懼排除出去，這樣才會有東山再起的機會。

既雨既處

上九爻辭：「既雨既處，尚德載，婦貞厲；月幾望，君子征，凶。」意指人人都是期盼上天能降下甘霖，如今雨已降下、雨也停止了；你要感恩與尊崇祖德之廣被與留傳，貴婦很賢慧聰明，她治家嚴厲有方；外界景色雖有如月近十五之亮麗美艷，但身為王子貴族者，如果還心存慾念與奢求，這樣是會有凶兆厄運臨頭的。「既雨既處」一詞，意指雨水已經降下了、雨水也已停止了；「既」者，已也；「處」者，

止也。事實上，在農業社會時代，雨水有如甘霖般的寶貴，雨水多可以提供宇宙萬物之生育與成長。「既雨既處」一詞之意涵，當可拿來比喻商族之先公、先王們的福澤，因為他們確實已經締造一個轟轟烈烈的殷商王朝；但經過牧野一役，武王滅紂之後，過去由商族統領中國之歷史局面，如今也已畫下休止符了。「尚德載」一詞，表示殷商舊族享有歷代祖德宗功之廣被，因此你要心存感激與崇敬，並將祖德留傳給萬世之子子孫孫。

　　「婦貞厲」一詞，據王弼《周易注》曰：婦制其夫，臣制其君，雖貞近危。「貞」是聰明智慧，「厲」是威厲嚴肅；於此顯示貴婦很賢慧聰明，她治家嚴厲有方，這才是臣婦輔助君夫治國的最佳模式。「月幾望」一詞，「幾」，近也；月幾望就是指月亮已接近最明亮的望日夜晚。在《易經》全文中，出現「月幾望」之處，共有三卦；其中，小畜卦上九爻辭：「月幾望，君子征，凶」；歸妹卦上六爻辭：「月幾望，吉」；及中孚卦四爻辭：「月幾望，馬匹亡，無咎」。三卦經文因受物象差異之影響，所以才產生凶、吉、無咎之不同結局。「君子征」之「征」字，表示動怒、征伐，引申為強取或爭奪他人之寶物，例如因貪女色而有強占民女為妾之慾望。從「婦貞厲」和「君子征」二詞觀之，「君子」與「婦」兩人，正可代表一家之中的夫妻角色，而兩人之行事態度若有明顯落差，則其家庭必定遭逢凶兆。反之，丈夫雖心存慾念，但其行動還能受到賢慧妻子的約束制止，這樣才不會有家庭起風波之危險。

四　六十四卦之聯通

　　在《易經》六十四卦中，從卦名觀之，小畜、大畜兩卦各含一個「畜」字；「畜」字含有畜養、儲蓄、凝聚等多種意思，聖人即用它來

說明小畜、大畜的特殊內容及重要性，並藉此感恩歷代祖先之庇蔭，
並鼓勵後代子孫繼續努力向上之義理。在大畜卦經文內容中，共列舉
了三種大型家畜，分別是馬、牛、豬；在小畜中所描述之對象，則是
個人、朋友、夫妻、鄰居等。小畜卦之引申意義，表示要涵養個人的
優良品行與態度，而要努力去做凝聚的對象，可以先從小、近、親、
鄰做起。事實上，「小畜」兩字，含有以小畜大之義；表示你要從自己
開始，更要勇敢、努力向前出發，再逐漸擴大凝聚力之範圍，因此要
與你身邊的妻子、朋友、鄰居等關鍵性人物，都能保持最密切友好之
關係。

　　從卦義觀之，小畜、晉兩卦之內容，似與商、周兩朝之興衰歷史
背景有所關聯。小畜卦上九爻辭曰：「既雨既處，尚德載，婦貞厲；月
幾望，君子征，凶。」其中「既雨既處」一詞，意指雨已降下、雨也停
了；引申之意，表示商族已經統治了中國，而殷商王朝也已結束了。
「婦貞厲」一詞，描述身為貴婦者，她很賢慧聰明而治家嚴厲有方。
「君子征凶」一詞，則訓示降居諸侯、身處劣勢如紂子祿父，雖然他
要承擔東山再起之重任，但如有過分奢求或輕舉妄動時，則會帶來凶
厄之命運。相對的，在「晉」卦之卦爻辭中，其取象也與商、周兩朝
之歷史人物有所關聯；晉卦之經文內容，是敘述周族因擁有賢內助，
最終得以幫助夫君興家建國。在武王翦商滅紂之前，從古公亶父、季
歷到西伯，周族先公三個世代，他們都擁有一位賢慧之「貴婦」，那
就是太姜、太任、太姒三人；她們均以賢慧出名，並順利輔佐亶父、
季歷、文王三代完成興周建國大業。[3]在《易經》六十四卦經文中，
小畜卦是唯一同時出現「君子」及「婦」之卦，以下針對「君子」與
「婦」，再做關聯性之分析：

君子、婦

　　《周易》六十四卦中，「婦」字有八見，包括：蒙卦「納婦吉」，小畜卦「婦貞厲」，大過卦「老婦得士夫」，恆卦「婦人吉」，家人卦「婦子嘻嘻」，漸卦「婦」（2），既濟卦「婦喪其茀」。考「婦」字甲骨文字形有二：一從女、從帚，一無從女；但都與「歸」字之甲骨文字形，頗為相似，兩字各有「帚」之字符。據傳統字書註解，「婦」字從女、從帚；「歸」字從自、從帚，它屬一會意字。《爾雅・釋親》曰：子之妻為婦，又女子已嫁曰婦。「婦」指結過婚或配夫成對的女性（Female），在經文中主要是指「貴婦」而言，她也是上古時代的「君子」之妻。「子」字，可作君子、王子、兒子解，在上古殷商時代，當作君子或王子之義為佳，而《周易》經文則通稱為「君子」。在《周易》經文中，「君子」兩字共有二十見。易經所用「君子」一詞，它與易傳及後世俗稱的「君子」兩字，在語義用詞上，顯然有所不同。事實上，易經所稱之「君子」，係指君王或諸侯之子（Prince），他們都具有尊崇貴族之身分與地位；以商周時代之人物而言，例如泰伯、仲雍、伯夷、叔齊、箕子、微子、比干、姬昌、姬發等多人，皆屬之。後來孔子及儒家所稱之「君子」，則專指德高望重之聖賢高士，他們大多是經後天的修養而獲得的尊稱，例如孔子、孟子、曾子等人為是。[4]

　　依考古學家陳夢家（1911-1966）之考證指出，在甲骨商王卜辭所見到的親屬稱謂，分別有：祖、妣、父、母、配、兄、弟、子、生（甥）、婦、公，這些殷商時代的稱謂，大多數是王卜祭辭中所見，其非卜祭之辭的稱謂，亦多指亡故的親屬。他還認為，卜辭中多婦（帚）之「婦」，或係一種身分。[5]事實上，親屬稱謂中的「子」，其身分也是時王或先王之子，以現代人之稱法，當為「王子」（Prince）一詞；

而上古時代親屬稱謂中的「婦」，以其尊貴身分而言，則非「君子」或「王子」之夫人莫屬，因為她就是時王或先王之子的妻子。在《周易》全部經文中的親屬稱謂，同樣也有祖、妣、父、母、配、弟、子、婦、公等用語，若將甲骨卜辭與《周易》經文內容進行語詞繫聯研究，即可見證到經文的「君子、婦」，與甲骨卜辭的「子、婦」，兩者之詞義應該是相通的。從這些親屬稱謂案例，還可用來佐證上古時代所遺留下來的這兩種珍貴文化資產；其中所記述的內容，概與殷商時代之歷史背景，具有非常密切之關係。

　　據中國大陸近年來之考古工作報告，於一九九一年在靠近殷墟博物館附近的花園莊東地，曾發掘一處很重要的甲骨坑，其中有字的甲骨卜辭，其數量就超過五六一版之多。考古學家以「91花東H3」作為花園莊東地甲骨坑之代稱，而從該坑出土之甲骨卜辭內容，則屬相當獨特的「非王卜辭」。[6] 近年來學者在花東H3卜辭上的研究論著已有不少，但是對這些屬於非王卜辭主人、「子」的身分與年代，卻是眾說紛紛、莫衷一是；現有學者的考證結論，頗有商榷之餘地。另一方面，「91花東H3」因屬「非王卜辭」，其卜辭內容又含有頗多關於「子」和「婦」的文獻史料，例如與「婦」有關者就有十八版，與「子」有關之數量則更多。事實上，我們根據這些甲骨卜辭素材，以作為研究殷商時代的貴族身分與親屬稱謂，應該具有相當高的參考價值。據韓江蘇之博士論文指出，花東H3卜辭之子，他具有太子之尊貴身分；[7] 但是在有關歷史文獻中，我們僅見一則關於殷商太子的記載，那就是《竹書紀年》所載的：「小乙六年，命世子武丁居於河，學於甘盤」。按，小乙是武丁之父王；「世子」即為太子之義，「河」當指洹河之濱的一個地方，或許近年出土的殷墟花園莊東地甲骨坑附近，就是當年世子武丁居住地、名稱叫「河」的這個地方。據語言文字學家王國維（1877-1927）《今本竹書紀年疏證》之記載：商王武丁、名昭，在位五十九

年、陟；「武丁」是「昭」死後之廟號。因小乙帝命武丁子為世子，世子即今稱之太子，而卜辭皆以「子」代稱。事實上，卜辭用「子」代稱「世子」，或尚未即帝位時的「昭」；而《周易》經文皆以「君子」一詞，稱呼具有王子身分地位者。再者，在花東H3坑中，共出土十八版關於「婦」或「婦好」之卜辭，這些重要卜辭內容，當以武丁帝身為世子時代之妻子「婦好」為是。綜上所述，似可得到四點結論：一、「91花東H3」甲骨屬於「非王卜辭」，當為可信；二、卜辭主人「子」，當為「世子」昭其人；三、「婦」或「婦好」，即為世子昭之妻；四、儲藏甲骨坑之年代，約在小乙帝六年到武丁帝元年，期間約有五年。

五　結論

「畜」含有畜養、儲蓄、凝聚之意思，「小畜」卦強調要從小地方開始累積、養蓄做起。卦辭「小畜，亨」，表示不但能以小聚多，還能得到貴人之護佑。小畜卦之引申意涵，表示要涵養個人的優良品行，而凝聚之對象，可以從小、近、親、鄰做起。「行遠必自邇，登高必自卑」，這是出自《中庸》的一句名言；大家都知道登高山，必須從低處開始爬，走遠路，也要從近處開始走，邇、卑，近、低，是進行修復工作或尋求東山再起的一個基準點。事實上，「小畜」兩字，含有以小畜大之義；表示你要從自己開始，更要勇敢、努力出發，再逐漸擴大凝聚力之範圍，因此要與你身邊的妻子、朋友、鄰居等關鍵性人物，都能保持最密切友好之關係。在《周易》六十四卦中，列有小畜、大畜兩卦，這是聖人用它來說明小畜、大畜的內容及重要性，並以此鼓勵人們努力向上的哲理。積少成多是宇宙不變的定律，也是做人成功的道理，累積小畜才能成大畜。《三國志・蜀書・先主傳》有曰：「勉

之，勉之！勿以惡小而為之，勿以善小而不為。」這是劉備去世之前，留給兒子的遺詔中的一句勉勵話，訓示後主劉禪，不要因為一件看來很小的壞事就隨意去做，更不要因為是一件看似輕微的善事就不想去做。

　　本卦經文有二個「有孚」爻辭，一為「有孚，血去惕出」，一為「有孚攣如，富以其鄰」；作者藉「有孚」突顯信心的重要性，而個人具備自信心，正是以小畜大、克服困難及邁向成功之路的必備條件。本卦經文同時含有「君子」與「婦」之字詞，這也是他卦所無的特殊用語；《周易》經文之「君子」與「婦」，與「91花東H3」甲骨卜辭之「子」與「婦」，兩者確實可以用來印證上古文獻中所具有的語詞繫聯性。

注釋

1 「畜」字三種不同之發音，是參考錢大昕《十駕齋養心錄・卷一畜》，陳冠學：《臺語之古老與古典》（高雄市：第一出版社，1962年），頁241-242；及徐金松：《最新臺語字音典》（臺北縣：開拓出版公司，1998年），頁68、157等人之注釋，並對照臺語實際發音與用法，綜合歸納而得之結論。

2 參考山西省氣象局網頁報導：http://www.sxsqxj.gov.cn/show.aspx?id=27158&cid=19，2014/7/15。

3 廖慶六：《歸○解易十六講》（臺北市：萬卷樓圖書公司，2013年），頁163。

4 廖慶六：《歸○解易十六講》（臺北市：萬卷樓圖書公司，2013年），頁141。

5 陳夢家：《殷墟卜辭綜述》（北京市：中華書局，2013年），頁485-486。

6 據中國社會科學院考古所編：《殷墟花園莊東地甲骨》（昆明市：雲南人民出版社，2005年）一書著錄內容。

7 韓江蘇：《殷墟花東H3卜辭主人「子」研究》（北京市：線裝書局，2008年），頁486。

第二講
淺釋易經履卦

一　前言

　　卦名「履」字，以《說文》解古「履」，從言、從足、從舟；一說「頁」本作「人頭」，義與「首」同。據此可知，人的雙足，都是隨「首」所定方向而往前行的；往前行動的英文字 Heading，頗能傳神「履」字之本意。「履」含有踐履、行動、執行之義，強調人在做事之前，要先動一下腦筋，並把思想與行動結合在一起。事實上，要與他人交往或出外奔波做事，長輩都會一再地叮嚀我們，走路做事一定要眼看四方、耳聽八方。自己走路要謹慎端莊，對他人行動也要能察言觀色，這樣才可避免禍端發生。就像在很擁擠的人群中走路時，人潮熙來攘往，大家都要睜亮眼睛，這樣才不會發生對撞跌倒之險狀。另外，「如臨深淵，如履薄冰」，更是一句訓示行事態度要很嚴正敬謹之話語。就像人們在攀登高山一樣，當你走近一處懸崖峭壁時，會讓你感受到有如身處深淵之境，而險峻環境會迫使你更加惶恐戒慎。當我們提心吊膽走在薄冰上時，心中不免興起一陣寒慄，因此步伐就會更加謹慎小心。以「如履薄冰」一詞，比喻走路行事有如身處危險之境界，因此要戰戰兢兢且提心吊膽，而最終之目的，就是要能得到平安吉祥。以「履」說理，其中還牽涉到走路或行動之藝術、態度、禮節

等細節問題。大步走，細步走，抬頭走、低頭走，走前面、走後面，快步走、慢慢走……，從各人種種不同之姿勢與速度，即可觀察出他們內心之不同態度與涵養。在傳統文化習俗中，有所謂從走路姿勢看運勢之說，一個人的富貴、貧賤，勞碌、順心，自信、畏縮，都可以從其走路態勢中，觀察出一個人的命運走向或端倪。

　　現代人平時相聚聊天，大家都會說一些幽默笑話助興，年輕人則戲稱此種幽默式笑話為「腦筋急轉彎」。例如，有人問你「什麼樣的虎，只會嚇人而不會吃人？」只要你懂得玩「腦筋急轉彎」之旨趣與機智，你的答案應該就是「壁虎」了。上古時代也有類似的話題與趣談，例如成書於三千年前的《易經》，在「履」卦中就有敘述「履虎尾，不咥人，亨」與「履虎尾，咥人，凶」之句。直譯這兩段經文內容，它應該是指人踩在老虎的尾巴上，卻有人被咬，有人不會被咬之截然不同後果。《易經》履卦就是以「虎」作為物象之一，並藉此論述踩在老虎尾巴上時，為什麼有人會被咬，卻也有人不會被咬之事實與哲理；而真正的答案與意象，就記載在「履」卦之卦、爻辭中。事實上，易卦經文內容常藉用萬事萬物之實象，並以它們述說不同之意象與哲理。自古以來，大家都說《易經》簡短而難懂，但如果我們能從文、史、哲之意涵與背景，去詳加考訂經文內容，爾偶也會發現一些語句雋永而類似「腦筋急轉彎」之好題材。古人有言「伴君如伴虎」，履卦內容除有三個「虎」字外，還有一個「武人為于大君」之爻辭；讓人感受到「虎、虎、虎」之態勢，顯得威風凜凜；也看到將軍與帝王之周處，顯得相當微妙嚴峻。聖人以經文明示將軍行事要能珍惜自尊榮譽，要能善盡效忠領袖之道理。服從領導本是軍人之天職，但履卦經文不談論如何帶兵，不談論如何作戰之兵法。本文試以語言文字及歷史文獻之研究方法，探索履卦經文之意象，並依照卦爻辭之解釋、關鍵字辭之解釋、六十四卦之聯通，三個段落順序，分別撰述個

人鄙見，並就教於方家。

二　卦、爻辭之解釋

卦辭：履虎尾，不咥人，亨。

譯文：論述履之卦：踩踏在虎皮毯之虎尾上，能夠站在此地運籌帷幄，代表這是一種使命與特權；他不但不會被地上這隻老虎咬到，而且還能獲得護佑。

初九：素履往，無咎。

譯文：以平常心做事，態度清白往前行，這樣就不會有過錯或禍害了。

九二：履道坦坦，幽人貞吉。

譯文：行事順遂，心中坦蕩自然而不驕；態度低調而不居功者，因為他能發揮智慧，這樣也才能得到平安吉祥。

六三：眇能視，跛能履，履虎尾，咥人凶，武人為于大君。

譯文：瞎了一隻眼，雖能見卻看不全；跛了一隻腳，雖能行卻走不遠；身體若有缺陷，就不能輕舉妄動，就像用腳踩踏一隻兇猛老虎的尾巴，這樣會有被咬的凶險；剛愎自專的武人，他卻還有野心想當一國之君。

九四：履虎尾，愬愬終吉。

譯文：能夠踩踏在一隻虎皮毯之尾巴上，但心中一定要保持誠惶誠恐，並時時警惕自己的身分與地位，這樣才能獲得最後的平安與吉祥。

九五：夬履，貞厲。

譯文：行事剛烈不和諧，決定看似聰明，卻有面臨危厲之風險。

上九：視履考祥，其旋元吉。

譯文：審視行事態勢，思辨吉凶善惡，這樣與人周旋，才能獲得圓滿
好結果，這也是獲得平安吉祥之好徵兆。

三　關鍵字辭之解釋

考「履」字之形、音、義，《集韻》、《韻會》曰：兩几切，《正
韻》曰：良以切，从音里。《說文解字》曰：足所依也。據考證，甲文
履字闕，金文履，从足、从頁；《說文》古履字，从言、从足、从舟，
此省舟。一說「頁」本作「人頭」，義與「首」同；人之足，隨「首」
所向而往為「履」，故「履」有踐履之義。[1]臺灣話之「履」字有兩種
發音，一發音如「里」（LI2）、一發音如「輦」（LIAN2）。[2]臺灣話「步
履」（POO7 LIAN2）一詞，則表示人以雙腳徒步走路之義；「履起來」
（LIAN2 KHI2 LAI4）一詞，則表示一件工程已經完成了，或指錢已經賺
到手中之意思。此外，臺灣話稱踩踏在地上之動作，其發音為LOP8，
其用字似乎以「履」為是。古代名人提及「步履」一詞者有不少，例
如唐・鄭巢《贈蠻僧》之詩句：「近來慵步履，石蘚滿柴扉」；宋代司
馬光（1019-1086）〈辭三日一至都堂箚子〉之言詞：「但兩足無力，
瘡口未合，步履艱難，拜起不得」；清代蒲松齡（1640-1715）《聊齋志
異・黎氏》之文載：「謝牽挽而行，更不休止。婦步履跌蹶，困窘無
計」。

對於「履」卦之卦名與卦辭內容，歷來都有不同版本之爭議；通
行本所載為「履虎尾，不咥人，亨」，但另有他本附加「利貞」兩字，

及帛書卦名改作「禮」字者。「履」字可做名詞及動詞解，名詞如木履、履歷、福履之例；動詞則含有行走、履行、執行、實踐之義。從人類之行為與特質觀之，「履」是一種行動的表示，這也是實現「禮」的一種方式。古人常說，能奉行禮節者，其人必言而有信，這也是表現他能履行禮節的態度。《爾雅・釋言》曰：履，禮也；《註》曰：禮可以履行也。另一方面，對於「禮」字，《說文解字》曰：禮，履也，所以事神致福也；《釋名》曰：禮，體也，得其事體也。《荀子・大略》曰：禮者，人之所履也，失所履，必顛蹶陷溺。所失微，而其為亂大者，禮也。事實上，「履」字不等於「禮」，但「禮」卻要靠「履」來實現。統之於心為禮，禮是一種心理狀態，它是一抽象化的概念，而履是一種行動實施，屬於具體化的行為。古有「戴天履地」一詞，「戴」字，義為頂著天；「履」字，義為踩著地。形容做人講義氣、不虛偽，因此頭上頂著天，腳要踏實踩著地。又《左傳・僖公十五年》載曰：「君履后土而戴皇天，皇天后土，實聞君之言，群臣敢在下風。」形容人能活在宇宙天地之間，其恩德深廣，有如天高地厚一般。卦名「履」字，在卦、爻辭中共有八見；本文謹依通行本之內容，進行詮釋各爻含有「履」之關鍵字詞如下：

素履

初九爻辭：「素履往，無咎。」意指人以平常心行事，其態度一如往常的清白純樸，這樣做事就不會有過錯或禍害了。「素」字，含有純樸、平常、專心之義。《釋名》曰：素，朴素也；《博雅》曰：素，本也。「素履往」一詞，表示辦事能夠一本初衷，態度更要遵守職業倫理。事實上，本爻辭之意涵，具有訓示在朝之將軍或文武官員們，大家都要以敬業精神去辦事，不能具有私心與邪念，這樣才不會冒犯上

司，不會惹禍上身了。

履道坦坦

　　九二爻辭：「履道坦坦，幽人貞吉。」意指行事都很順遂，而心中也是坦蕩自然而不驕；雖然身居上位，但態度低調而不居功者，因為他能夠發揮個人的智慧，因此才能得到平安吉祥。「幽人」一詞，形容低調而不居功之人；一個人的心中能夠坦蕩恬靜，因此走路或行事都會穩重而低調。以一位常勝將軍為例，如果他能常勝而不驕，才不會發生功高蓋主之情狀，這樣也才能讓他安享長命保身之福祿。

履虎尾

　　六三爻辭：「眇能視，跛能履，履虎尾，咥人凶，武人為于大君。」意指有人已經瞎了一隻眼，他雖能見卻看不全；或是有人已經跛了一隻腳，他雖能行卻走不遠；一個人的身體若有缺陷，就不要輕舉妄動，萬一真的踩踏到一隻兇猛老虎之尾巴，這樣就會有被牠咬到的凶險。再者，一個剛愎自專的武人，卻還有野心想當一國之君，那就會如同「眇能視、跛能履、履虎尾」，這些人恐會遭遇到不幸的命運或下場了。眇、跛兩字，各指身體上之重大傷殘或缺陷。「眇」字之義，《說文解字》曰：一目小也；《釋名》曰：眇，小也，目匡陷急曰眇；《正韻》曰：偏盲也。「跛」字之義，《說文解字》曰：行不正也，一曰足排之；《篇海》曰：足偏廢。本爻辭之關鍵性人物在於「武人」身上，而「武人」又與「大君」對應，這兩人又是掌管軍國大事最重要之人物。古人有言「伴君如伴虎」，兩人之間的周旋互動，都攸關個人性命與國家運勢。《禮記·表記》載曰：「事君，軍旅不辟難，朝廷不

辭賤；處其位而不履其事則亂也。故君使其臣得志，則慎慮而從之；否，則孰慮而從之。終事而退，臣之厚也。」

「武人為于大君」一詞，具有一語雙關之意思：一指有一位剛愎自專的武人，他一直有野心想當上一國大君；一指武人本要用命于大國之君，一位具有武德之將軍，他就應該有效忠國君之使命。「武人」一詞，形容威武軍人，他們因能得到欽命而握有兵權；他雖有權有勢，負責統帥三軍作戰，但必須還要有武德才行。但是，明知山有虎，偏向虎山行，到底是有勇，還是無謀？就看「武人」之作為了。「為」字，具有一字多義，包括：作、做、有、使、與、治理、擔任、製作，製造……等等。「為」通「偽」，含有虛假之義，如《荀子‧非十二子》曰：知而險，賊而神，為詐而巧，言無用而辯，辯不惠而察，治之大殃也。「為于」兩字，意指對他人做出虛假動作，也就是對善人搞小動作，或進讒言，含有仗勢欺人，並捏造事實以陷害好人。例如，在殷商末年，崇侯虎就是譖陷西伯昌之人，據《史記‧殷本記》載曰：「百姓望而諸侯有畔者，於是紂乃重刑辟，有炮格之法。以西伯昌、九侯、鄂侯為三公。九侯有好女，入之紂。九侯女不喜淫，紂怒，殺之，而醢九侯。鄂侯爭之彊，辨之疾，并脯鄂侯。西伯昌聞之，竊嘆。崇侯虎知之，以告紂，紂囚西伯羑里。」《史記‧周本記》亦曰：「譖西伯者，崇侯虎也。」據此推測，爻辭中之「虎」字及「武人」一詞，含有暗喻崇侯虎；而「大君」者，可指被他所陷害的西伯昌，或是商紂王其人。

夬履

九五爻辭：「夬履，貞厲。」意指行事剛烈不和諧，決定看似聰明，卻有面臨性命危厲之風險。「夬」字，《廣韻》、《集韻》、《韻會》

曰：古邁切，《正韻》曰：古壞切，从音噲；《說文解字》曰：分決也。「夬履」一詞，表示君臣相處很不和諧，尊卑之間已經出現裂痕現象。身居一國高位之將相，如果自認很聰明，又是偏執己見、我行我素，若是有不服從君王領導者，即會面臨殺身滅族之風險。

視履

　　上九爻辭：「視履考祥，其旋元吉。」意指人要審視行事態勢，思辨吉凶善惡，這樣才能獲得與人周旋圓滿之好結果，這也是獲得平安吉祥之好徵兆。視履考祥之「視」字，有察看、旁觀之義。《說文解字》曰：視，瞻也；《博雅》曰：明也；又《釋名》曰：視，是也，察是非也。《尚書・商書・太甲中》云：視遠惟明，聽德惟聰；《書經・大東》有曰：周道如砥，其直如矢；君子所履，小人所視。「祥」字，《唐韻》曰：似羊切，《集韻》、《韻會》、《正韻》曰：徐羊切，从音詳。《說文解字》曰：祥，福也，一云善也。《尚書・泰誓》曰：凡吉凶之兆，皆曰祥。徵祥，指吉凶的徵兆，在古典文獻中，老子《道德經》與文子《通玄真經》，皆曰：兵者，不祥之器。自古以來，用兵是不得已之事，這也是造成國家社會不祥之兆；出兵作戰一定會造成人員與財物上之損傷，不管是輸贏雙方，都會給其國人帶來龐大負擔。其旋元吉之「旋」字，《唐韻》曰：似宣切，《集韻》、《韻會》曰：旬宣切，《正韻》曰：旬緣切，从音璿。《說文解字》曰：周旋旌旗之指麾也；《註》引徐鍇曰：人足隨旌旗以周旋也。另《左傳・僖公二十三年》有曰：以與君周旋；《註》曰：相追逐也。古人云：「伴君如伴虎，刻刻要當心」；在過去封建時代，能夠有機會在朝廷與國君周旋者，那就是指將軍與宰相等高官而言。「其旋元吉」一詞，表示在國家旌旗飄揚底下，因君臣周旋有方，所以國家社會都顯得很平安吉祥。

四　六十四卦之聯通

在《易經》六十四卦經文中，「履」字共計十一見；除履卦八見外，另外還有坤卦「履霜」，離卦「履錯」，及歸妹卦「跛能履」等爻辭。據《說文解字》解曰：屨，履也；「屨」與「履」同義，兩字之名詞，均可作「鞋」解。另作動詞解，則含有行走、履行、執行、實踐等義。履卦經文內容，就是以將軍行「履」之智慧，敘述有關人生之「進退」哲學。人如何掌控「進退」之時機，正是決定獲得吉祥與禍害之關鍵因素。以歸妹卦之爻辭為例，包括初九爻「歸妹以娣，跛能履，征吉」，及九二爻「眇能視，利幽人之貞」，分別表示少女出嫁為貴族夫人，有人委身為側室之「娣」，有人雖尊貴為正室，卻成一「幽人」；但是她們都能體認「進退」之哲理。事實上，她們都能獲得好歸宿，對於完成終身大事或傳宗接代之重責，正是建立在「進退」之價值觀與大智慧上。反觀履卦之經文內容，包括九二爻「履道坦坦，幽人貞吉」，及六三爻「眇能視，跛能履，履虎尾，咥人凶，武人為于大君」；一方面以「眇能視，跛能履，履虎尾」之詞，訓示身體若有缺陷之人，他就不能有輕舉妄動之行為，因為行動躁進者，必定會招來殺身之禍。再者，在巽卦初六爻「進退，利武人之貞」中，明確指出「武人」的智慧，就是他要懂得「進退」之時機與哲理。就如歸妹卦之「幽人」，及巽卦之「武人」一樣，履卦同時以「幽人」與「武人」兩種不同身分，用來訓示軍人之天職，以及他要懂得「進退」之智慧與哲理。

在《易經》全文中，「虎」字共計五見；除履卦三見外，另有頤卦六四爻「虎視眈眈」，革卦九五爻「大人虎變」。《易經》「武人」一詞，只有二見，包括巽卦及履卦。履卦連用三個「虎」字，另加一

個「武人」之用辭；讓人感受到經文連用「虎、虎、虎」，以物象塑造威風凜凜之態勢，也讓我們見識到將軍與帝王間之周處，確實顯得相當峻酷。據《說文解字》曰：虎，山獸之君；「武人」就是指握有兵權，他是一位威武而有權勢之將軍。據歷史文獻記載，《司馬法・天子之義》曰：殷以虎，尚威也；周以龍，尚文也。猛「虎」人見人畏，「虎」字一直被當作威權和力量的象徵。《說苑・脩文》曰：有功者，天子一賜以輿服弓矢，再賜以鬯，三賜以虎賁百人，號曰命諸侯。又，《尚書》曰：「武王戎車三百兩，虎賁八百人，擒紂於牧之野。」虎文化源遠流長，在中國人傳統觀念上，「老虎」與「武人」具有語意連結之效果，茲以「虎」字為例，並論述其聯通關係如下。

虎

甲骨文「虎」字之字形：

在「履」卦中，連用三個「虎」字，依甲骨文「虎」之字形，及經文「履虎尾」之用詞，即可看出猛虎之物象與意象；而老虎尾巴上鉤之形狀，更加顯得凶惡而不可碰觸。「履」卦分別有「履虎尾，不咥人，亨」與「履虎尾，咥人凶」之句；直譯這兩段經文內容，應該是指人若踩踏在老虎的尾巴上，會有人被咬，有人不被咬之截然不同後果。「履」卦之卦、爻辭共出現三個「履虎尾」字詞，經文以「虎尾」作為一個警示，並藉此論述踩到老虎的尾巴時，有人被咬及不被咬之不同際遇。事實上，答案應與老虎之不同狀態有關，老虎「不咥人」者，意指牠是一隻死老虎，這是指腳踩「虎皮毯」上之「虎尾」而已。「咥人凶」者，意指牠是一隻活老虎，這是一隻躺臥地上老虎之「虎尾」；人若踩到活老虎之尾巴，會有被牠咬之危險。古代「虎皮毯」應是君

王所賜，牠常被安置在「虎帳」之內，藉此象徵將軍之威權。「虎帳」就是提供將軍運籌帷幄之處所，而「虎皮毯」就是鋪在虎帳內的全張虎皮，這兩者可以代表將軍的至高地位與帶兵威權。

依據相關文獻記載，古代「虎帳」一詞之意義有二：一指舊時將軍之營帳，如唐代王建《寄汴州令狐相公》之詩曰：三軍江口擁雙旌，虎帳長開自教兵；宋代邵雍（1011-1077）《和人聞韓魏公出鎮永興過洛》之詩曰：虎帳夜寒心益壯，鳳池波暖位猶空；及明代錢邦芑（？-1673）《送侯若孩從軍》之詩曰：大帥龍堆朝卷幔，書生虎帳夜談兵。一指用虎皮編成的大幄，如宋代陸游《南唐書‧徐知諤傳》曰：一日遊蒜山，除地為場，連虎皮為大幄，號虎帳。現代著名女作家張愛玲（1920-1995），在她早年的一篇〈霸王別姬〉（1936）短文中，即有一段描述楚霸王項羽跪踩在虎皮毯上之內容，其文曰：項羽，那馳名天下的江東叛軍領袖，巍然地踑在虎皮毯上，腰略向前俯，用左肘撐著膝蓋，右手握著一塊蘸了漆的木片，在一方素帛上沙沙地畫著。他有一張粗線條的臉龐，皮膚微黑，闊大，堅毅的方下巴。據說「虎皮毯」都是由皇帝賜予將軍象徵威權之寶物，而武人、虎帳、虎符、虎威等用詞，均與將軍之威武有所關聯。

據研究而知，「虎」很早就成為中國的圖騰之一，而「虎文化」也是傳統中國文化的一部分。長期以來，「虎」一直被當作是權力和力量的象徵，牠為人們所敬畏。由於虎的形象是威風凜凜的，因此多用於形容軍人的勇敢和堅強，如虎將、虎臣、虎賁、虎士等用詞。依《孫子兵法》一書內容記載，在〈始記〉篇曰：將者，智，信，仁，勇，嚴也；在〈謀攻〉篇曰：夫將者，國之輔也，輔周則國必強，輔隙則國必弱；在〈用間〉篇曰：昔殷之興也，伊摯在夏；周之興也，呂牙在殷；故明君賢將，能以上智為間者，必成大功，此兵之要，三軍之所恃而動也。《孫子兵法》之「用間」一詞，意指國家啟用間諜妙計，

而間諜之計更有五種；同時運用起來，將使國情莫測高深。古代「用
間」之計，都能發揮神話般的奧妙結果，這也是國家元首，最常用來
掌控文武官員施政或行動的法寶。古代治國調兵遣將，從「虎帳」、
「虎符」，到「虎賁」、「虎士」，都與國君與武人之周旋互動有關。皇
帝為了調兵遣將而必須使用兵符時，就在兵符上面用黃金刻上一隻老
虎，這就是「虎符」；另以將帥的駐紮營帳，稱之為「虎帳」。《易經》
頤卦六四爻「虎視眈眈」，就是表示老虎「鷹揚虎視、燕頷虎須」之
氣勢。另一方面，從上古時代開始，軍隊中就設有虎賁，並以此作為
皇室的護衛隊，軍官中也有虎賁中郎將、虎牙將軍等職。據《史記・
周本紀》記曰：乃遵文王，遂率戎車三百乘，虎賁三千人，甲士四萬
五千人，以東伐紂；據此可以說明，在周武王東征時，他就擁有戎車
三百輛，虎賁三千人；最後戰勝殷兵於牧野，可見「虎賁」為武王滅
紂，曾立下不少汗馬功勞。

五　結論

　　《史記・淮陰侯列傳》曰：「臣聞勇略震主者身危，而功蓋天下者
不賞。」歷史記載曾為劉邦奪取天下、立下汗馬功勞的韓信之死，正是
功高蓋主的結果。閱讀中國古典通俗小說《說呼全傳》第四回，其中
就有記載「古人云：伴君如伴虎，刻刻要當心」之警句。天下紊亂，
社會不安，大人物就比較會喜怒無常，而君王更是心懷叵測。「伴君
如伴虎」一詞，表示將軍、大臣們，平常就在帝王身邊周旋；其情況
頗像常人陪伴兇猛老虎生活一般，如果將軍有功高蓋主現象，或遇到
神智不清或獸性大發，身居低位者就隨時會有殺身之禍。「履」卦就是
以將軍之行「履」作為典範，表示軍人行動應以服從及報效國君為天
職，因此將軍應該知道「進退」之人生哲學。《孫子兵法》之〈始記〉

篇記曰：將者，智，信，仁，勇，嚴也；另外〈謀攻〉篇亦曰：夫將者，國之輔也，輔周則國必強，輔隙則國必弱。古代之將軍係應天子命以臨下，但是伴君如伴虎，將軍心中要充滿智慧，態度要低調警惕。事實上，將軍應具有遜讓之義，並嚴守君臣分際之禮，這樣才能確保個人之祿、國家之福。中國歷代發生軍人篡位者，雖偶有聞之，但不像近代亞、非地區的一些國家，經常會有將軍發起政變（Coup）之醜聞，這也是造成他們國家落後，人民貧困的主要原因。

中國古典歷史文獻《司馬法・天子之義》記曰：殷以虎，尚威也；周以龍，尚文也。老「虎」是人見人畏的猛獸，在傳統文化中，「虎」字一直被當作威權和力量的象徵。在「履」卦經文中，「虎」字有三見，另加一個「武人」；讓人感受到經文連用「虎、虎、虎」與「武人」之字辭，聖人想藉此物象塑造朝廷威風凜凜之意象，並以此說明「武人」與帝王間之周處，確實顯得相當峻酷。《說文解字》曰：虎，山獸之君；「武人」就是指握有兵權，他應該是指一位威武而有權勢之將軍。在「履」卦之卦、爻辭中，首先卦辭就有「履虎尾，不咥人，亨」之句，說明將軍是踩踏在虎皮毯之虎尾上，他能夠站在此地運籌帷幄，代表這是一種使命與特權；他不會被地上這隻死老虎咬到，因為他是獲得皇上欽命與護佑之將軍。繼之在六三爻辭有「眇能視，跛能履，履虎尾，咥人凶」之句，意指瞎了一隻眼，他雖能看見卻看不周全；跛了一隻腳，他雖能走路卻走不遙遠；一個身體已有缺陷之人，就不要輕舉妄動了，萬一真的踩踏到一隻兇猛老虎之尾巴，那就會有被牠咬到的凶險。在九四爻辭則有「履虎尾，愬愬終吉」之句，意指將軍享有踩踏虎皮毯以作運籌帷幄之特權，但他心中一定要保持誠惶誠恐，並時時警惕自己的身分與地位，這樣才能獲得最後的平安與吉祥。此外，九二爻辭「履道坦坦，幽人貞吉」之句，意指帶兵作戰與平時行事都很順遂，但是心中更要坦蕩自然而不驕；將軍常

勝而不驕者，才不會發生功高蓋主之情況，這樣也才能讓他安享長命保身之福祿。最後在上九爻辭「視履考祥，其旋元吉」之句，表示將軍要審視行事態勢，要思辨吉凶善惡；在朝與君王周旋時，才能獲得和諧與圓滿，這也是獲得平安吉祥之好徵兆。

　　古代治理軍國大事者，天子在上位，賢人三公在左，武人將軍在右。孫子曰：兵者，國之大事，死生之地，存亡之道，不可不察也。總而言之，武人將軍要認清職責與局勢，他要珍惜自己的欽命特權，但不要無視自己的缺陷，這正是獲得平安吉祥之好徵兆。

注釋

1　高樹藩：《正中形音義綜合大字典》（臺北市：正中書局，1977年），頁370。
2　參閱徐金松編《最新臺語字音典》及董宗司總編纂《臺灣閩南語辭典》。

第三講
淺釋易經豫卦

一　前言

　　俗話常說：人無遠慮，必有近憂。任何人決定要做一樁大事或工作，事前都要有一個周全的計畫和準備；預先要有謀慮，這樣才會有成功機會，也才能避免遭到失敗之命運。古典文獻《中庸》有曰：凡事豫則立，不豫則廢。古聖先人已經告訴我們，外在環境瞬息萬變，當你面對各種問題與挑戰時，你都必須慎重去權衡情勢，仔細做好各項利弊得失的評估，然後才能做出更好的決策。事實上，以上古時代天子治理軍國大事為例，他不但要關心社會民生問題，還要留意國防安全問題，這樣才能使王朝獲得一個長治久安之局面。大家都知道，國內外環境變化多端，如果能夠有一防備與分工機制，那就不必全靠一個人去承擔風險了。在中國歷史上，每當一個新朝代建立起來，剛開始都會出現幾位明君；他們一方面對建國功臣封爵賜土，一方面對庶民百姓安撫獎勵，以籌謀、獎勵及遠慮來奠定一個太平盛世基礎。智者慮及深遠，貪圖安逸只能苟安一時，為智者所不取。事實上，無困者在於預備，思危難者方能自預，因此自古聖人思患而預防之。總而言之，遠慮與近憂，似乎存有因果之關係；人不作長遠考量時，他很快就會面臨到危機。

　　在《易經》豫卦之內容中，一開頭就是「利建侯行師」之卦辭，作者藉此經文表明古代帝國一統天下的現實問題，這也算是應付遠慮與近憂的一個好對策。養兵千日，用在一朝；天子要面對建侯與行師兩大重要課題，這正是讓他落實處理遠慮與近憂，及考驗誠信與智慧的關鍵所在。「豫」字含有一字多義之特色，包括：備、敘、早、樂、誑、厭、佚、遊……等等。考「豫」字之義及本卦之爻辭內容，似乎含有正、反兩面之意思表示，也具有造成吉與凶、無咎與有悔之不同徵驗後果。古「豫」字與今「預」字可以相通，因此它可以作豫慮、預備、安逸、悅樂等多種解釋。再者，「豫」字可以表徵一個人的心理現象與態度，例如當你不知道如何做出抉擇時，心中就會呈現出一種「猶豫」狀態。事實上，猶豫也是決定重大事情的一道關卡，就像腳踩煞車器一樣；每當遇有大型計畫時，在制度上與心理上，總有一些人會產生猶豫與質疑，因此需要多浪費一些時間進行規劃與溝通，最後才能得到一個定案與好結果。本文試以語言文字及歷史文獻之研究方法，探索豫卦經文之意象，並依照卦爻辭之解釋、關鍵字辭之解釋、六十四卦之聯通，三個段落順序，分別撰述個人鄙見，並就教於方家。

二　卦、爻辭之解釋

卦辭：豫：利建侯行師。
譯文：論述豫之卦：要在四方封建諸侯邦國，並且舉辦行軍會師演
　　　　練；這些都是為了要建立國家安全防衛體系之利益，同時還具
　　　　有興利除弊之功效。

初六：鳴豫凶。
譯文：因聽到戰鬥號角聲響而起疑慮之心，因此擔心會有興兵作戰並

帶來傷亡之厄運。

六二：介于石，不終日，貞吉。
譯文： 使疆界鞏固有如磐石般的堅硬，還有四方諸侯可以隨時作為護衛；天子建立國家安全防範體系，表示他很有治國智慧，而且能夠獲得平安吉祥。

六三：盱豫悔，遲有悔。
譯文： 又是張目又是遲疑，這種不好表現與態度只會製造悔恨而已；動作反應現出遲疑者，他將會有悔恨之後果。

九四：由豫大，有得勿疑，朋盍簪。
譯文： 先有猶豫疑慮，才能謹慎處理重大決策；因此而能得利者，將是毫無疑問的；大家都應該心連心，而且能夠團結在一起。

六五：貞疾恆，不死。
譯文： 決策很有聰明智慧，動作又很迅速敏捷，態度也能繼續保持恆心者，這樣就不會有遭受滅亡之危險了。

上六：冥豫成，有渝無咎。
譯文： 身心外表看來很像幽悶而鬱鬱不樂，但情況如能有所改變者，最終也就不會有災禍了。

三　關鍵字辭之解釋

考卦名「豫」字之音，《廣韻》、《集韻》、《類篇》、《韻會》曰：

羊泇切;《正韻》曰:羊茹切,从音預。臺灣話豫（U$_7$）,與預、與、譽等字同音。考「豫」字之形,从象、予聲。「豫」字之義,《說文解字》曰:豫,象之大者;段玉裁注曰:予聲,俗作預。事實上,「豫」字含有一字多義之特色,包括:備、敘、早、樂、誑、厭、佚、遊……等等。《爾雅・釋言》曰:豫,敘也;《疏》曰:事豫備者,亦有敘也。《禮記・學記》曰:禁於未發,謂之豫。《玉篇》曰:豫,早也,逆備也,或作預;《中庸》曰:凡事豫則立,不豫則廢;《註》曰:素定也。綜此可知,本卦「豫」字之義,當以豫慮為是;表示人因有憂慮之心理,故須預作防備之動作。《孫子兵法・軍爭》曰:故不知諸侯之謀者,不能豫交。《老子河上公章句》曰:治之於未亂,治身治國於未亂之時,當豫閉其門也。古代君王建國興邦,因為居安思危,所以要封建諸侯。建立防衛武力,以利鞏固中央政體之安全,這也是針對卦辭「利建侯行師」的最佳詮釋。

又,《正韻》曰:豫與與通;《後漢・東夷傳》曰:楚靈會申,亦來豫盟。另作安逸、悅樂解,《爾雅・釋詁》曰:安也,樂也;《正韻》曰:悅也;《玉篇》曰:怠也,佚也。此外,豫與予、余相通,即我之別稱,有以自我為中心之意。據《爾雅・釋詁》曰:予,我也;《禮記・曲禮下》曰:「君天下,曰天子。朝諸侯,分職授政任功,曰予一人。」《玉藻》曰:「凡自稱,天子曰予一人。」豫字之「予」,暗指一國之最高統治者。卦辭「利建侯行師」,建侯就是對王子貴族及有功之人,對他們頒賜諸侯爵位並封疆賜土,以作鞏固中央政權之目的;行師就是命諸侯興師討伐有罪之邦。在封建時代,建侯行師都是天子一人的至高無上特權,其他人均非可褻用。行師之「行」,伍也,列也,適也,往也,去也;含有行步,巡視,巡查,巡狩之義。「行師」一詞,表示軍隊進行行軍,演練,衛戍等任務;作「巡狩」解,則專指天子巡視地方之義。

　　據《尚書·周書》〈洪範〉篇第八疇，箕子就曾經向周武王提出下列建言：

> 庶徵：曰雨，曰暘，曰燠，曰寒，曰風。曰時，五者來備，各以其敘，庶草蕃廡。一極備，凶；一極無，凶。曰休徵：曰肅，時雨若；曰乂，時暘若；曰晢，時燠若；曰謀，時寒若；曰聖，時風若。曰咎徵：曰狂，恆雨若；曰僭，恆暘若；曰豫，恆燠若；曰急，恆寒若；曰蒙，恆風若。曰王省惟歲，卿士惟月，師尹惟日。歲月日時無易，百穀用成，乂用明，俊民用章，家用平康。日月歲時既易，百穀用不成，乂用昏不明，俊民用微，家用不寧。庶民惟星，星有好風，星有好雨。日月之行，則有冬有夏。月之從星，則以風雨。

以上內容涵蓋三種徵驗說，前段是在論述五種天氣的「庶徵」，中段是建議五種美善的「休徵」，後段則是提醒五種災害的「咎徵」。不分美善的「休徵」與災害的「咎徵」，其中所舉各種徵驗說明，又以天氣「庶徵」的眾徵驗為比喻，並呈現對應或聯通之關係。例如，前段中有一徵驗是說「曰豫，恆燠若」，這是聖人藉它描述人們心中的躁鬱狀態，很像天氣的燠熱不退一樣。事實上，五種天氣徵驗若有分配不均或時序不順之情況發生，就會帶來災害並且釀成歉收之後果；而一個人的心理若是失去平衡狀態，同樣也容易產生凶險。再者，聖人在文中提出五項治國對策，這也是勸王表現美善的徵驗，包括：一、要有敬肅的儀容；二、要有治國的才幹；三、能有明視的智慧；四、要有治兵的謀略；五、要有通明的思想。雖然「庶徵」之「豫」，與「豫卦」之「豫」，都有產生凶險、美善之意象，但只要當事者能發揮代表美善的「休徵」，他就能治理好一個國家，這正是「豫卦」在卦、爻辭經文中，所要揭櫫的哲理。

　　本卦之卦辭「利建侯行師」，它與爻辭「介于石，不終日，貞吉」，及「貞疾恆，不死」，這三句經文具有前後對應之效，並且各得「利」、「貞吉」、「不死」之美善徵驗；另外，本卦共有四個爻辭，均各含一個「豫」字，包括「鳴豫凶」、「盱豫悔」、「由豫大」、「冥豫成」，而「凶」、「悔」、「大」、「成」，可以形容各爻所呈現的不同意象。有關本卦之關鍵字詞，茲分別詮釋如下：

鳴豫凶

　　初六爻辭：「鳴豫凶。」意指有人一聽到鳥獸驚叫聲或有戰鬥號角響起時，就疑慮世事有亂，因此一想到興兵作戰之事，就好像凶事馬上要臨頭了。「鳴」字，《唐韻》曰：武兵切，《集韻》、《韻會》、《正韻》曰：眉兵切，從音明；《說文解字》曰：鳥聲也。據《馬融・長笛賦》曰：「山雞晨羣，野雉朝雊。求偶鳴子，悲號長嘯」；《註》曰：鳴，命也。《墨子・非儒下》曰：「今擊之則鳴，弗擊不鳴，隱知豫力，恬漠待問而後對，雖有君親之大利，弗問不言，若將有大寇亂，盜賊將作，若機辟將發也，他人不知，己獨知之，雖其君親皆在，不問不言。」又，獸亦曰鳴；《周易・說卦傳》曰：其於馬也為善鳴。本卦爻辭「鳴」字，具有雙重意思表示：一指鳥獸驚叫或是戰鬥號角聲響；一指商湯打敗夏桀於「鳴條」這個古戰場之簡稱。[1]《六韜・兵徵》曰：三軍無故，旌旗前指，金鐸之聲揚以清，鼙鼓之聲宛以鳴。又，《吳子・應變》曰：「今有少年卒起，擊金鳴鼓於阨路，雖有大眾，莫不驚動。」據歷史文獻記載，《史記・夏本紀》曰：「桀走鳴條，遂放而死」；《孟子・離婁下》曰：「舜生於諸馮，遷於負夏，卒於鳴條，東夷之人也。」《商君書・賞刑》曰：「湯與桀戰於鳴條之野，武王與紂戰於牧野之中，大破九軍，卒裂土封諸侯，士卒坐陳者里有書社，車

休息不乘，從馬華山之陽，從牛於農澤，從之老而不收，此湯武之賞也。」古人有曰：兵者，國之凶器也；或云：夫唯兵者，不祥之器。如《韓非子・存韓》曰：「兵者，凶器也。」又《六韜・兵道》曰：「故聖王號兵為凶器，不得已而用之。」由此可知，卦中「凶」字，意指社會動亂或國家興兵作戰等凶厄事端；初爻「鳴、豫、凶」三字連用，聖人藉此強調戰爭與亡國之因果關係；面對軍國大事，這也是最令國家領導人必須戒慎恐懼之大事也。

介于石

六二爻辭：「介于石，不終日，貞吉。」意指要使疆界鞏固有如磐石般的堅硬，並利用四方諸侯隨時護衛中央；天子能有這樣的國防與安全措施，就表示他很有治國智慧，而且還能獲得平安吉祥。「介于石」一詞，據清代王夫之（1619-1692）解曰：「靜止以居而不妄動，介于石也；動而無靜之體，非善動也；靜而無動之理，非善靜也。」[2]靜與動，善與非善，正代表兩者截然不同之心態與因果關係；掌控得宜的聰明領導者，他才能獲得一個安逸與吉祥之國境。根據辭書之註釋，介于石之「介」字，界也，際也，隔也。《集韻》、《韻會》、《正韻》曰：居拜切，從音戒。介，際也；謂辨別之端，如《春秋左傳・襄公九年》曰：「天禍鄭國，使介居二大國之閒。」又，隔也，迫近國都之關；《春秋左傳・昭公二十年》晏子曰：「不可為也，山林之木，衡鹿守之，澤之萑蒲，舟鮫守之，藪之薪蒸，虞候守之，海之鹽蜃，祈望守之，縣鄙之人，入從其政，偪介之關，暴徵其私。」「介于石」一詞，表示做為境界隔離的碁石，例如界碑、石牆等，表示豎立一道堅硬如磐石的疆界。「不終日」一詞，表示防範動作可以不俟終日，隨時隨地都會有四方諸侯可以出來捍衛中央。從十九世紀以來的大英帝

國，即享有「日不落國」之美稱，因該國擁有遍布全球各地的大英國協（Commonwealth）成員，因此太陽何時都會照在其帝國轄屬的領土上。反觀在鼎盛時期的殷商及西周時代，他們也同樣都擁有過數千百個諸侯邦國；而當時帝國天子也都自稱統領「天下萬邦」。對照古代的殷、周帝國及現代的大英帝國，東方文化有「不終日」爻辭，而西方政治有「日不落國」用語，兩者之語意確實具有異曲同工之妙。

盱豫悔

　　六三爻辭：「盱豫悔；遲有悔。」不能審視時機變化，只是盲目張望而漫不經心於防範工作，他將會後悔的；遲延防備動作，終將會帶來悔悟。盱豫之「盱」，《唐韻》曰：況于切，《集韻》、《韻會》曰：匈于切，从音吁；《六書故》曰：張目企望者，必猶豫不進也。《揚子‧方言》曰：燕代朝鮮列水謂鹽瞳子為盱；《註》曰：謂舉眼也。依《唐韻》曰：況于切，臺灣話呼「盱」為 KHOO$_3$；于、芋，文讀為 U$_1$，白讀為 OO$_7$。《說文解字》曰：盱，張目之義；盱字常有連用者，如《莊子‧寓言》載老子曰：「而睢睢盱盱，而誰與居？」《荀子‧非十二子》曰：「填填然，狄狄然，莫莫然，瞡瞡然，瞿瞿然，盡盡然，盱盱然」。「盱盱」一詞，表示舉眉揚目；多用於對政治局勢的觀察，如「盱盱大局」、「盱盱中外」。對於那些心不在焉、裝傻者，臺灣人有一「目睭激盱盱，內衫看作內褲」之話語；臺灣話「激盱盱」，發音為 KIK$_4$ KHOO$_3$ KHOO$_3$。「遲有悔」一詞，表示追悔前非，醒悟過錯。《孔子家語‧子路初見》：〔比干〕固必以死爭之，冀身死之後，紂將悔悟。

由豫大

九四爻辭：「由豫大，有得勿疑，朋盍簪。」意指先有猶豫疑慮之態度，這樣才能謹慎做重大事務；因此而能得利者，將是毫無疑問的；大家都應該心連心，而且能夠團結在一起。「由」字之音，《集韻》、《韻會》曰：夷周切；《正韻》曰：于求切，从音猷。「由」字之義，《韻會》曰：因也；《廣韻》曰：从也；《爾雅‧釋詁》曰：自也；《註》曰：猶从也。又《博雅》曰：由，行也；《論語》曰：觀其所由。「由」字，含有自從、實行、實現之義。「簪」字，《集韻》曰：子感切，音昝。又《廣韻》曰：側吟切；《集韻》、《韻會》曰：緇岑切；《正韻》曰：緇深切；首笄也；以信待之，則羣朋合聚。「盍」字，《唐韻》曰：胡臘切；《集韻》、《韻會》曰：轄臘切；《正韻》曰：胡閣切；《說文解字》曰：覆也；《爾雅‧釋詁》曰：合也；朋盍簪；《疏》曰：羣朋合聚而疾來也。臺灣話「簪」（CHIAM₁），與尖、針、詹等字同音；古時候女人頭上有髮簪，臺灣俗話稱此為「珠簪」（TSU₁ CHIAM₁）；這是一種女人頭上的髮飾，可以用它來綰住長頭髮，或把帽子別在頭髮上。

依高樹藩之考釋，古有「猶」、「豫」二獸，「豫」為一多疑大獸之名，乃一種特大之象，故从象；相傳猶、豫二獸，進退多疑，蓋以一己利害縈思而徘徊不定者，故从予聲。[3]另根據報導，古書對猴科獸類「猶」的記載頗生動，此「猶」一旦發現人或其他敵情，便慌張地迅速爬到樹上，躲藏在樹枝或茂密的樹葉之後，探頭察看。待一切平復，牠再跳下樹來，東張西望一番，突然再生懷疑，又爬回樹上。「豫」，指大象伸長鼻子嘗試取物。[4]清朝乾嘉樸學的先驅者、黃生（1622-？），在其訓詁專書《義府》中另有注解，他說：猶豫為雙聲字，以聲

取義，本無定字，故亦作「猶豫」、「由與」、「尤與」、「猶夷」等。另據語文學家屈萬里（1907-1979）註解：由，猶也；由豫，即猶豫。[5]按，「由豫」與「猶豫」，音、義皆可互通；臺灣話「猶」、「由」、「尤」，皆發（IU$_5$）；「豫」、「與」、「預」，皆發（U$_7$）。「大」字，表示有一項大型計畫，或握有大權者。兵家《尉繚子·十二陵》曰：無過在於度數；無困在於豫備；謹在於畏小；智在於治大。老子《道德經》曰：「域中有四大，道大，天大，地大，王亦大。」由豫大之「大」，應指重大事務或計畫；而國家遇有重大事務或計畫，就要特別審慎處理，並設法排除各種疑慮與不同意見者。現代人都知道要進行一項大型計畫時，都必須先作「可行性研究」（Feasibility Study），然後還要有一周全的財務規劃，並進行環境評估及舉辦公聽會，最後才能獲得大家的共識，及進行計畫案的發包與執行工作。

貞疾恆

六五爻辭：「貞疾恆，不死。」意指決策很聰明智慧，動作又很迅速敏捷，良好態度也能繼續保持永恆長久者，這樣就不會有遭受滅亡之危險了。「恆」字，久也，常也；《集韻》、《韻會》曰：胡登切。此爻意涵可以用來呼應卦辭「行師」一詞，因為國家軍隊要能常保機動化，而且平時也要舉辦行軍、會師等項演練，這些都是訓練兵士及增強聯合作戰能力之重要功課。事實上，為了要建立大帝國之安全防衛體系，以及達到興利除弊之功效，「建侯行師」是最有力的戰略措施，也是天子治國所要面臨的最大課題之一。

冥豫成

　　上六爻辭：「冥豫成，有渝無咎。」意指身心變成很幽悶且鬱鬱不歡，但情況如能有改變，也就不會有災禍了。冥豫成之「冥」，暗也，幽也，夜晚也；《說文解字》曰：幽也；《孔叢子・廣詁》曰：幽、暗、闇、昧，冥也；《玉篇》曰：窈也，夜也，草深也。又，《集韻》曰：　見切，音麪；冥眴，視不見；先天看不見的瞎眼者，臺灣話稱他們為「青冥」（CHENN₁ ME₅）。「冥豫」兩字，應含有不豫、弗豫之意思。《尚書・周書》〈金縢〉篇曰：「既克商二年，王有疾，弗豫」，這是指周武王翦商滅紂二年後，他因有疾病而無法上朝聽政。又，《禮記》曰：寡人蠢愚冥煩，子識之心也！古書「弗豫」或「冥煩」之詞，概指身上有疾病，或心中鬱鬱不樂之樣子；據此可知，弗豫與不豫、弗豫，其義應可相通。考「成」字之義，畢也、就也、平也、善也、盛也、像也。《論語・八佾》曰：「成事不說，遂事不諫，既往不咎。」又《釋名》曰：成，盛也；《廣韻》曰：畢也。凡功卒業就謂之成。又併也，《儀禮・既夕》曰：俎二以成；《註》曰：成，猶併也。又《韻補》曰：叶陳羊切，音常。《范蠡曰》曰：得時不成，反受其殃。據語言學者之考釋，臺灣話「成」字共有四種不同發音，用字舉例：一、毋「成」（CIANN₅）食；二、「成」（CHIANN₅）大漢；三、減一「成」（SIANN₅，）；四、完「成」（SING₅）。[6]以臺灣話「成」（SING₅）讀之，本爻之「成」字，似以「像」解為宜；例如有人模仿一位名人，當我們看到模仿者之長相、動作及聲音，都與名人很相像時，臺灣話即以「有成」（U₇ SING₅）來形容那一位模仿者。綜上推論，「冥豫成」一詞，應指一個人，看起來好像有病的樣子，包括心疾或病體都屬之。考「渝」字之音，《唐韻》曰：羊朱切；《集韻》、《韻

會》曰：容朱切，从音愈；又《集韻》曰：俞戌切，音裕。臺灣話渝
（JU₅），與如、瑜同音。「渝」字之義，《爾雅‧釋言》曰：渝，變也；
「有渝無咎」一詞，可指事情或許會有變化，或身上疾病已經痊癒了；
如此就不會有禍害發生了。

四　六十四卦之聯通

《周易》六十四卦，若從卦序與卦象分析，可以看出緊鄰之兩卦，
往往含有「不覆即變」之關係；另外在經文詞章結構上，卻也存在一
些語意上的聯通效果。從卦序排列觀之，在上經三十卦中，謙卦、豫
卦、隨卦，三卦互相連結在一起。謙、豫兩卦，都是針對領導者的統
治心理，對於領導與統御之方，各有獨特之建言；兩卦有相同之關鍵
字，如「鳴」、「終」、「行師」等字詞。豫卦之卦辭「利建侯行師」，
另外在屯卦之卦辭，也有「利建侯」，同樣都是針對治國大計而言。
審視《周易》經文辭章，常有一語雙關或一句多斷之特色，而經文
內容，亦有二字、三字、四字，或多字之用詞或成語。豫卦與隨卦緊
鄰，而兩卦用詞結構亦有相似之處，例如兩卦均以三字詞，冠置於各
爻之首端，包括：豫卦之初六爻「鳴豫凶」，六二爻「介于石」，六三
爻「盱豫悔」，九四爻「由豫大」，六五爻「貞疾恆」，及上六爻「冥
豫成」；隨卦之初九爻「官有渝」，六二爻「係小子」，六三爻「係丈
夫」，九四爻「隨有獲」，九五爻「孚于嘉」，及上六爻「拘係之」。其
他有關各卦經文之聯通關係，以下簡要舉例說明之：

終日 v.s. 不終日

乾卦九三爻辭「君子終日乾乾，夕惕若厲」，表示王子貴族及諸侯

邦主們，他們都要整日為天子盡忠效勞，要負責治理好轄區內的百姓庶民，做好境內之社會安全與防務工作。豫卦六二爻辭「介于石，不終日」，表示帝國因有四方諸侯守衛，天子只要坐鎮中央指揮，其帝位就能有如磐石一般的堅強鞏固；他不需要為國安問題而整天憂慮煩惱，因為在國家之周圍四方，隨時隨地都有王子貴族及諸侯邦主為他分勞，國境由諸侯他們駐紮；他們不分晝夜、整日都在守護與捍衛國家之安全，有事還要奉天子之命，出征去抵禦或攻打入侵之敵人。

有悔 v.s. 無悔

在易經六十四卦經文中，「悔」或「有悔」七見，「無悔」或「悔亡」二十五見。例如，亢龍有悔，遲有悔，同人于郊無悔，敦復無悔，及喪羊于易無悔等等。豫卦經文內容很簡短，但爻辭中卻用了四個「豫」、兩個「悔」字；事實上，能豫者不悔，如《禮記·儒行》曰：往者不悔，來者不豫。《揚子·太玄經》曰：建侯開國，渙爵般秩。卦辭「利建侯行師」一詞，國家因能建侯行師而得利，另外在六二爻辭「介于石，不終日」及六五爻辭「貞疾，恆不死」經文中，即可看到最貼切之答案。另外對於治理一國大事，最有可能要面對的「預慮」課題，則有初六爻辭「鳴豫，凶」，六三爻辭「盱豫，悔；遲有悔」，九四爻辭「由豫，大有得，勿疑，朋盍簪」，及上六爻辭「冥豫，成有渝，無咎」；面對各種不同情況，就會產生「凶、悔、勿疑、無咎」之不同結果。

五　結論

古代一當有人稱帝霸領天下以後，他為了國家能夠長治久安；維

持一個強勢之中央政權，並順利領導四方異族，讓人民都能得到一個
比較安定的生活，因此開始採行封建諸侯制度，並建立軍隊與實施作
戰演習。建侯與行師，這是屬於預防性與永久性的戰略措施，可以達
到建立國家安全防衛體系之目的，也具有興利除弊之功效。本卦卦辭
「利建侯行師」，表示這是天子治理龐大帝國相當重大的一項課題，這
也是維持天下長治久安的關鍵性戰略布局。本卦之六個爻辭，各以三
字詞的「鳴豫凶」、「介于石」、「盱豫悔」、「由豫大」」、「貞疾恆」、
「冥豫成」作為開頭；在各爻辭之不同人物、情境與物象下，又以最
貼切、妥適的「凶、石、悔、大、恆、成」之用字，作為各個詞句之
形容詞。事實上，六個爻辭所強調的「凶兆、堅強、後悔、重大、長
久、很像」，可以說這是一種徵兆或現象；作者藉此顯示豫卦之整體內
容，並運用差異與統一之意象，分別敘說「豫」字之真正意涵，它頗
值得提供現代領導人物之警示與借鏡。

　　正當人們要處理重大政策之前，總會興起一些猶疑現象與狀態，
他或許要去面對一些不同意見的人。事實上，一個國家如果遇有重大
建設計畫，或要與外國建交締約，就必先須有深思熟慮之態度，要能
傾聽正反兩方面之不同意見。例如，今天世界各國都在面臨經濟全球
化（Globalization）之威脅，當兩國之間需要簽訂一個「自由貿易協
定」（FTA, Free Trade Agreement）時，大家為了照顧國內產業與消費者
之最大利益，因此雙邊官員都要經過數十百次的磋商，最後草簽換文
後，還要經過兩國國會之審核通過，這樣才能正式生效。以本卦「由
豫大」一詞為例，古字「由豫」與今文「猶豫」一詞相通；因此爻辭
「由豫大」之意涵，對於一國之領袖人物而言，它確實具有相當大的參
考意義與啟示作用。

注釋

1 廖慶六：《歸○解易十六講》（臺北市：萬卷樓圖書公司，2013 年），頁 142。

2〔清〕王夫之：《船山易傳》（臺北市：夏學社，1980 年），頁 136。

3 高樹藩：《正中形音義綜合大字典》（臺北市：正中書局，1977 年），頁 1745。

4 參見互動百科〈猶豫〉（http://www.baike.com/wiki/），2014/11/17。

5 屈萬里：《讀易三種》（臺北市：聯經出版公司，1983 年），頁 123。

6 董忠司總編纂：《臺灣閩南語辭典》（臺北市：五南圖書出版公司，2003 年），頁 144、262、1167、1192。

第四講
淺釋易經隨卦

一　前言

　　〈莿仔花〉是一首屬於閩南、潮汕及臺灣地區的歌謠，其歌詞雖簡短而有韻味；它頗富教育意義，孩童也很容易記憶。據各地所吟唱的〈莿仔花〉歌詞，內容也頗多樣化，例如在潮汕地方，其中有一段是：「莿仔花，白茫茫，細妹送兄到路旁；目汁拭乾共兄送，要記十月來收冬。」又如在臺灣中部，則唱成：「莿仔花，莿莿莿，臺灣就來去；來去娶一個某，較贏唐山無某真艱苦。」在臺灣南部鄉下地方，也有一支類似的童謠，小時候我們都曾經哼唱過；這一首歌謠只有短短三句歌詞：「莿仔花，白雞冠，翁行某隨。」臺灣話之花（HUE₁）、冠（KUE₃）、隨（TOUE₃），三字押韻皆相同。「莿仔花」通常長在荒野墳地，枝莖長莿、卻開芳香小白花；「白雞冠」是指白色的雞冠花，它可做中藥材；另外紅色雞冠花，其花高冠突兀，有如公雞雄赳赳之氣勢。這些歌詞之敘述對象，都與男女相戀或夫妻相隨有關，其中「翁行某隨」（ANG₁ KIANN₅ BOO₂ TOUE₃）就是「夫唱婦隨」之義。事實上，藉歌謠形容那些生活在窮鄉僻壤的夫妻或戀人，雖然生活貧苦卻很恩愛，他們都希望能相依相隨過好日子。名歌手鄭進一創作的臺語〈家後〉一曲，其中就有一句「阮將青春嫁置恁兜，阮對少年跟你跟甲

老」。臺灣話「家後」（KE₁ AU₇）就是指嫁為人婦者，而歌詞就是用來描述身為人妻，她辛辛苦苦一輩子「跟隨」丈夫；她犧牲青春，並把一生幸福奉獻給夫家的感人景況。

　　自古男女共組一個新家庭，天下英雄共創一個新朝代，這都是世間男女為了追求一個甜蜜家園，或英雄為了救國救民之偉大志業，因此他們都能心甘情願付出一生之最大代價。古代封建社會，服從是天職，順從是美德；女人要體認「三從四德」之珍貴，當官者要發揮「鞠躬盡瘁」之精神。依據中國歷史之記載，上古周族之興起，與周室開國三公、三姒之奮鬥與相隨最具密切關係。考周族開國三位先公，就是指古公亶父、季歷、姬昌祖孫三代，三位先姒則是指他們的妻子，太姜、太任、太姒三人。太任是周室三母之一，季歷（王季）之妻，姬昌（文王）之母。太任原是商末摯任氏的二女兒，據說她長得秀外慧中、外貌出眾，且從小就培養了高尚的氣質與品格。周文王的夫人太姒，則是有莘國姒姓的女兒，她就是伯邑考、周武王和周公旦等人的母親。太姒為人仁愛和順又深明大義，據說在娘家時，她就專心致志做好女孩該做的工作。在中國歷史上，周朝三位開國先君的夫人，她們都很重視胎教與幼教，而且能輔佐和教化開萬世太平的周國幾位君王。事實上，她們都具有母儀天下之典範，更是開國夫君的良佐；觀之《易經》內容，在「隨」卦六二爻辭「系小子，失丈夫」，及六三爻辭「系丈夫，失小子」，這兩爻辭正是針對太任、太姒，這兩位偉大母親，一喪夫、一喪子時候的際遇考驗與心境寫照。本文試以語言文字及歷史文獻之研究方法，探索「隨」卦經文之意象，並依照卦爻辭之解釋、關鍵字辭之解釋、六十四卦之聯通，三個段落順序，分別撰述個人鄙見，並就教於方家。

二　卦、爻辭之解釋

卦辭：隨：元亨利貞，無咎。

譯文：論述隨從之卦，人要至誠遵循宇宙自然之秩序法則，萬事皆能
　　　享有其資始、護佑、地利、智慧之優勢，這樣也就不會有禍害
　　　了。

初九：官有渝，貞吉，出門交有功。

譯文：國家政治環境已有變化時，就要拿出聰明與智慧，這樣才能得
　　　到平安吉祥；因受命為朝廷出征與敵方交戰，因此才有機會為
　　　國家建立功勞。

六二：系小子，失丈夫。

譯文：嫁做人婦，心中總是掛念兒子的安危與未來，因為她已經失去
　　　了自己心愛的丈夫。

六三：系丈夫，失小子，隨有求，得利居貞。

譯文：嫁做人婦，心中總是擔憂丈夫的命運與安危，因為她已經失去
　　　了一個寶貝的兒子；嫁夫隨夫，內心總會有祈願與追求，但要
　　　有智慧才能獲得安居樂業之利。

九四：隨有獲，貞凶，有孚；在道以明，何咎。

譯文：婦人一生追隨夫君所得到的各種結果，她都要以聰明與賢慧去
　　　面對；有凶險或災禍發生，她更要有信心去接受考驗。心志與
　　　言行一直都很光明磊落，這樣也就不會有愧疚與禍害了。

九五：孚于嘉，吉。

譯文： 因為得到別人讚美嘉許而更加有信心，這也是得到平安吉祥之
　　　　徵兆。

上六：拘系之，乃從維之；王用亨于西山。

譯文： 將興家建國大業牢記在心上，她能凝聚家人之愛心與毅力，並
　　　　以意志力堅強地追隨男主人的領導；最後周王終於可以在西山
　　　　舉行祭祖大典。

三　關鍵字辭之解釋

　　考「隨」字之音，《唐韻正》曰：古音旬禾反，《集韻》、《韻
會》、《廣韻》曰：旬為切，音隋。考「隨」字之義，從也，順也；《集
韻》曰：古通追，《正韻》亦作隋。據《康熙字典》引述《唐韻》曰：
徒果切、《集韻》曰：杜果切，從音惰。又司馬遷《史記・天官書》
曰：前列直斗口三星，隨北端兌；《註》索隱曰：隨音，他果反（或
湯果反）。另屈原《楚辭・離騷經》曰：背繩墨以追曲兮；《註》曰：
追，與隨通。據臺灣話專家陳成福研究，「隨」字注音為「地過」三
聲；[1]「隨」之古音，考諸家之音訓，即有：徒果切、杜果切、他果
反、湯果反，發音與臺灣話訓為「地過」（TOUE₃）相同。「隨」有
隨從、追隨之義，例如：卑隨尊、女隨男、婦隨夫、諸侯隨帝王等意
思。按，作為隨從、追隨之人，最重要的是言行與態度；他要具有智
慧與信心，要懂得如何「隨時而動、從宜適變、知機能權」之準則與
哲理。從上古歷史看成功「追隨」者之典範，以周室三母「太姜、太
任、太姒」之表現，確實當之無愧；她們相夫教子、輔佐夫君興周
滅紂，其偉大功績及聰明智慧，頗值得世人的尊敬與學習。依據歷史

文獻之記載，上古周族之興起，概與周室開國三公、三妣之奮鬥與相隨最具密切關係。周族開國三位先公，就是指古公亶父、季歷、姬昌祖孫三代，而三位先妣則是他們的妻子，太姜、太任、太姒三人。據《史記·周本紀》記載曰：「太姜生少子季歷，季歷娶太任，皆賢婦人，生昌，有聖瑞。」太任就是亶父（太王）之媳婦、季歷（王季）之妻、姬昌（文王）之母，太姒則是季歷（公季）之媳婦、姬昌（周文王）之妻、姬發（武王）之母；正當周族及她們人生逐漸走向事業高峰時，這兩位貴婦都不幸遭逢喪夫或喪子之悲慟。最難得的是，兩位婦人堅貞追隨季歷、姬昌，都能扮演好賢妻良母角色；她們能以信心毅力及聰明智慧，努力克服外力之打擊與內心之煎熬，最後周族在武王的領導下，終於完成翦商滅紂之使命。

　　《禮記·郊特牲》曰：婦人，從人者也；幼從父兄，嫁從夫，夫死從子。古人教導女子要體認「三從四德」之珍貴，三從是指未嫁從父、出嫁從夫、夫死從子，四德是指婦德、婦言、婦容、婦功。「三從」引申為既為人之女兒、妻婦和母親的婦女，應對男性服從；據說「三從四德」是從宋、明以降女子的行為規範，它也成為男性選擇妻子的標準。在隨卦爻辭中，共有三個「系」字，包括：系小子，系丈夫，拘系之。考「系」字之義，含有懸念、心繫、繫念、思念、祈願之意思，就像全天下母親之心情，她們總是心繫丈夫和子女之健康與生活、學業與事業一樣。「系」字，與繫、係，其音義相同；臺灣話「繫」或「系」（HE₇），音義相同；「繫在心內」，表示要把關愛放在心中。茲依各爻辭之先後順序，分別解釋隨卦之關鍵字詞如下：

官有渝

　　初九爻辭：「官有渝，貞吉，出門交有功。」意指當國家政治環境

已有變化時，就要拿出聰明與智慧才能得到平安吉祥；因受命為朝廷出征與敵方交戰，因此才有機會為國家建立功勞。「官有渝」一詞，表示國家面臨多事之秋，而當時的朝廷帝王，已經無力抵抗外侮了，因此造成政治環境大變化。「出門交有功」一詞，當與殷商帝王欽命周公專征大事有關。據歷史文獻記載，當殷朝末年開始發生動盪時，當時崛起於西土的小邦周，已漸漸成為大邑商對抗外邦侵襲的主力；首先在武乙三年，命周公亶父，賜以岐邑。武丁二十四年，周師伐程，戰于畢，克之；接著在三十年，周師伐義渠；三十五年，周公季歷伐西落鬼戎。到了文丁朝四年，周公季歷伐余無之戎，克之，命為牧師；七年，周公季歷伐始呼之戎，克之；十一年，周公季歷伐翳徒之戎，獲其三大夫，來獻捷。帝辛朝：三十三年，密人降于周師，遂遷于程。王錫命西伯，得專征伐。事實上，在殷末最後四位皇帝，從武乙到帝辛，國家有難都由周公專征，這也是周國屢屢建立戰功，最後演變成周國以小擊大，以臣伐君之變局，並由周武王完成翦商滅紂之結果。

　　考「官」之甲骨文字形，从宀从　。以「𠂤」表示祭祀之肉，而屋內有祭祀之肉，代表這一家之男主人，也許他有官員身分而能分享到祭肉。臺灣話是以「大倌」（TA₁ KUANN₁）一詞，稱呼掌理一家之男主人。[2] 倌、官，臺灣話之發音相同；「倌」字初文，似應以「官」字為是。依連雅堂先生之註解，「官」字之義，為家人敬稱之辭。[3] 據教育部之《臺灣閩南語常用詞辭典》對於「大官」一詞之解釋，則是：「公公。媳婦對外人稱呼自己丈夫的父親為『大官』；異用字為『大倌』。」[4]「官有渝」一詞，除可表示國家政治環境已有變化之意涵外，尚可表示一個當家之男主人，他卻不幸發生意外事故。事實上，季歷在一連串的征伐活動後，周族勢力範圍就逐漸向東擴展，因此也引起商王恐懼，並懷疑他有叛變意圖。就如歷史文獻所記載的，商王文丁

十一年，季歷無辜被王處死；姬昌繼位為西伯後，他同樣負有專征之責，卻因屢戰屢勝而遭忌，因此被紂王囚禁於羑里長達七年之久。從周族發展歷史看來，從古公亶父開始，其爵位是屬於商朝「諸侯」國之一，故有「周侯」之稱，其族長世襲而享有「周公」之尊榮。亶父過世後，季歷繼為周侯，季歷被殺過世以後，再由周文王姬昌繼續領導。依據臺灣人對親屬稱謂之習俗看來，季歷與姬昌的身分，就是屬於臺灣人之敬稱用語的「大官」（TA₁ KUANN₁）。他們父子兩人先後遭到被殺或囚禁之命運，「大倌」、「大官」、「官」，三字詞之義可以相通；據此推論，「官有渝」一詞，可以說是針對「大官」季歷與姬昌，這兩位男主人身分與命運的一個寫照。

系小子

　　六二爻辭：「系小子，失丈夫。」意指身為人母、人婦，心中一直掛念兒子的安危與未來，因為她已經失去了一位心愛的丈夫。此爻辭應與殷代之周國興起歷史有關，據《竹書紀年》之記載，商王文丁十一年，周公季歷伐翳徒之戎，獲其三大夫，來獻捷；王殺季歷。據學者考證，發生「王殺季歷」事件緣由，是王嘉季歷之功，錫之圭瓚、秬鬯，九命為伯，既而執諸塞庫，季歷困而死，因謂文丁殺季歷。[5]周公季歷死了，太任就成為一寡婦。太任為周王季歷之正妃，周文王昌之母。《詩經・大明》說：「明明在下，赫赫在上，天難忱斯，不易維王。天位殷適，使不挾四方。摯仲氏任，自彼殷商，來嫁於周，曰嬪於京。乃及王季，維德之行。太任有身，生此文王。」周初有太姜、太任和太姒三位賢妃，太姜（太王之妻）、太任（季歷之妻）、太姒（文王之妻）合稱「三太」；據說後世即以「太太」作已婚女性的尊稱，代表賢德直追三太。《列女傳・母儀傳・周室三母》即有以下之記載：

　　大任（太任）者，文王之母，摯任氏中女也，王季娶為妃。大
　　任之性，端一誠莊，惟德之行。及其有娠，目不視惡色，耳
　　不聽淫聲，口不出敖言，能以胎教。溲於豕牢，而生文王。
　　文王生而明聖，大任教之，以一而識百，卒為周宗。君子謂大
　　任為能胎教。古者婦人妊子，寢不側，坐不邊，立不蹕，不食
　　邪味，割不正不食，席不正不坐，目不視於邪色，耳不聽於淫
　　聲。夜則令瞽誦詩，道正事。如此，則生子形容端正，才德必過
　　人矣。故妊子之時，必慎所感。感於善則善，感於惡則惡。人生
　　而肖萬物者，皆其母感於物，故形音肖之。文王母可謂知肖化矣。

因為太任在懷周文王姬昌的時候不看不該看的東西，不聽淫穢的聲
音，不說狂妄的話，不吃不該吃的食物。保持平靜祥和的心態，使胎
兒更好的生長，所以被譽為「中國胎教第一人」。

系丈夫

　　六三爻辭：「系丈夫，失小子，隨有求，得利居貞。」意指身為人
婦、人母，心中一直擔憂丈夫的命運與安危，因為她已經失去了一個
寶貝的兒子；嫁夫隨夫，內心總會有所祈願與夢想，但總要有智慧，
才能獲得安居樂業之利。據歷史文獻之記載，周文王的夫人太姒，是
有莘國姒姓的女兒，她是伯邑考、周武王和周公旦等人的母親。太姒
仁愛和順又深明大義。依《竹書紀年》及相關文獻記載，紂王先因禁
文王於羑里，文王長子伯邑考為了營救父親而親赴殷之都城，卻不幸
反被紂王殺死。對身為人婦、人母的太姒而言，她不但懸念文王被囚
之安危，還要面對長子被殺之打擊。爻辭「系丈夫，失小子」所描述
的悽慘景況，正是當時太姒處境的一個最佳寫照。「隨有求」一詞，表

示太姒嫁入姬姓家族後，她相夫教子，輔佐他們能成為有用之材，這也是身為人妻最基本的願望與追求目標。

隨有獲

九四爻辭：「隨有獲，貞凶，有孚；在道以明，何咎。」意指婦人一生追隨夫君所得到的各種結果，她都要以聰明與智慧去面對它；若有凶險或災禍發生時，她更要有信心去接受考驗。最重要的是，她的心志與言行，一直都能保持光明磊落的態度，這樣才不會有愧疚與禍害。「隨有獲」一詞，表示女人嫁作人妻以後，她一生在夫家要扮演賢妻良母角色，但她也要接觸或面對種種幸與不幸的遭遇。嫁雞隨雞、嫁狗隨狗；不管是丈夫被殺或兒子被害，甚至最後他們也能達成最大心願與最高成就，但她都要勇敢去面對各種狀況與事實。此一爻辭之內容，表示婦人一生可能會遭遇到之各種命運，也強調婦人一生跟隨丈夫，她就必須具備有信心與智慧，這樣才能順利克服一生最嚴酷的考驗。

孚于嘉

九五爻辭：「孚于嘉，吉。」意指因得到他人讚美嘉許而更加有信心，這也是得到平安吉祥之徵兆。「嘉」字，《唐韻》曰：古牙切，《集韻》、《韻會》、《正韻》曰：居牙切，從音加。《爾雅·釋詁》曰：嘉，美也；《尚書·大禹謨》曰：嘉乃丕績。據歷史文獻記載，周族建國於西岐，先是太王避狄之難；他雖去豳來岐，但豳人也競相扶老攜幼跟隨周族遷到岐地。再者，姬姓能有太姜、太任、太姒，她們連續三代媳婦都很賢慧，三位婦人都能相夫教子。周族以她們持家之賢能

與智慧，終於輔佐周國逐漸興旺起來，這正是實現「人心之隨」的最佳典範。

拘系之

　　上六爻辭：「拘系之，乃從維之；王用亨于西山。」表示將興家建國大業牢記在心上，她能凝聚家人之愛心與毅力，並以意志力堅強地追隨男主人的領導；最後武王戰勝殷商紂王，周國終於可以在西山舉行祭祖大典了。「拘」字之音義，《唐韻》曰：舉朱切，《集韻》、《韻會》曰：恭于切，從音駒；又，居侯切，從音鉤，擁也。《說文解字》曰：止也，《廣韻》曰：執也，如《尚書·酒誥》曰：盡執拘以歸于周。「拘」字古音，訓為「恭于切」，又「居侯切」；均與臺灣話「拘」（KOO₁）字，發音相同。[6]「拘」字之義，作止、曲、執、擁解，含有用力札籬之意思。小篆「拘」字，從句、從手，亦從句聲；句做「曲」解，曲其手指握持、物始見牢實，其本義作「止」解，乃止物使定、使勿逸脫之意。[7]臺灣話有「拘桶」（KOO₁ THANG₂）一詞，就是在木製桶器外周，再加上一道鐵線圈，然後用力籬緊，並使桶器更牢固的意思。「拘桶」一詞之引申義，就是指有能力促成大家的向心與團結；例如我們戲稱日本旅行團之領隊（Tour Leader）為「拘桶」，意思是指他具有組織旅行團兼領隊之實力。臺灣人稱讚女主人很會管家，她能把家中之人與事，都管理得很妥當，我們就會稱讚她「拘得很圓滿」（KOO₁ KA₂ CHIN₁ UAN₅ BUAN₂），這是形容她很能幹的一句好話。

　　再者，「拘系之，乃從維之」中的「之」字，《玉篇》曰：是也，適也，往也；又語助辭。「從」字，相聽也；又《廣韻》曰：就也。「維」字，繫也，思也，連結也；又《博雅》曰：係也。據著名漢語學家王力（1900-1986）之研究，他對《中庸》中「博學之，審問之，慎

思之，明辨之，篤行之」之「之」字之解釋，指稱是「學、問、思、辨、行」之對象；並分別表示「學的對象、問的對象、思的對象、辨的對象、行的對象」。[8] 據此可以理解，在爻辭「拘系之，乃從維之」的「之」字，亦可指它是「系」、「維」之對象；也就是令婦人日日懸念的家人，或她天天追隨的丈夫。「拘系之」一詞，表示賢妻良母她善用管理家事之能力，她有懸念家人之愛心，這也是凝聚家人愛心與實現願望之好方法。「乃從維之」一詞，表示婦人一生追隨丈夫，她不但要照顧好子女與家人，同時也要輔佐丈夫的事業與健康。「王用亨于西山」一詞，表示周族已經完成建國大業，因朝代更替而讓周武王可以在西山舉行祭祖大典了。「用」字，《說文解字》曰：可施行也；「亨」字，可作護佑，或祭祀解釋。據宋代程伊川之《周易程傳》曰：「昔者太王用此道，亨王業於西山，太王避狄之難，去豳來岐，豳人老稚扶攜，以隨之如歸市，蓋其人心之隨，固結如此，用此，故能亨盛其王業于西山。西山，岐山也，周之王業，蓋興於此。」爻辭藉「拘」、「系」、「從」、「維」四字，可以說明周族對於建國大業，確實能藉此凝聚向心力與發揮團結精神。

四　六十四卦之聯通

在《周易》六十四卦之經文內容中，記載較多殷末周初之歷史與人物故事，例如屯卦、蒙卦、需卦、訟卦、師卦、比卦、泰卦、同人、大有、謙卦、觀卦、大畜、晉卦、蹇卦、解卦、損卦、益卦、豐卦等等。[9] 再者，晉卦及隨卦又以周族開國歷史及賢慧母親作為物象；在兩卦之經文中，可以看到相同之人物故事背景。隨卦之人物對象，應指嫁給季歷的太任，及嫁給姬昌的太姒；這兩位賢妻良母，她們算是成功追隨夫君之典範。晉卦是以周族如何興起與建國作為背景，其

中含有讚美周族建國初期三位母親之經文內容，如爻辭「晉如愁如，貞吉。受茲介福，于其王母」即屬之。事實上，晉卦經文講的是，周朝的強盛竄起，因為他們有能幹賢慧祖先、包括三公、三妣的福澤與庇佑；而隨卦經文意涵，則是稱讚婦人相夫教子，她們一生追隨夫君，並輔佐周武王完成翦商滅紂之偉大使命。晉卦之「王母」一詞，應指周武王之祖母或歷代母系祖先，因為周族之興起，從亶父、季歷到西伯，他們祖孫三代都有一個賢內助，包括太姜、太任、太姒三位偉大的母親。太姜是季歷的母親、文王的祖母，太任是文王的母親、武王的祖母，太姒則是武王、周公等人的母親。周族有祖母或母親們的賢慧，她們相夫教子，庇蔭子孫，才讓周族最終能夠晉階為一統天下之王。姬氏王朝稱霸中原八百餘年，周朝在歷史上也是享國最久，王母之福澤，可謂至大矣。據此觀察隨卦「拘系之，乃從維之；王用亨于西山」之爻辭，就更加明確肯定晉卦爻辭之「王母」，她們的賢慧偉大與對周族的巨大奉獻。

在《周易》六十四卦中，卦辭同時含有「元、亨、利、貞」四字者，共有七卦：乾、坤、屯、隨、臨、無妄、革，其中坤卦是以「元亨，利牝馬之貞」為辭。其他各卦，則有單用一字如「元」、「亨」、「利」、「貞」者，或合用兩字如「元亨」、「利貞」者。卦辭「元、亨、利、貞」四字連用，從各卦物象考察其中意象，「元」為宇宙、為時空；「亨」為神明、為貴人；「利」為地利、為利向；「貞」則是指人們觀天法地，遵守秩序與平衡的宇宙自然法則之智慧。事實上，宇宙萬事萬物，如果能兼有「初始、護佑、地利、智慧」之最佳狀況與和諧秩序者，他（她、祂、牠、它）們就是最幸福圓滿的個體。

《周易》用詞偶有同名異字者，例如隨卦之「王用亨于西山」，與升卦之「王用亨于岐山」，「西山」、「岐山」，一地有二名，它是周族開國之首都。在經文用字方面，「王」字共十九見，包括：坤卦「或

從王事」；訟卦「或從王事」；師卦「王三錫命」；比卦「王用三驅」；隨卦「王用亨于西山」；蠱卦「不事王侯」；觀卦「利用賓于王」；離卦「王用出征」；晉卦「受茲介福于其王母」；家人卦「王假有家」；蹇卦「王臣蹇蹇」；益卦「王用亨于帝」；夬卦「揚于王庭」；萃卦「王假有廟」；升卦「王用亨于岐山」；井卦「王明並受其福」；豐卦「王假之」；渙卦「王假有廟」，「渙王居」。經文之「王」字，指上古時代商、周兩朝之天子而言，也就是當時能一統天下大權之帝王。經文「獲」字共七見，包括：隨卦「隨有獲」；離卦「獲，其匪醜」；明夷卦「獲明夷之心」；解卦「田獲三狐」，「獲之，無不利」；艮卦「不獲其身」；巽卦「田獲三品」。「獲」字之音義，《唐韻》曰：胡伯切，《集韻》、《韻會》曰：胡陌切。又《廣韻》曰：胡麥切，得也；《說文解字》曰：獵所獲也。以隨卦「隨有獲」一詞為例，表示賢慧婦人一生追隨夫君，她有所追求且能得到好結果。另外，經文「夫」字十見，包括：金夫、士夫、老夫、夫子、元夫、後夫、丈夫、夫妻等用詞，及單字「夫」。「夫」字之義，就是男人之通稱；「丈夫」一詞，就是指一位婦人之配偶。就如隨卦「失丈夫」、「系丈夫」之「丈夫」，他是一家人之靠山，也是妻子一生追隨與掛念的對象。

五　結論

　　著名漢語學家王力（1900-1986）研究指出，就漢語之語音方面來說，離開中原越早的，保存古音越多。自六朝以後，漢語方言更加分歧了，王力教授進一步指出，越是離開中原遠的，越能保存「中原舊韻」。[10]臺灣話又稱臺灣閩南語，因臺灣先民以來自福建漳、泉兩地者為最多；從時空環境之變遷考察，臺灣話確實保留相當多的上古音韻，因此相當符合王力教授的論述與發明。以《周易》隨卦之卦名與

經文用字為例，「隨」字之義，從也，順也；臺灣話「隨」字，是跟從之義，例如「某隨翁」，表示妻子隨從夫君。臺灣童謠《莿仔花》，其中有一句歌詞「翁行某隨」（ANG₁ KIANN₅ BOO₂ TOUE₃），即含有嬉笑一對童男、童女，他們甜蜜相聚、相隨之味道；臺灣話「拘得很圓滿」（KOO₁ KA₂ CHIN₁ UAN₅ BUAN₂），則用來稱讚一位賢慧母親，這是形容她很能幹管家的一句好話。「隨」字之古音，徒果切，杜果切，他果反；臺灣話「隨」字之音，「地過」三聲（TOUE₃）。事實上，臺灣話「隨」字之音義，皆與古音古意契合。另以隨卦關鍵字詞「官」（KUANN₁）、「系」（HE₇）、「拘」（KOO₁）為例，從現代臺灣人之日常生活與用語中，又可發現這三字之臺灣話，都還保留上古漢語音義之特色，從此可以佐證臺灣話與上古經文之淵源關係。

　　中國傳統家庭觀念是男主外、女主內。隨卦之卦辭「元亨利貞，無咎」，表示女人嫁為人婦後，總有一天她會成為一家之女主人，此時就是她施展與兌現「元亨利貞」的良機。「隨」卦六二爻辭「系小子，失丈夫」，及六三爻辭「系丈夫，失小子」，兩爻辭都是針對太任、太姒，這兩位周初最偉大母親，當她們在喪夫或喪子時候的際遇考驗與心境寫照。據歷史文獻記載，古代周族之興起，應與周室開國三公、三妣之奮鬥與相隨最具密切關係。周國三位先公，就是指古公亶父、季歷、姬昌祖孫三代；三位先妣，就是三位先公的妻子，太姜、太任、太姒三人。事實上，周族擁有聰明賢慧的女主人，她們誠摯追隨丈夫，聽從男主人的領導；她們均以信心及智慧克服喪夫、喪子之悲痛，並負起凝聚家人心願、毅力與意志力之關鍵角色。爻辭「王用亨于西山」一語，表示周族已經完成建國大業，因朝代更替而讓周武王在西山舉行祭祖大典。事實上，周族從西山建國肇基以來，除了有賢慧女主人外，還有歷代先公、先妣們的護佑，最後終於完成稱霸中原之偉大志業。

注釋

1　陳成福：《國臺音彙音寶典》（臺南市：西北出版社，1991年），頁403。

2　董忠司總編纂：《臺灣閩南語辭典》（臺北市：五南圖書出版公司，2003年），頁1257。

3　連雅堂原作，姚榮松導讀：《臺灣語典》（臺北市：金楓出版公司，1987年），頁60。

4　參見教育部《臺灣閩南語常用詞辭典》（http://twblg.dict.edu.tw/holodict_new/default.jsp），2015/1/1。

5　王國維：《今本《竹書紀年》疏證》（濟南市：齊魯書社，2011年），頁75。

6　董忠司總編纂：《臺灣閩南語辭典》（臺北市：五南圖書出版公司，2003年），頁765。

7　高樹藩：《正中形音義綜合大字典》（臺北市：正中書局，1977年），頁562。

8　王力：《古代漢語》（北京市：中華書局，1964年），頁196。

9　參閱筆者撰：《歸○解易十六講》，第一集、第二集之相關內容。

10　王力：《漢語史稿》（北京市：中華書局，2005年），頁45-46。

第五講
淺釋易經蠱卦

一　前言

　　「孝道」是傳統中華文化之美德，而《二十四孝》之美名，更已傳頌千百年歷史而不衰，其中有一孝是講「孝感動天」，它以大孝虞舜之故事作為背景；另有一則是講「孝感繼母」，它以清朝人李應麟之故事為背景。根據歷史文獻記載，虞舜是傳說中的遠古帝王之一，他姓姚、名重華，號有虞氏，史稱虞舜。虞舜，是瞽叟之子；其性至孝，但父頑、母囂、弟象傲。相傳他的父親瞽叟及繼母某、異母弟象，有多次想害死他。有一天，舜耕種於歷山時，據說有大象來為他耕地，小鳥也飛來幫忙鋤草。虞舜孝感如此，帝堯聞之，即事以九男，妻以二女，遂以天下讓之。當虞舜登上天子大位後，他去看望父親，仍然恭恭敬敬，並封弟象為諸侯。[1]另外，有一清朝人李應麟，從小溫順善良，他的母親不幸去世後，還勸父親再娶。李應麟對待父母都十分孝順，他用辛苦收入供養他們，但是繼母卻將他視為眼中釘，百般刁難，常常對他施以棍棒。每當這個時候，李應麟總是跪著，恭敬如初，他絲毫沒有抗拒之意。很不幸的是，他的父親卻輕信繼母讒言，最後還將他逐出家門。[2]

　　自古以來，當政者都會努力去宣揚儒家思想及孝道精神，而類似

《二十四孝》之傳說故事，民間更出現諸多不同版本。若以《二十四
孝》篇中所敘述人物之時代背景觀之，「孝感動天」故事中的虞舜，
其年代應屬遠古而最早；而「孝感繼母」故事中的李應麟，其年代是
在清朝而較近。事實上，這兩位孝子之家庭背景與他們的孝行事蹟，
與他們如何奉侍父親及繼母，同樣都具有很密切之關係。「蠱」是妖惑
之源，有識之士務必挺身而出，更要為除弊治亂而犧牲奉獻也在所不
惜，這樣才能讓家國得到一個長治久安之局面。觀之「蠱」卦經文內
容，正是為治蠱之道而設，其中之人物故事背景，似也發生在上古時
代；而受到「蠱」惑之人物對象，又屬王室之成員。我們從卦爻辭之
物象與意象中，大致可以看得出來，身為王子的艱難際遇；他一方面
要如何勵行孝道，一方面又想做出個人最大的犧牲。在卦辭「先甲三
日，後甲三日」中，作者首先揭示事主的出身背景；在九二爻辭「幹
母之蠱，不可，貞」中，又透露出作為人子晚輩，他應該如何以智慧
去奉侍父母長輩。再者，卦辭「利涉大川」，及上九爻辭「不事王侯，
高尚其事」，從中我們可以看出事主為何要以遠避在外的緣由。上九爻
辭表示身為一個晚輩，決定要發揮最崇高的犧牲精神，他寧可選擇放
棄繼承王侯大位之權利。本文試以語言文字、殷墟卜辭及歷史文獻之
研究方法，探索「蠱」卦經文之意象，並依照卦爻辭之解釋、關鍵字
辭之解釋、六十四卦之聯通，三個段落順序，分別撰述個人鄙見，並
就教於方家。

二　卦、爻辭之解釋

卦辭：蠱：元亨，利涉大川，先甲三日，後甲三日。

譯文：論述蠱惑之卦：有好的出身背景，卻以遠避在外較為有利；先
　　　　甲三日的辛，及後甲三日的丁，與他的出身背景有密切關係。

初六：幹父之蠱，有子考，無咎，厲，終吉。

譯文：管治父親關於蠱惑之事，能有兒子出面來表示稽疑考問，這樣做應該不會有禍害的；兒子之言行態度雖顯得有點嚴峻危厲，但最終卻能讓父親得到一個平安吉祥之結局。

九二：幹母之蠱，不可，貞。

譯文：管治母親關於蠱惑之事，那是行不通的，你必須要有智慧才行。

九三：幹父之蠱，小有悔，無大咎。

譯文：管治父親關於蠱惑之事，雖感覺有點愧疚悔恨，卻也沒有太大之禍害。

六四：裕父之蠱，往見吝。

譯文：寬容或不管父親有關蠱惑之事，這樣就經常孳生一些不如意之局面。

六五：幹父之蠱，用譽。

譯文：管治父親關於蠱惑之事，需要善用你的孝行美譽才行。

上九：不事王侯，高尚其事。

譯文：決心不為繼承王侯大位之事而煩惱，寧可為實現崇高理想之事而努力。

三　關鍵字辭之解釋

考「蠱」字之音義，《唐韻》曰：公戶切，《集韻》、《韻會》曰：

果五切，《正韻》曰：公五切，从音古。《說文解字》曰：蠱，腹中蟲也；又《集韻》曰：古慕切，音顧，事也；《正韻》曰：以者切，音冶，媚也；《爾雅・釋詁》曰：蠱，疑也。臺灣話「蠱」字之聲韻，依《增註十五音》一書註釋：沽上上聲、古字韻，蠱讀音如「估」（KOO_2），與古、枸、股、鼓、罟等字，音韻相同。「蠱」字，含有敗壞、迷惑之義；「蠱」常被視為妖惑之源，它也含有熟女迷惑少男之現象。《春秋左傳・昭公元年》曰：「趙孟問何謂蠱，對曰淫溺惑亂之所生也，於文皿蟲為蠱，穀之飛亦為蠱。」生活在農村的子弟都知道，家裡米缸中之米糧，如果儲存太久了，缸中就會生出一些小蟲子。大家都以「蠱仔」來稱呼這些米蟲，而「蠱仔」之臺灣話，其發音頗像「龜仔」（KU_1A_4）一詞。

　　《今本竹書紀年》載曰：武丁二十五年，王子孝己卒于野。甲骨學家王國維（1877-1927）引《尸子》疏證曰：「殷高宗之子曰孝己，其母早死，高宗惑後妻言，放之而死。」[3]另據相關歷史文獻記載，武丁之元配為婦好，她原生有一個兒子，但其名字不詳。後來婦好在一次難產中過世，因此武丁再娶並立為后，但王后對前妻之子卻也百般刁難、誹謗。有學者研究此一故事背景，認為當時有一「孝己」者，他對於繼母格外地盡孝，但繼母卻時常在商王武丁面前說他的壞話。已立為武丁王后的後妻，她也生有一子，為了使自己的兒子能成為世子（太子），她就不惜採用捏造事實，並以誹謗手段加害前妻之子「孝己」。在後妻不斷的讒言蠱惑下，武丁就狠了狠心，並把孝己流放到野外；沒多久，孝己便因憂憤過度而猝死在野外。[4]從這個歷史故事中，約略可以看到當時的殷朝後宮，應有三個關鍵性人物牽涉到「蠱惑」之漩渦中。其中，後母扮演施放「蠱惑」者，前妻之子「孝己」是一受害者，而父王武丁遭受「蠱惑」並使「孝己」冤屈遠離而致死。對這一位在位五十九年的商王武丁，有史家盛讚他為：「殷之大仁也，力

行王道，不敢荒寧；嘉靖殷邦，至于大小；……而頌聲作，禮廢而復起，廟號高宗。」[5]事實上，高宗是殷朝中興之君，他也是《周易》既濟卦爻辭「高宗伐鬼方，三年克之」所描述的歷史人物；可是，在他一生豐功偉業中，卻為此一親子間的不幸事件，讓他蒙受一點歷史缺憾或罪過之心。

　　殷墟卜辭對於「孝己」之稱呼，常隨繼任帝王身分之改變而異動；在父王武丁時期，生前有稱呼他為「小王」者，死後則諡名為「孝己」；在祖庚、祖甲兄弟輩當政時期，其祭祀名稱改為「兄己」；到了殷末帝乙、帝辛晚輩在位時，祭祀名稱再依親等關係而改稱「祖己」。除了殷墟卜辭之外，還有諸多歷史文獻也紛紛留下「孝己」之美名；例如在《荀子・性惡》篇中，載曰：「天非私曾騫孝己而外眾人也，然而曾騫孝己獨厚於孝之實，而全於孝之名者，何也？」在《荀子・大略》篇中，又載曰：「虞舜、孝己孝而親不愛，比干、子胥忠而君不用，仲尼、顏淵知而窮於世。」另外在《孔子家語・七十二弟子解》篇中，也記載曾參告其子曰：「高宗以後妻殺孝己，尹吉甫以後妻放伯奇。吾上不及高宗，中不比吉甫，庸知其得免於非乎？」在《世說新語・言語》篇，有陳元方曰：「昔高宗放孝子孝己」，註引《帝王世紀》云：「殷高宗武丁有賢子孝己，其母早死，高宗惑後妻之言，放之而死，天下哀之。」這些故事都是後人推崇與記述孝子行為之重要文獻，而「孝己」生前應該具有尊貴的王子身分。蠱卦經文之意涵，似與考驗孝子之智慧及弘揚孝道之精神有關，茲依卦、爻辭之先後順序，分別解釋蠱卦之關鍵字詞如下：

先甲三日，後甲三日

　　卦辭曰：「蠱：元亨，利涉大川，先甲三日，後甲三日。」經文內

容是針對治蠱之道的重點論述，並在卦辭首先揭發治蠱之人的出身背景。事實上，先甲三日是「辛」，後甲三日為「丁」；「蠱」卦經文之主要物象與意象，應與晚商初期之帝王「武丁」，婦好「母辛」，及未具名之王子「孝己」，與施放「蠱惑」之後母，這四位王室成員最有密切關係。「孝己」應該就是「辛」及「丁」的親生兒子，但不幸其母親早死，父親又中了蠱惑，因此才讓「孝己」之生命變成短暫。蠱卦經文內容含有如何發揮「治蠱」與「行孝」之道的智慧，而「孝己」一生之遭遇與表現，確實相當感人。考證卦辭「先甲三日，後甲三日」，與殷人「武丁、母辛、孝己」，兩者之間所存在的特殊身分關係，特依祭祀卜辭及相關古籍文獻略作分析如下文。

　　在祭祀殷商歷代先公、先妣，及先王、先后之卜辭及祭祀譜中，「婦好」是屬於殷王武丁三位法定配偶之一；從眾多存世殷墟甲骨卜辭內容中，可以看出她在武丁時代的不同身分與舉足輕重之地位。關於「婦好」一名之身分與事蹟，有學者研究指出，在殷墟甲骨中有二百五十多條有關「婦好」的占卜，還有一些可以根據辭義之間的緊密關係判定的辭例，也與「婦好」有關。據考古人類學家張光直（1931-2001）之研究，他並且引用甲骨學者胡厚宣（1911-1995）之說，主張卜辭中有殷人行族外婚之證，同意婦好、婦姚之類，皆女子之名，亦即女姓也。觀武丁之配，有名婦嬿、帚（婦）周、帚楚、帚杞、帚妹、……，嬿、周、楚、杞、妹，皆其姓，亦即所自來之國族。[6] 據此可以說明，「婦好」之「婦」字，是給予嫁作王族貴婦之尊稱；「好」字，則是她嫁自「好」姓之國族；而卜辭有眾多名為「婦好」之事實，代表殷商時代之「子」姓王族，他們與「好」姓諸侯國族之關係相當密切，他們兩族之通婚現象相當頻繁。在甲骨卜辭中，必有一位「婦好」是武丁之妻，她在世叫「婦好」，死後諡號為「母辛」；包括在世時期的「孝己」，及繼承武丁為王的祖庚、祖甲兩位兄弟，都可稱

她為「母辛」（《合集》23116）。[7]事實上，「婦好」才是「孝己」之生母，而母子兩人都比武丁早死；未能登基王位的「孝己」，本是武丁之長子，祖庚、祖甲之兄長。

有關「孝己」一名之由來與事蹟，王國維在〈高宗肜日說〉一文中，曾舉一條內含父丁、兄己、兄庚三人之卜辭，並考證殷人祀其先祖，無論兄弟嫡庶與已立未立，名禮皆同，他說：「考證殷諸帝中，凡丁之子，無名己與庚者，惟武丁之子有孝己、有祖庚，則此辭乃祖甲所卜；父丁謂武丁，兄己、兄庚謂孝己、祖庚也，兄庚後稱祖庚，則兄己後亦必稱祖己。」[8]另外《太平御覽》卷八十三，也記載「孝己」母親早死，繼母虐待「孝己」，並捏造事實、誹謗孝己之故事。後來他的父親武丁聽信繼母之言，孝己被流放，最後他就餓死於野外。祖己應立為太子，但先武丁而死；他受到殷人的祭祀，在殷商末期所見之祭祀譜名排序中，祖己排在武丁之後，祖庚之前。事實上，殷墟卜辭對於「孝己」之稱呼，常隨繼任帝王之改變而異動；在父王武丁時期，生前稱呼他為「小王」，死後諡名為「孝己」；在祖庚、祖甲兄弟輩當政時期，其祭祀名稱改為「兄己」；到了殷末帝乙、帝辛孫輩在位時，祭祀名稱再依親等輩分關係而尊稱為「祖己」（且己）。

一九七六年，中國考古人員在殷墟小屯西北地，發掘出一處「婦好」古墓（編號：76AXTM5），這是迄今最為完整的一座商代貴族陵墓。在婦好古墓眾多出土文物中，有一尊青銅四足觥及一座青銅方鼎之陪葬祭器，並各有銘文曰：「司母辛」。據河南博物院李琴之考證，認為「母辛」與「婦好」實為同一人。[9]考「司母辛」之「司」字，〔古文〕嗣，《唐韻》、《集韻》曰：息茲切，《韻會》曰：新茲切，《正韻》曰：相咨切，從音思。《說文解字》曰：臣司事於外者；《玉篇》曰：主也。「主」可指主人、物主、神主，祭器雕刻「司母辛」之銘文，說明它是屬於該陵墓主人「母辛」所專用的禮器，它與印鑑中

「印」字之意義類同。國人所用之印鑑文字都很簡短，一般僅刻印主之姓名，再加一個「印」字；「印」字，即代表該印章是屬於某人所專有之意思。按照傳統喪葬禮俗，謚名為「母辛」，代表「婦好」在過世時還很年輕；當時她只傳兒子一代，因此祭祀神主牌位只能稱「母」，若後裔傳衍二代以上，才可升格稱「妣」，如晚期卜辭將「母辛」改稱「妣辛」為是。另外，「司」字可以代表「謚名」之義，「謚名」或「廟號」，同樣屬於古代祭祀專用語詞，它對過世祖先具有避諱及褒揚之作用。「司」字含有主、謚之義，它與嗣、祀、祠字，音義相同或可通假。據學者考證指出：「嗣」字，有繼承之義，嗣、司，疊韻通借；在《說文解字》、《玉篇》、《史記・殷本紀》中，各有相關字例與註釋。又，清朝阮元（1764-1849）釋「司」字，讀為「嗣」；孫星衍（1753-1818）及朱駿聲（1788-1858）等知名學者，他們也釋「司」為「嗣」。[10]此外，也有甲骨文字書釋「司」為「祀」或「祠」者；表示對祖妣輪祭一遍曰一祀；而司用作祠，奉敬神鬼也。[11]

　　考中國封建時代宗廟之數，自古有「天子七廟，諸侯五廟」之說；如《禮記・王制》曰：「天子七廟：三昭三穆，與大祖之廟而七；諸侯五廟：二昭二穆，與大祖之廟而五；大夫三廟：一昭一穆，與大祖之廟而三；士一廟；庶人祭於寢。」但是在《禮緯》及《孝緯》二書中，卻記載：「殷，五廟；至子孫，六」。針對商朝先王之廟號的意義，張光直教授曾綜合董作賓（1895-1963）、屈萬里（1907-1979）及王國維等三位甲骨學者之研究成果，並提出以下之論說：[12]

　　　　殷代以十干（甲至癸）與十二辰（子至亥）結合為紀日週期之
　　　　單位，而十干尤為重要：十日稱為一旬，卜辭中常有「卜旬」
　　　　的紀錄；卜辭雖以干支紀日為常，卻有省支之例。商王自上甲
　　　　微以後，都以十干為謚；在殷王祭祖的祀典上，以各王之謚干

定其祭日；祭名甲者用甲日，祭名乙者用乙日。此皆可見十干在商人觀念上的重要性。

以上論述係針對殷墟卜辭所見之祭祀周期與祭祀譜名而言，而商代「祭祀譜」上之名號，應屬先公、先妣，或先王、先后之「謚名」；祖先之「謚名」與帝王之「廟號」，兩者性質相似而用法不同。在古代宗廟制度上，「廟號」專用於天子帝王，周代以後雖有「毀廟」、「遷廟」之區分，但在商代還沒有出現「毀廟」及「遷廟」之現象。[13]事實上，依《今本竹書紀年》一書所記載的商王宗廟，只見有太戊之廟為「中宗」，祖乙之廟亦為「中宗」，及武丁之廟號為「高宗」。對有特殊建功表現之帝王，他們在世時能使商道復興，因此死後才能得到一個廟號。有商一朝，受封廟號為「中宗」及廟號為「高宗」者，均屬相當獨特與莊重之事例，另在殷墟卜辭之祭祀譜名中，卻不見有相關「廟號」之記載。

幹父之蠱

初六爻辭：「幹父之蠱，有子考，無咎，厲，終吉。」意指管治或匡正父親關於蠱惑之事，能有兒子出面來表示稽疑考問，這樣做應該不會有禍害的；兒子之言行態度雖顯得有點嚴峻危厲，但最終卻能讓父親得到一個平安吉祥之結局。考「幹」字之音義，《唐韻》曰：古案切，《集韻》、《韻會》曰：居案切，《正韻》曰：古汗切，从干去聲。《類篇》曰：幹，能事也。又《玉篇》曰：幹，體也。又《韻會》曰：與管通。《前漢書·劉向傳》曰：石顯幹尚書，《註》引師古曰：幹，與管同；《後漢書·竇憲傳》曰：內幹機密，《註》曰：幹，古與管通。「幹」字古音「居案切」或「居緩切」，它與臺灣話「管」

（KUAN₂）字，屬同音同義字。「考」字，〔古文〕攷，《唐韻》、《廣韻》、《集韻》、《類篇》、《韻會》、《正韻》曰：从苦浩切，音栲。又《廣雅》曰：考，問也。《詩經・大雅》曰：考卜維王，《傳》曰：考，猶稽也。又《詩經・唐風》曰：子有鐘鼓，弗鼓弗考，《傳》曰：考，擊也。

據《帝王世紀》記載，「孝己」為武丁嫡長子，作為王位繼承人的身分，他曾參議政事，並輔佐父王武丁修政行德而國勢復振。《尚書・商書・高宗肜曰》篇曰：高宗武丁在肜祭成湯的時候，忽有一隻孔雀飛到鼎耳上鳴叫，武丁為此有點擔心會有什麼不好的事情發生，祖己趁此機會勸諫父王節儉。史官記錄了這件事，祖己諫王的主要意見是「典祀無豐於昵」，「昵」指近祖。據學者研究指出：「從《書序》、《史記・殷本紀》、《尚書大傳》等文獻記載看來，〈高宗肜曰〉，即武丁是主祭者，為武丁肜祭成湯時，有『雉鳥登鼎』而鳴的災異現象發生。武丁之政曾出現問題，諸如孝己因母親早死而放，武丁喜祖甲而不愛祖庚等等，這些問題都與商王繼承制度有關，它的失策將導致商王朝又出現災難，故武丁懼怕，以此為戒而修德，最後形成政通人和的局面，故祖庚以『祥雉』為武丁之德而立其廟為高宗。」[14]在最肅穆莊嚴的「肜曰」祭祀祖先場合，幸有孝子趁機勸諫父王要節儉，以「有子考，無咎，厲」爻辭而言，它可說是針對孝己與武丁父子之互動關係的最佳寫照；對於商王朝及高宗之政治發展與定位而言，爻辭「終吉」正是針對一個好結局的最佳詮釋。

幹母之蠱

九二爻辭：「幹母之蠱，不可，貞。」意指想要去管治或匡正母親關於蠱惑之事，那是行不通的，你必須要有智慧認清情勢才行。古人

有言：婦人之性，柔暗難曉；邃爾違拂，未必聽從，不能幹蠱，亦且傷恩。[15]依據中國古禮舊俗，每一個人除有親生父親、母親之外，他們還要遵守「三父八母」之禮法，尤其在喪禮中，更設有嚴密之制約。在傳統宗族文化中，同居繼父、不同居繼父、從繼母改嫁之繼父，合稱三父；嫡母、繼母、養母、慈母、嫁母、出母、庶母、乳母，合稱八母。其中之「繼母」，那是指生父再婚的後母。爻辭「幹母之蠱」之「母」字，應屬廣義上之母親，在傳統社會中，大家都知道「繼母」是最難侍候之女人。以爻辭「不可，貞」而言，本爻之「母」字，可以泛指已經過世的生母，或指當時施放「蠱」惑的「繼母」。俗話云：「逝者不可追，來者猶末卜」，因此聰明之士，他最需要即時掌握「當下」之狀況，以免造成更多人受到禍害。

裕父之蠱

六四爻辭：「裕父之蠱，往見吝。」意指寬容或不管父親有關蠱惑之事，就經常會孳生一些不如意之後果。對一個孝子而言，他雖不敢冒犯長輩，長輩卻隨時會有無理取鬧或刁難毀謗之言行，因此不斷造成孝子的不開心或受傷害。考「裕」字之音，《唐韻》曰：羊戍切，《集韻》、《韻會》曰：俞戍切，从音諭。「裕」字之義，饒也，道也，容也，寬也，緩也；含有寬裕或不管之意思。「往」字之義，含有從此以後之義；《說文解字》曰：之也；《玉篇》曰：行也，去也；《廣韻》曰：往，昔也。爻辭「往見吝」之「往」字，應是「往往」一詞之省稱，而臺灣話「往往」（ONG₂ ONG₂）一詞，即表示「經常」會發生的意思。「見」，古通「現」字，表示出現或孳生之義；「吝」字，則表示親子之間存有一些不如意、不開心、不美滿，等等令人感到遺憾之事。

不事王侯

　　上九爻辭：「不事王侯，高尚其事。」意指一個人下定決心不再為繼承王侯大位之事而煩惱，他寧可為實現自己崇高理想之事而努力。在卦辭「元亨，利涉大川」中，首先表示事主他有良好的出身背景，他本屬尊貴的王室成員，也許將來有一天可以依法繼承王位大統，卻因父母發生「蠱惑」問題而讓他必須遠避在外；犧牲小我、完成大我，晚輩具有這樣的理想與智慧，對於殷商王朝與父母長輩之命運與發展，可能也會較為有利。事實上，不管是出於主動或被動因素，他能不涉入王位繼承之紛爭，卻能享有孝行美名而永留歷史，這正是聖人藉「高尚其事」一詞，詮釋一個孝子之言行，並表彰他的奉獻犧牲精神與崇高理想。

四　六十四卦之聯通

　　在《周易》六十四卦之排序中，隨卦與蠱卦相鄰，且兩卦物象都有指涉婦人在品行上的差異表現，與對他人利害關係的影響。經文內容記載有關殷末周初之歷史與人物故事，其中隨卦之人物對象，是指嫁給周族季歷的太任，及嫁給姬昌的太姒；這兩位賢妻良母，她們如何表現在追隨夫君之成功典範。蠱卦是以一位商朝王族之孝子，他如何面對命運折磨與考驗的心路歷程；雖貴為商王武丁與婦好之親生兒子身分，這位孝子卻很不幸遭遇到後母施放「蠱惑」之毒害。孝子短暫一生之感人故事背景，就從蠱卦「利涉大川，先甲三日，後甲三日」之卦辭中，間接透露出他的身世背景與智慧表現。對照巽卦經文，則有「無初有終，先庚三日，後庚三日，吉」之爻辭，藉此可以看到一

個人的出身背景與美好結局。在殷墟甲骨卜辭中，殷人概以「十干」之諡名作為祭祀譜名，而蠱卦「先甲三日，後甲三日」之人物，可以聯想為諡名中含有「辛」與「丁」之兩位祖先；而巽卦「先庚三日，後庚三日」之人物，也可以聯想為諡名中含有「丁」與「癸」之兩位祖先。若依夫妻之配偶關係而論，商王武丁在位五十九年，在祭祀譜中之配偶則有三位：妣「辛」、「癸」、「戊」。[16]據此推論，蠱卦之人物對象，「辛」與「丁」可以指向「母辛」（妣辛）與「武丁」；巽卦之人物對象，「丁」與「癸」可以指向「武丁」與「妣癸」，因此兩卦之關鍵性人物，似乎都與商王武丁有著密切的關係。

在《釋名・釋天》這本訓詁古書篇章中，作者針對古文字推揆事源，並把甲、乙、丙到辛、壬、癸的十個天干順序，考釋為象徵萬物生成的十個完整過程。以鳥類為例，「甲」是處於孵蛋階段，「乙」是小鳥破蛋而出、「丙」是翅膀長成；等小鳥成長到了「辛」階段，就表示牠已發育成熟，可以進行配對成雙了，然後「壬」是交配受孕，而「癸」則是產下愛的結晶。蛋生下來就要脫離母體去面對新世界，此時代表父母親的一生任務已經完成，而新生蛋也要再被孵化，親子準備各自進入另一個生命週期。在蠱卦「先甲三日，後甲三日」之卦辭中，「甲」字，孚也，象徵萬物解孚甲而生，就像孵蛋而小鳥才能生出來一樣。人的生命開端，也是從卵子受孕後，經過母親身懷六「甲」才開始的。從甲到癸共十個日序，它可以代表一個生命的完整歷程；甲、乙、丙代表生命之早期，而辛、壬、癸就代表生命之後期。以「先甲三日，後甲三日」之卦辭，它可以用來說明一個人的出身背景，也可以用來隱喻青年「伯邑考」因救父而早亡之故事。「伯邑考」是周文王姬昌之長子，據說為了營救身陷羑里囚牢的父親，他毅然親赴殷都朝歌覲見紂王，但結局卻是犧牲掉一個寶貴的性命。伯邑考的短暫生命，雖然有開始、也有終了，卻沒有最輝煌的中間那一段。據史

料記載，文王後來被釋放出來而興周，並由武王翦商滅紂而建立周朝天下，伯邑考雖身為長子，這時卻已無緣繼承王位了。在伯邑考一生命運中，就是缺少一個「庚」字，表示他無緣變更身分而成為帝王。「庚」字，更也，有更動之含意，且會讓人變得更堅強，這是一個萬物生長階段的轉捩點。巽卦爻辭「先庚三日，後庚三日」，表示命運是從第四位的「丁」開始，經過第七位「庚」，到第十位「癸」；在十個日序中，從丁至癸，雖無初始卻有結局，這也許是卦中人物能有「無初有」及得「吉」之好因緣。[17]

五　結論

　　清儒章學誠（1738-1801）論述史料來源，曾經提出「六經皆史」之創見，他認為學者都應擴大史料範圍；因為先王之政典及三代之史事，皆可從六經內容中，找到一些珍貴的史料線索。以《周易》經文為例，從卦爻辭內容中，確實有記載較多關於殷朝及周初之歷史與人物故事，包括：屯卦、蒙卦、需卦、訟卦、師卦、比卦、泰卦、同人、大有、謙卦、隨卦、蠱卦、觀卦、大畜、坎卦、離卦、晉卦、蹇卦、解卦、損卦、益卦、豐卦等卦為是。以蠱卦經文之人物對象而言，首先從「先甲三日，後甲三日」之卦辭中，可以看出相關人物之端倪。事實上，卦辭先甲三日是「辛」，後甲三日為「丁」，與殷墟卜辭人物之「武丁」、「母辛」（妣辛），及二人之子「孝己」（祖己）；在經文與卜辭兩者之間，不但存在人物身分之聯繫關係，還可作為史料互為佐證之重要關鍵。

　　「蠱」常被視為妖惑之源，「蠱」字，含有敗壞、迷惑之義。蠱卦經文之主要物象與意象，應與晚商初期之帝王「武丁」，婦好「母辛」，及王子「孝己」，與施放「蠱惑」之繼母，這四位王室成員最具

密切關係。根據歷史文獻及祭祀卜辭研判,「孝己」應該是「辛」及「丁」的親生兒子。《帝王世紀》云:殷高宗武丁有賢子孝己,其母早死,高宗惑後妻之言,放之而死,天下哀之。母親因不幸早死,父親中了蠱惑,因此才讓「孝己」有機會與智慧去發揮「治蠱」與「行孝」之道。《尚書‧商書‧高宗肜曰》記載:在一次重要祭祀典禮中,忽有一隻孔雀飛到鼎耳上鳴叫,因武丁懼怕,孝子趁機勸諫父王要節儉;武丁以此為戒而修德,最後形成政通人和的局面,故祖庚以「祥雉」為武丁之德而立其廟號為「高宗」。初六爻辭「幹父之蠱,有子考,無咎,厲,終吉」,可以說是針對孝己匡正父王武丁的最佳寫照,因為殷商王朝及高宗武丁,確也能從諫言中獲得一個長久而吉祥的結局。最後,在上九爻辭「不事王侯,高尚其事」中,表示決心不再為繼承王侯大位之事而煩惱,他寧可為實現自己崇高理想之事而努力,藉此突顯孝子之可貴與行孝之價值。

注釋

1 參考維基百科〈舜〉（http://zh.wikipedia.org/wiki/%E8%88%9C），2015/1/11。

2 參考百度百科〈孝感繼母〉（http://baike.baidu.com/view/249387.htm），2015/1/15。

3 王國維：《今本《竹書紀年》疏證》（濟南市：齊魯書社，2011年），頁71。

4 楊善群、鄭嘉融：《創世紀在東方：200萬年前至公元前1046年的中國故事》（上海市：上海文藝出版社，2003年），頁239。

5 沈約注，洪頤煊校：《〔今本〕竹書紀年》（臺北市：臺灣商務印書館，1956年），頁34。

6 張光直：《中國青銅時代》（北京市：三聯書店，1983年），頁147-148。

7 韓江蘇、江林昌：《《殷本紀》訂補與商史人物徵》（北京市：中國社會科學出版社，2010年），頁313。

8 王國維：《觀堂集林》（北京市：中華書局，2006年），頁28-29。

9 蔡玫芬、朱乃誠、陳光祖：《商王武丁與后婦好：殷商盛世文化藝術特展》（臺北市：故宮博物院，2012年），頁71。

10 馮其庸、鄧安生：《通假字彙釋》（北京市：北京大學出版社，2006年），頁203，226。

11 劉興隆：《新編甲骨文字典》（臺北市：文史哲出版社，1997年），頁566。

12 張光直：《中國青銅時代》（北京市：三聯書店，1983年），頁136。

13 劉正：《金文廟制研究》（北京市：中國社會科學出版社，2004年），頁203。

14 韓江蘇、江林昌：《《殷本紀》訂補與商史人物徵》（北京市：中國社會科學出版社，2010年），157-158。

15 〔魏〕王弼注，〔日〕伊藤長胤通解：《周易經翼通解》（臺北市：華聯出版社，1977年），頁118。

16 董作賓：《甲骨學六十年》（臺北市：藝文印書館，1965年），頁73。

17 廖慶六：《歸○解易十六講》（臺北市：萬卷樓圖書公司，2013年），頁217-220。

第六講
淺釋易經臨卦

一　前言

　　在現代民主社會中，世界各國領袖都很關心人民對他個人的喜愛或施政的滿意度，因為能夠獲得較高支持度的領袖，就表示他們具有較好的親民與愛民作風，同時也會有較好的政績表現。《論語》〈為政〉篇有一內容，記載季康子問：「使民敬、忠以勸，如之何？」子曰：「臨之以莊，則敬；孝慈，則忠；舉善而教不能，則勸。」這是一篇季康子與孔子兩人間，有關於君主如何為政的對話內容；文中季康子提問怎樣使人民做到恭敬、盡孝，以及互相勸勉行善？孔子答說：當你面對（look out on）人民的時候，言行能夠莊重，人民自然產生恭敬；要教導人民對父母盡孝，對子女慈愛，才能贏得忠誠；要任用賢良人才教化人民，人民就能相互勸勉向善。原文中的「臨」字，是指居上位者面對臣民的意思，也含有監視之作用。事實上，「臨」字具有駕臨、蒞臨、面對、到來、臨時等多種意涵，在日常生活中，就常有「居高臨下」、「如臨深淵」、「大難臨頭」、「臨時起意」等成語之用法。在過去封建時代，皇帝有省方觀民之舉，及擇期巡狩四方之行；皇帝以上就下、以尊就卑，他可以透過「臨」之動作，發揮以德臨人之哲理，並以和悅溫順之態度來治理臣民。

　　「臨」卦之初九爻辭為「咸臨貞吉」，作者藉此揭示賢人巫咸受
到賞識與推薦；而任用一位筮人來主持筮占、祭祀與治理王事，這樣
更可顯示上古時代的皇帝，在用人方面的眼光與智慧。從此經文中，
足以說明啟用賢人教導人民，讓百姓觀摩善行好典範，讓百姓受到教
化，也了解禮節的重要性；同時也讓人民心裡懷有羞恥心，以達到改
過遷善之目標。另外，其他五個爻辭分別冠以「咸臨」、「甘臨」、「至
臨」、「知臨」、「敦臨」，藉此告知身居上位者，他要如何監臨地方官
員與親近四方百姓，同時如何親民愛民與避免擾民。事實上，為政者
之態度與願望，是在於求得平安吉祥，更要避免災禍臨身，這可能就
是本卦卦辭含有「元亨利貞」，爻辭出現四個「吉」，及三個「無咎」
之緣故。本文試以語言文字及歷史文獻之研究方法，探索「臨」卦經
文之意象，並依照卦爻辭之解釋、關鍵字辭之解釋、六十四卦之聯
通，三個段落順序，分別撰述個人鄙見，並就教於方家。

二　卦、爻辭之解釋

卦辭：臨：元亨利貞，至于八月，有凶。

譯文： 論述臨之卦：身居尊位者，要有正確的監臨作為，這樣才能創
　　　　造初始、得到護佑、贏取地利、增進智慧之良好機會。季節來
　　　　到八月之炎夏多雨時候，如有不當出遊之行程，才會發生人員
　　　　之凶險。

初九：咸臨，貞吉。

譯文： 任用賢人巫咸親臨主持筮占、祭祀與治理王事，這是很有眼光
　　　　與智慧的做法，這也是得到平安吉祥之徵兆。

九二：咸臨，吉，無不利。

譯文： 面對舉國人民與四方土地都要一視同仁來看待，能全方位的面
　　　　對、呼應與監臨他們，這樣才能得到平安吉祥之徵兆，也才不
　　　　會有不利之禍害產生了。

六三：甘臨，無攸利，既憂之，無咎。

譯文： 為求美味與逸樂而來到遠方野地，這種放縱享樂行程對於治國
　　　　並無實益可言；對不利後果既已產生疑慮與擔憂，這樣也就不
　　　　會再度發生禍害了。

六四：至臨，無咎。

譯文： 身居上位者，要拿出精誠至善之態度進行監臨、巡視地方，這
　　　　樣做才不會有禍害的。

六五：知臨，大君之宜，吉。

譯文： 為了解地方官員之吏治與百姓生活之甘苦而親臨各地巡視，君
　　　　王能夠衡量實際狀況並採取權宜措施，這樣才可讓國家社會得
　　　　到平安吉祥。

上六：敦臨，吉，無咎。

譯文： 能親自來到前線陣地慰勞、敦睦與督軍，這將是得到平安吉祥
　　　　之徵兆，這樣做是不會有禍害的。

三　關鍵字辭之解釋

　　卦名「臨」字之音義，據《康熙字典》引用各家字書之注解，《唐

韻》曰：力尋切，《集韻》、《韻會》曰：犂針切，《正韻》曰：犂沉
切，从音林；臺灣話「臨」（LIM5），與林同音。《爾雅·釋詁》曰：
臨，視也。又《韻補》曰：叶盧東切，音隆；作享、下視解。臨者，
由上臨下；以尊適畢曰臨，《釋文》曰：臨，力鴆切。《孝經·聖治》
曰：君親臨之，厚莫重焉。《禮記·曲禮下》曰：臨諸侯，畛於鬼神；
《疏》：以尊適畢曰臨。《論語·為政》曰：「臨之以莊則敬，孝慈則
忠，舉善而教不能，則勸。」《老子河上公章句》曰：「得之若驚，得
寵榮驚者，處高位如臨深危也。」事實上，臨，近視、下視曰臨；古代
天子之出巡、督戰、勞軍、打獵，皆可曰臨或狩。「臨」字之古代字形
如下：

金文　　　　　　　楚系簡帛

「臨」字，甲骨文闕，金文字形像一大鳥俯視下方或餵食多隻小鳥之
狀。臨有以上俯下，以尊就卑之義，《說文解字》曰：監臨也，从臥
品聲，力尋切。「臨」字作動詞解，義為視、治、監、制、伐、守、
蒞、到，包括臨事、臨人，且要依禮、依人，及合時、合宜。《揚子·
法言》曰：「臨之以正，則下不相詐」。明末清初易學家王夫之（1619-
1692）之《周易內傳》有曰：「臨，時已至而治之」。「臨」，是君王為
政治國大事，而監臨行動更要合時、合宜。「臨」字，臺灣話有兩種
發音：一為「臨」（LIM5）如林，一為「臨」（LIAM5）如粘。「臨時」
一詞，含有突然、暫時之義，臺灣話發音亦有兩種腔調之區別：一為
「臨時」（LIM5 SI5），一為「臨時」（LIAM5 SI5）。事實上，若以皇帝治
國為例，只要是離開皇宮都城，走到城外、走向民間、走向陣地去，
都可算是廣義的「臨」；其行程可以涵蓋郊祭、勞軍、督戰、訪民、圍

獵等等。茲依卦、爻辭之先後順序，分別解釋關鍵字詞如下：

八月有凶

　　臨卦卦辭：「元亨利貞，至于八月，有凶。」本卦是以「臨」字作為論述主題，經文強調身居高位者，必須要有正確的監臨作為，這樣才能不斷創造初始、得到護佑、贏取地利、增進智慧之良好機會。但是，時序進入八月，此時正當北半球的炎夏多雨時節，如果有不當外出或進行打獵之行程，恐怕就會有凶事要發生了。至於八月之「至」字，方盛也；人逢方盛而思慮衰竭，故聖人當豫為之戒。依中國古代曆法，殷正建丑；經文「八月」，應指殷曆的八月，也就是夏曆的七月，或周曆的九月。中國曆法向採陰陽合曆制，屬於陰曆的殷曆八月換算成陽曆，且每年隨曆年之變化，其時間大約在陽曆的七、八、九月間；此時正值北半球的盛雨季，也是一年當中落雷最密集且最危險的時候。依氣象資料顯示，夏季最常有落雷之天候現象，這也是人獸會遭雷電殛死的主要原因與季節。根據〈臺灣各縣市行政區每季落雷次數統計〉之數據顯示，從二〇一二年四月一日至二〇一三年三月三十一日，在此一年四季期間內，臺灣全島共有一萬八千九百九十五次落雷；其中第三季七、八、九月之落雷總合，竟高達一萬七千二百九十八次，約占臺灣全年落雷數的百分之九十一。[1]

　　據歷史文獻記載，殷朝帝王曾有一人遭到雷殛而死之案例，依《史記・殷本紀》之記載：「武乙獵於河渭之閒，暴雷，武乙震死。子帝太丁立，帝太丁崩，子帝乙立，帝乙立，殷益衰。」殷王武乙是武丁的曾孫、紂王的曾祖父，他曾經到河渭之間去打獵，卻遭暴雷而震死，這是殷朝之不幸凶事。夏天氣溫高，上空會積累能量，此時中原大地也已進入雷電高發期，因此夏季最會發生眾多民眾遭到雷殛之事

件。根據大陸媒體之報導，二〇一四年九月十二日，在廣東東源縣地區，就曾經接連發生雷殛三人死亡案件。如果依落雷與雷殛之機率考證，武乙被雷震死之時間，以發生在殷曆八月的可能性最高，因此時正處於北半球多雨、多雷的夏季。據此推論而知，卦辭「至于八月有凶」一事，其中所牽涉之人、時、地，應以殷王武乙在八月間到河渭之間打獵，並且不幸遭遇暴雷而震死一案，最具密切之關係。

咸臨

　　本卦在初九爻與九二爻，各以「咸臨」一詞作為起頭；其中「臨」字之義，含有來到、監臨、臨時之多種意思，而「咸」字之義，在初九爻可作名詞解釋，在九二爻則可作副詞解釋。考「咸」字之義，皆也、同也、悉也、感也，《說文解字》曰：皆也。《玉篇》曰：悉也；《釋文》曰：咸，本亦作感，暗反。又姓，《姓苑》曰：巫咸之後，今東海有之。初九爻辭：「咸臨，貞吉。」此爻意指君王啟用賢人巫咸，並由他來主持筮占、祭祀與治理王事；帝王能利用賢人治國，這是很有智慧的表現，也是得到平安吉祥之徵兆。有關上古時代聖賢巫咸之事蹟，見諸於歷史文獻者，如《今本竹書紀年》記載曰：「太戊十一年，命巫咸禱于山川。」商王雍己在位十二年去世之後，由其弟太戊即位；太戊想仿效伊尹輔助商湯的辦法，希望能使商朝復興起來，所以在他即位後，就任命伊尹的兒子伊陟，以及臣扈這兩人作為卿士。又如《史記・殷本紀》記載曰：「帝雍己崩，弟太戊立，是為帝太戊。帝太戊立伊陟為相。亳有祥桑穀共生於朝，一暮大拱。帝太戊懼，問伊陟。伊陟曰：『臣聞妖不勝德，帝之政其有闕與？帝其修德。』太戊從之，而祥桑枯死而去。伊陟贊言于巫咸。巫咸治王家有成，作〈咸艾〉，作〈太戊〉。帝太戊贊伊陟于廟，言弗臣，伊陟讓，作原命。殷

復興，諸侯歸之，故稱中宗。」

　　另外根據傳說故事，在太戊當政的時候，宮廷內出現了一件怪事，在院中有一棵桑樹和一棵穀樹，竟然合生在一起了。當時發生「朝廷生桑穀」這樣的怪事，人們都把它當作是妖魔作怪，這是一種天譴的徵兆，因此讓皇帝十分恐慌。太戊便問卿士們要怎麼辦，伊陟季回答說：「臣聽說妖怪勝不過德，大概是大王治理朝政有什麼缺德之處，所以出現妖怪。如果大王善政修德，以德治民，妖怪自然消亡。」太戊再來到湯廟詢問占卜者，卜者也回答說：「臣聽說妖怪是災禍的先兆，而祥瑞是有福的先兆；見了妖怪而做善事，則災禍不會來，見了祥瑞而不做善事，則福氣也不會到。」太戊聽後就決定修德行善，他勤於處理朝政，勤於賑災濟民；他赦免輕罪犯人，他到喪家祭奠死者。經過一段時間的修德行善，「朝廷生桑穀」之怪事也就不見了，卿士便大肆宣揚太戊之德政，並把這事告訴負責祭祀的巫咸，請他在商都郊外舉行一次隆重的祭祀山川儀式，以答謝天地山川之神靈的庇佑。太戊在位長達七十五年，他是中國歷史上在位最久的皇帝，死後廟號為「中宗」。太戊修德行善，復興商道之功績，巫咸就寫了〈咸艾〉、〈太戊〉等文篇，以作慶賀太戊治國有成，天下得到大治之盛況。[2]

　　在《呂氏春秋‧審分覽》之〈勿躬〉篇，其內容記載曰：「大橈作甲子，黔如作虜首，容成作曆，羲和作占日，尚儀作占月，后益作占歲，胡曹作衣，夷羿作弓，祝融作市，儀狄作酒，高元作室，虞姁作舟，伯益作井，赤冀作臼，乘雅作駕，寒哀作御，王冰作服牛，史皇作圖，巫彭作醫，巫咸作筮；此二十官者，聖人之所以治天下也。聖王不能二十官之事，然而使二十官，盡其巧、畢其能，聖王在上故也。聖王之所不能也，所以能之也，所不知也，所以知之也；養其神，脩其德而化矣，豈必勞形愁，弊耳目哉？」從「巫咸作筮」一詞中，可以理解「巫咸」發明了筮占之法，他可以算是上古時代聖人治

天下的知名人物。另據《尚書・周書》之〈洪範〉篇第七疇，其內容曰：「稽疑。擇建立卜筮人，乃命卜筮：曰雨，曰霽，曰蒙，曰驛，曰克，曰貞，曰悔，凡七：卜五，占用二，衍忒。立時人作卜筮，三人占，則從二人之言。汝則有大疑，謀及乃心，謀及卿士，謀及庶人，謀及卜筮。汝則從，龜從，筮從，卿士從，庶民從，是之謂大同。身其康彊，子孫其逢，汝則從，龜從，筮從，卿士逆，庶民逆吉。卿士從，龜從，筮從，汝則逆，庶民逆，吉。庶民從，龜從，筮從，汝則逆，卿士逆，吉。汝則從，龜從，筮逆，卿士逆，庶民逆，作內吉，作外凶。龜筮共違于人，用靜吉，用作凶。」藉此可以理解，為了幫助帝王化解心中大疑，因此命筮人作占，其目的就是求問「貞」與「悔」之占筮結果。事實上，「貞」代表「筮從」（Yes）；「悔」代表「筮逆」（No Good）。其中能得到「筮從」者有四，這些都是得「吉」之徵兆。綜合以上文獻可知，「巫咸」發明筮占之法，他是上古時代聖人治天下，最具有代表性的人物；而占筮求得「貞」者，表示得到「吉」兆，可以化解帝王心中之大疑。綜上所述，從賢人巫咸及筮占貞吉之物象中，可以幫助我們詮釋初九爻辭「咸臨，貞吉」的真正意象所在。

　　接著是九二爻辭：「咸臨，吉，無不利。」本爻意指君王對待全體臣民與四方土地，都要一視同仁而不能有差別心，能有全方位的感應與監臨人民、官吏與土地，這樣國家社會才能得到平安吉祥，這樣也才不會有不利的後果產生。事實上，「咸」字之義，皆也，同也，悉也，人君若要作為全方位的統治者，他對待屬下及屬地的態度，就必須是全方位的；他有同理心而不要有差別心，因此巡視、關照或監臨之方式與對象，必須是人不分貧賤富貴，地不分東西南北才對。《詩經・小雅・北山》，詩篇中有曰：「溥天之下，莫非王土；率土之濱，莫非王臣。」這是指帝王一統天下，他雖擁有至高無上之特權，但也要負起全權治理之職責。又，隋唐時代的玄奘大師（602-664），在其

《大唐西域記》卷三〈迦濕彌羅國〉中，記載曰：「王乃宣令遠近召集聖哲，於是四方輻湊萬里星馳，英賢畢萃叡聖咸集。」「咸集」，是表示由外至內、由下至上的聚集，而「咸臨」則表示由內至外、由上至下的監視與互動關係。

甘臨

　　六三爻辭：「甘臨，無攸利，既憂之，無咎。」身居高位者，為求美味與逸樂而跑到遠方野地去，這種放縱享樂行程對於治國並無實益可言；而對不利後果既已產生疑慮與擔憂，這樣禍害也就不會再度發生了。經文有一字多義之特色，爻辭甘臨之「甘」字，除可作形容詞甘美或逸樂之義外，另可作古地名「甘」之代稱。六三爻全句經文，與卦辭「至于八月有凶」之句，兩者應指向同一事件而言；其故事所指稱之對象，應屬於殷王武乙到河渭之間打獵，並且不幸遭遇暴雷而震死這一案件最有可能。依《史記·殷本紀》之記載：「帝武乙無道，為偶人，謂之天神。與之博，令人為行。天神不勝，乃僇辱之。為革囊，盛血，卬而射之，命曰『射天』。武乙獵於河渭之閒，暴雷，武乙震死。子帝太丁立。帝太丁崩，子帝乙立。帝乙立，殷益衰。」殷王武乙無道又迷信，他跑到河渭之間去打獵，卻因遇暴雷而震死；不出三代之光景，殷朝國勢益衰矣。事實上，爻辭「甘臨無攸利」，正是針對此一時地不宜事件的最佳詮釋；而爻辭「既憂之無咎」，也是留給後人的一個最沉痛教訓。據《尚書·夏書》〈甘誓〉篇云：「啟與有扈戰于甘之野，作〈甘誓〉」。甘，有扈郊地名；有扈，國名；京兆鄠縣，即有扈之國也。《訓纂》云：盧、扈、鄠三字，一也。據學者研究考證指出：爻辭「甘」字，是古地名，當現在陝西省盧縣附近；又，陝西省古有甘縣、鄠縣，其位置約在渭水附近，今西安市轄區之內。[3]總而言

之，爻辭「甘臨」一詞，似乎含有一語雙關之義：一是為了追求美味與逸樂而來之目地；一是為了進行打獵活動而來到地名叫甘縣之地方。

至臨

六四爻辭：「至臨，無咎。」意指身居上位者，他能以精誠至善之態度，去面對或監臨巡視部屬臣民，這樣做就不會產生禍害了。「至」字之音義，《唐韻》、《集韻》、《韻會》曰：脂利切，《正韻》曰：支義切，从音摯；臺灣話「至」（TSI₃），與志、誌、摯同音。至者，治也，到也，來也，達也，善也，大也，極也；地理上之「四至」，意指四方土地之邊界也。「至」字，有畢、極之義，至終，死亡也；《說文解字》曰：鳥飛从高下至地也。《列子・天瑞》有曰：「人自生至終，大化有四：嬰孩也，少壯也，老耄也，死亡也」。《增韻》曰：喪哭；《顏師古曰》眾哭曰臨。考「臨吊」或「吊臨」之義，哭吊，弔唁也；《後漢書・鄧彪傳》曰：「五年春，薨于位，天子親臨弔臨。」清朝嚴可均（1762-1843）校輯《全三國文》卷二十三，內引王肅曰：「在禮，大臣之喪，天子臨吊；諸侯之薨，又庭哭焉；同姓之臣，崇於異姓。」古代皇帝不管是微服出巡，或是有事親臨百姓，就像現在的總統都有安排民間行程一樣。古代皇帝以至誠之心來到民間，親臨百姓，如《呂氏春秋・審分覽》有曰：「凡人主必審分，然後治可以至，姦偽邪辟之塗可以息，惡氣苛疾無自至。夫治身與治國，一理之術也。」分者，仁義、禮律、殺生、與奪之分也；至者，治也。帝王以親善至誠態度監臨屬下；精誠親善，相輔相成，這是具體實踐親愛精誠之精神。古文字學家高亨（1900-1986）認為，在君位有中正之德而臣民應和，此乃治國臨民之道也，是以卦名曰「臨」。[4]

知臨

　　六五爻辭：「知臨，大君之宜，吉。」清吏治、安天下，這是古代明君治國之大事與智慧表現。皇帝他為了解地方官員吏治之好壞與百姓生活之甘苦，因此要能親臨各地方巡狩。君王可藉查訪而增廣見識，為政能夠衡量實際狀況而採取必要之權宜措施，這樣做才可讓國家社會得到平安吉祥。考「知」字之音，《唐韻》曰：陟离切，《集韻》、《韻會》曰：珍離切，《正韻》曰：珍而切，从智平聲。臺灣話「知」字發音有三：一如「災」（TSAI₁），一如豬（TI₁），一如智（TI₃）。「知」字之義，《說文解字》曰：詞也，从口从矢；《徐曰》知理之速，如矢之疾也。又《玉篇》曰：識也，覺也。又《爾雅・釋詁》曰：匹也；《廣韻》曰：欲也。據古典文獻記載，《尚書・皋陶謨》有曰：「知人則哲，能官人」；而《呂氏春秋・審分覽・勿躬》亦曰：「夫君人而知無恃其能、勇、力、誠、信，則近之矣。凡君也者，處平靜、任德化以聽其要，若此則形性彌羸，而耳目愈精；百官慎職，而莫敢愉綖；人事其事，以充其名。名實相保，之謂知道。」

　　事實上，對於「知」字之意涵，在《呂氏春秋・審分覽・知度》篇，也有進一步之詮釋，其文曰：「明君者，非遍見萬物也，明於人主之所執也。有術之主者，非一自行之也，知百官之要也。知百官之要，故事省而國治也。」從《呂氏春秋・審分覽》之〈勿躬〉、〈知度〉兩篇相關內容，即可幫助我們詮釋本卦爻辭之意涵。又，《說苑・談叢》曰：「王者知所以臨下而治眾，則群臣畏服矣；知所以聽言受事，則不蔽欺矣；知所以安利萬民，則海內必定矣；知所以忠孝事上，則臣子之行備矣。凡所以劫殺者，不知道術以御其臣下也。凡吏勝其職則事治，事治則利生；不勝其職則事亂，事亂則害成也。」考「宜」字

之音，據《康熙字典》引用《唐韻》、《集韻》曰：魚羈切，《韻會》曰：疑羈切，从音儀；臺灣話「宜」（GI₅），與「儀」字同音。「宜」字之義，《說文解字》曰：所安也，《增韻》曰：適理也。又《詩經·周南》曰：宜其室家；《傳》曰：宜者，和順之意。又《爾雅·釋詁》曰：宜，事也。《詩經·大雅》曰：公尸來燕來宜；《毛傳》曰：宜其事也。又《玉篇》曰：當也，合當然也。「大君之宜」一詞，應指國君治理天下必須知度，或採取最合適之方法。

敦臨

上六爻辭：「敦臨，吉，無咎。」意指身居高位或作為領導者，他能親自來到前線陣地慰勞、敦睦與督軍，這將是國家得到平安吉祥之徵兆，這樣做是不會有禍害的。考「敦」字之音義，怒也，迫也，詆也，厚也，勉也。《說文解字》作𢿓，怒也，詆也。又《集韻》曰：徒渾切，音屯。《詩經·大雅》曰：鋪敦淮濆；《箋》當作屯。卜辭有「敦」字，是打、伐之義。[5]《揚雄·甘泉賦》曰：敦萬騎於中營兮；《註》敦與屯同，陳也。又，敦為屯兵、駐兵紮營，如臺中豐原之舊名為「葫蘆墩」，墩、敦（TUN₁），屬同音同義。據學者研究指出，《春秋左傳·昭公二十三年》記載曰：「吳人伐州來，楚薳越帥師，及諸侯之師，奔命救州來，吳人禦諸鍾離，子瑕卒，楚師熸，吳公子光曰，諸侯從於楚者眾，而皆小國也……，請先者去備薄威，後者敦陳整旅。」其中「敦陳整旅」一語，就是指一系列的軍事行動而言，它與殷墟卜辭所見的「敦」、「伐」、「大出」、「分行」，同樣都屬於上古時代的戰術動作。[6]爻辭「敦臨」一詞，似有一語雙關之義：一作親臨前線督軍，一作進行敦睦情誼。事實上，若以現代國家的領導人為例，他可能身兼三軍統帥之職，他必須親臨主持「敦臨」的行程與項目，這

有可能包括閱兵演習或指揮作戰，及佳節勞軍或敦睦友邦等活動。

四 六十四卦之聯通

在《易經》六十四卦全文中，「至」字共有八見，它們大多是用來表示時間、空間之狀態與現象，例如坤卦「履霜堅冰至」，需卦及解卦「致寇至」，復卦「至于十年不克征」，及臨卦「至于八月有凶」等等。「敦」字有三見，包括復卦「敦復」，艮卦「敦復」，及臨卦「敦臨」；三卦之「敦」字，似乎都與軍隊之行止有密切關係。在易卦六爻之用詞中，有些卦之爻辭結構，可以看到它的規律性，例如塞卦的對立性，咸卦及漸卦的循序性，及節卦、噬嗑卦、困卦與艮卦的概括性。另外有些卦之爻辭結構，在一卦之六爻中，偶有連續出現兩個相同用詞者，例如臨卦初九、九二兩爻的「咸臨」，謙卦六二、上六兩爻的「鳴謙」為是。古文常有一字多義之現象，例如咸臨之「咸」字，可作人名「巫咸」，及副詞「皆、同」解；而鳴謙之「鳴」字，可做地名「鳴條」，及動詞「張揚」解。

「臨」卦也和其他七卦一樣，在卦辭中都有「元亨利貞」之語。簡單的說，「元」字，表示生命或行動上的資始、起動（Start），或表示命運與事業的復始、重設（Reset），或描述人際與情誼關係的補強、更新（Update）；「亨、利、貞」三字之意涵，則與臺灣俗語「一舉、二運、三本事」，兩者之意境最為相似。經文「亨」是指享有貴人護佑，「利」是指占有時空優勢，「貞」是指具有個人智慧之意思。臺灣俗語「一舉、二運、三本事」，或是「一牽成，二好運，三才情」，同樣都是用來強調，一個人的機緣、運勢與才能，都有很不錯之表現。事實上，能得到貴人的推舉提拔，又能掌握時空上的優勢，加上也有自己的才華與智慧，這樣事業就能飛黃騰達了；而一生之命運，也就能享

受到更多的快樂與幸福。《易經》之臨卦與觀卦，兩卦卦序相鄰；若從卦名字義分析：近視、下視曰臨；遠視、上視曰觀。天子之監臨、出巡、勞軍、督戰、打獵，皆可曰「臨」；天子出巡去面對人民，目的是為了探視民瘼，解決民生疾苦。人民之觀光、出國、考察、訪問、開會、度假，皆可曰「觀」；臣民到各地走訪觀光，目的是為了觀摩學習，及增長個人見聞。

五　結論

　　俗話中有一「見面三分情」之說法，它表示治理臣民或要與人交往者，能夠以面對面（Face to Face）之態度，由自己親臨處理事情；這樣做不但比較容易溝通意見，而且還可增進情感而幫助化解歧見。「臨」字之音，《唐韻》曰：力尋切；《集韻》、《韻會》曰：犁針切；《正韻》曰：犁沉切，從音林；臺灣話「臨」（LIM_5），與林同音。「臨」字之義，由上臨下、以尊適卑曰臨。《爾雅・釋詁》曰：臨，視也；《說文解字》曰：臨，監也。考「臨」卦之經文內容，表示領導人要面對屬下臣民，他要發揮以德臨人之態度；這樣做不但可以達到監臨之目的，還可藉此與地方臣民保持良好互動關係，並不斷締造一個「元亨利貞」與平安吉祥之局面。

　　考卦辭「至于八月，有凶」，及六三爻辭「甘臨，無攸利」之經文物象，包括人、時、地、事，顯示各種情況均屬不宜，據此可以得出四點結論：一、「八月」是指殷曆的八月，此時正當中原大地多雨多雷的夏季；二、「有凶」是指無道又迷信的武乙，他遇暴雷而震死事件，殷王武乙是武丁之曾孫、紂王之曾祖父；三、「甘臨」是指武乙來到地名甘之地方打獵，此地位在河、渭之間；四、「無攸利」是指武乙外出打獵，這項個人放縱享樂行程應與治國無關，目的只是為了追求美味

與逸樂而已。

　　經文常有一詞多義之特色，在本卦初九及九二爻辭中，各含有「咸臨」一詞；「咸」字之義，皆也、同也、悉也、感也。在初九爻辭為「咸臨，貞吉」，作者藉此揭示賢人巫咸受到推薦與任用；由這一位筮人來主持筮占、祭祀與治理王事，這樣可以突顯上古時代的皇帝，在用人方面所展現出來的獨特智慧與功能。在九二爻辭為「咸臨，吉，無不利」，意指君王對待全體臣民與四方土地，都要一視同仁而不能有差別心，能有全方位的感應與監臨人民、官吏與土地，這樣國家社會才能維持一個長治久安之局面，這樣也才不會有不利的禍害產生。再者，六三爻辭「甘臨」之甘字，除含有美味或安樂之意思外，亦可作古地名甘縣之代稱。另外，在上六爻辭有「敦臨」一詞，它似乎含有一語雙關之義：一作親臨前線督軍，一作進行敦睦情誼。事實上，若以現代國家的領導人為例，他可能身兼三軍統帥之職，他必須親臨主持各種「敦臨」的行程與項目；包括閱兵演習或指揮作戰，及佳節勞軍或敦睦邦誼等活動。

注釋

1　臺灣電力公司網站（http://www.taipower.com.tw/）。

2　楊善群、鄭嘉融：《創世紀在東方：200萬年前至公元前1046年的中國故事》（上海市：上海文藝出版社，2003年），頁226-227。

3　黃凡：《周易：商周之交史事錄》（汕頭市：汕頭大學出版社，1995年），頁629。

4　高亨：《周易大傳今注》（北京市：清華大學出版社，2010年），頁156。

5　劉興隆：《新編甲骨文字典》（臺北市：文史哲出版社，1997年），頁186。

6　陸星原：《卜辭月相與商代王年》（上海市：上海社會科學院出版社，2003年），頁50。

第七講
淺釋易經噬嗑卦

一　前言

　　禮樂是先秦儒家學說之重要組成元素，在傳統中華文化中，自古即有以禮樂教化萬民之制，因為禮可以節人，樂可以發和之故。《周禮·地官司徒》曰：「以五禮防萬民之偽而教之中，以六樂防萬民之情而教之和。凡萬民之不服教而有獄訟者，與有地治者聽而斷之；其附于刑者歸于士。」事實上，禮之用，以和為貴；人苟不仁，禮亦無用。再者，樂者，樂也；移風易俗，莫大於樂。很不幸的是，人與人之間的相處往來，仍避免不了利益衝突或發生歧見，甚至演變成獄訟爭端之事件。《荀子·王道》有曰：「故姦言，姦說，姦事，姦能，遁逃反側之民，職而教之，須而待之，勉之以慶賞，懲之以刑罰。」又，《荀子·性惡》曰：「故古者聖人以人之性惡，以為偏險而不正，悖亂而不治，故為之立君上之埶以臨之，明禮義以化之，起法正以治之，重刑罰以禁之，使天下皆出於治，合於善也。是聖王之治而禮義之化也。」古聖先賢認為：禮有時不能約束，樂有時不能陶冶，則治國者，必以刑罰威之。古代即有獄因拘拷之設，那就是指「囚繫與刑訊」之制；依古律規定，民訟未決者，被告抑或與重犯同繫於獄，使成獄因；而亦或以桎梏施之，桎梏者，固類於現代監獄之戒具也。法官對於獄

囚，在昔並不重視證據，惟取於口供。[1]據此可知，從上古時代就有關於獄訟之制度，更有《禹刑》、《湯刑》之傳說。事實上，刑期於無刑，尤貴期於無訟；因此聖人設禮樂以教人，這樣才是化解獄訟爭端的根本之道。

　　有一句臺灣俗話說：「生吃都不夠了，擱有倘曝乾」。過去農村人家，常有曝曬菜乾以當儲備食糧的習慣；例如在蔬菜盛產季節，會把賤價的蘿蔔、高麗菜，將它醃製或日曬成菜乾，以備他日食用之需。如果遇到歉收時候，一時菜價就會變得昂貴，此時就不宜有醃製菜干之舉了。對於獸禽魚肉也是一樣，大多數的平民百姓，通常在過年過節才有機會享用新鮮魚肉；相對的，對於少數富有人家而言，他們不但可以天天享用新鮮肉品，還會特別醃漬一些臘肉、乾肺、乾肉之類的特殊肉品。事實上，經醃漬或風乾的肉品，不但可以隨時拿來食用進補，還可拿它作為宴客饋贈之用。上古時代的王室貴族們，他們都是屬於尊貴而富裕階層，因此可以同時享受鮮食與風乾肉品之特權。噬嗑就是吞噬食物之意思，在《易經》噬嗑卦爻辭內容中，作者分別以噬膚、噬臘肉、噬乾肺、噬乾肉等不同食肉為例子，並藉此引申作為審理獄訟案件時，應以「利艱，貞吉」與「貞厲，無咎」，作為斷獄之態度與期望。臺灣俗話常說：「甘願看人吃肉，不倘看人剖柴」，表示看他人吃肉與劈柴，對於自己並無好處，甚至還有受到傷害之危險。但是在噬嗑卦經文中，作者卻能引用咀嚼不同肉品之態度，讓我們從中體會斷決訟獄之艱難與智慧。本文試以語言文字及歷史文獻之研究方法，探索噬嗑卦經文之意象，並依照卦爻辭之解釋、關鍵字辭之解釋、六十四卦之聯通，三個段落順序，分別撰述個人鄙見，並就教於方家。

二　卦、爻辭之解釋

卦辭：噬嗑：亨，利用獄。

譯文：論述噬嗑之卦：依賴咀嚼與吞食方式，不但可以得到溫飽與營養，還可以護佑身體健康與強壯；利用聽訟與斷獄制度，不但可以鞏固道德與規範，還可以建立社會安定與和諧。

初九：屨校，滅趾，無咎。

譯文：將興訟者先行拘禁於木囚內，讓他不能逃逸在外，這樣才不會有過錯或禍害。

六二：噬膚，滅鼻，無咎。

譯文：閉口咀嚼肉塊，才不會被人聞到肉的香味，這樣才不會有過錯或禍害。

六三：噬腊肉，遇毒；小吝，無咎。

譯文：閉口嚼食醃製腊肉，雖有遇上食物中毒之風險；但也只是一點小小遺憾而已，它不會有什麼大禍害的。

九四：噬乾胏，得金矢；利艱，貞吉。

譯文：閉口嚼食風乾後的內臟食物，就像得到訟獄者的銅矛頭一樣；要藉聽訟與斷獄才能解決雙方爭端，但過程卻顯得很艱辛困苦，而且還要具有聰明智慧，這樣才能得到平安吉祥。

六五：噬乾肉，得黃金；貞厲，無咎。

譯文：閉口嚼食風乾後的動物肌肉食物，就像得到訟獄者的銅金屬一
　　　樣；要藉聽訟與斷獄才能解決雙方爭執，但場面卻顯得很危厲
　　　嚴峻，你還要具有聰明智慧，這樣才不會有禍害。

上九：何校，滅耳，凶。
譯文：獄訟者因背負罪名而被關進木囚服刑，時間拖久卻還不聽人勸
　　　改，那就是凶厄之兆了。

三　關鍵字辭之解釋

　　卦名「噬嗑」，「噬」字，《唐韻》、《集韻》、《韻會》曰：時制
切，音誓。《說文解字》曰：啗也，喙也。《玉篇》曰：齧噬也。《集
韻》曰：以制切，音曳，齧也。「齧」字之音，臺灣話可以讀成齧
（GIAT₄）或齧（KHE₃），例如當你用牙齒啃帶皮甘蔗時，有人會說你
是在齧甘蔗（GIAT₄ KAM₁ TSIA₃），也有人會說你是在齧甘蔗（KHE₃
KAM₁ TSIA₃）；發音雖有一些差異，但意思是相同的，都是形容比較
用大力或使蠻力的一種吃相。又，《釋文》曰：噬，市世反；有語文
專家指出，臺灣話「噬」（SE₃）字，表示大吃的樣子，特別用來形容
「狼吞虎嚥」或「食量大」。[2] 噬嗑之「嗑」字，《集韻》曰：谷盍切，
從音閣。按，閤：《唐韻》、《正韻》曰：從古沓切，音合。《說文解
字》曰：嗑，多言也。嗑，嘴巴合也，例如青蛙或蜥蜴張開大口去咬
蚊子或昆蟲，然後閉口把獵物吞下肚的連續動作。臺灣話「嗑」字，
可發二音：KHAP₄或HAP₈，與合、閤、闔等字，其音韻相同。「噬嗑」
一詞，表示口中吃東西並用牙齒咀嚼食物時，嘴巴就要閉合；另一方
面，當你口中含有肉塊時，就必須專心咀嚼，這樣才可以安心吞食並
得到營養補充。同理可知，在朝中負責聽訟與斷獄之判官，他也要具

有果斷、魄力與智慧，這樣才能理直兩造之爭端。卦辭「亨」字，護佑也，好比人吃肉類食物，即可補充高熱量營養素，這樣將有益身體健康。另一方面，國家能利用完善的獄訟制度，去管束或矯正違法失禮之人，這樣社會才可得到安定與和諧。

　　卦辭「獄」字，《玉篇》曰：二王始有獄；殷曰羑里，周曰囹圄；又謂之牢，又謂之圜土。又，《廣韻》曰：皋陶所造。事實上，卦辭之「獄」字，是古代「獄訟」一詞之簡稱；而獄訟之區分，首見於《周禮》。據《周禮‧秋官司寇》曰：「以五刑糾萬民：一曰野刑，上功糾力；二曰軍刑，上命糾守；三曰鄉刑，上德糾孝；四曰官刑，上能糾職；五曰國刑，上愿糾恭。以圜土聚教罷民，凡害人者，置之圜土而施職事焉，以明刑恥之。其能改者，反于中國，不齒三年。其不能改而出圜土者，殺。以兩造禁民訟，入束矢於朝，然後聽之。以兩劑禁民獄，入鈞金，三日乃致于朝，然後聽之。」古代立秋官司寇，使帥其屬而掌邦禁，以佐王刑邦國；司寇就是古代王朝的司法高官，其職責是驅捕盜賊和據法誅戮大臣等。據說古人有獄訟者，必以財物作為抵押擔保，立意在於減少不必要的訴訟。

　　古籍雖有記載《禹刑》、《湯刑》之名，但實際內容現已難於考證。據《荀子‧正名》曰：「後王之成名：刑名從商，爵名從周，文名從禮。」刑名從商，表示周朝的刑名制度，就是沿襲自商朝而來的。依《周禮》記載，古代利用五刑懲治違法之民，例如：以圜土（獄城）聚教不良之民，以「兩造」和「兩劑」之法防禁訴訟不實之辭，以罰坐「嘉石」和服役之法懲罰不良之民，以立「肺石」之法使窮民的冤情得以上達。古代有司定期宣佈刑法，掌評斷諸侯以至庶民獄訟的邦典、邦法和邦成，並監視對違令將士行刑等等，皆掌刑法之職。據說商朝社會階層是由以商王為首的各級奴隸主構成的；在名義上，商王是全國土地和臣民的最高所有者，他把土地和奴隸分配給王公、貴族、諸

侯等，從而形成佔有不同數量土地和奴隸的大小奴隸主。商朝刑名，應該是針對平民和奴隸而設的，後來還有專門用來對付諸侯之殘酷肉刑。據說在商紂王時，就有「炮烙」之酷刑，即在銅柱上加上油脂，銅柱下燃起木炭，令不聽從者或是有罪者，在銅柱上行走；如果從銅柱上掉下來了，就會落入木炭中而被燒死。相傳紂王還為了博取妲己一笑，就使用此酷刑處罰無辜的諸侯。據說商紂王還有多種酷刑，例如「醢刑」，即把人剁成肉醬；以及「脯刑」，即把人殺死，並晾成肉乾。

　　「噬嗑」一詞之義，是指吞噬而言，也就是當你在咬嚼與吞食軟硬不同之肉品時，口內與心中會產生各種不同之滋味與感受；其引申之義，表示當你負責審理獄訟案件時，就應視案情難易之差異性，配合採取不同的斷獄態度與智慧。本卦卦辭曰：「噬嗑：亨，利用獄。」經文是以「噬」、「嗑」為手段，以「亨」為目的與結果；強調人們藉牙齒咀嚼肉品，再合口吞下肚才能得到營養；因此而「亨」者，表示這樣才能護佑身體健康。卦辭「利用獄」，表示可以從咬嚼軟硬不同食物之方式與感受中，去體會斷決訟獄之哲理，這樣才是化解爭端與得到安定與和諧的基礎。在爻辭中，又分別有「噬膚」、「噬臘肉」、「噬乾肺」、「噬乾肉」之語詞，表示在上古時代，確有一些人能夠享受新鮮肉和風乾肉之口福。事實上，這些人的身分與地位，應該是屬於社會最高層級的王室與貴族為是。謹依爻辭之先後順序，分別解釋關鍵字詞如下：

屨校滅趾

　　初九爻辭：「屨校，滅趾，無咎。」意指將興訟者先行拘禁於木囚內，讓他不能逃逸在外，這樣才不會有過錯或禍害。古代斷決獄訟

時，似乎可以將嫌疑犯或進行獄訟中雙方，先行禁足；並在判決之前，讓他們不能隨意逃逸在外。「屨」字之音，《唐韻》曰：九遇切，《集韻》、《韻會》曰：俱遇切，《正韻》曰：居御切，從音句；臺灣話「屨」（KU₃），與「句」（KU₃），兩字音韻相同。[3]「屨」字之音義，《說文解字》曰：履也；《釋名》曰：屨，拘也，所以拘足也。「校」字之義，《唐韻》、《正韻》曰：古孝切，《集韻》、《韻會》曰：居效切，從音教。《說文解字》曰：木囚也。《徐曰》校者，連木也。考「校」字之音義，大致與「教」字相同；臺灣話「教」字有多種發音，包括：KA₃如教冊（KA₃ CHEH₄），KAH₄如差教（CHE₁ KAH₄），KAU₃如教育（KAU₃ IOK₈）等。[4]臺灣話「校」字亦有多種發音，包括：KA₄如校秤（KAH₄ CHIN₃），KAU₃如校稿（KAU₃ KO₂），HAU₇如學校（HAK₈ HAU₇）等。[5]屨校之「校」字，古義為木囚，是指以木籠拘禁人犯之處所。

　　臺灣話「屨校」（KU₃ KAH₄），應該是指被拘留在木囚之中。臺灣話另有「坐校」（CHE₇ KAH₄）一詞，係將定讞之罪犯，關進大木欄或監獄坐牢服刑。事實上，臺灣話「屨校」（KU₃ KAH₄），或「坐校」（CHE₇ KAH₄）；二詞說法，都很吻合上古音義。西漢經學家劉向《新序・雜事四》有曰：鍾子期夜聞擊磬者而悲，且召問之曰：「何哉！子之擊磬，若此之悲也。」對曰：「臣之父殺人而不得生，臣之母得生而為公家隸，臣得生而為公家擊磬。臣不睹臣之母三年於此矣，昨日為舍市而睹之，意欲贖之而無財，身又公家之有也，是以悲也。」事實上，文中「殺人而不得生」一詞，意指殺人犯他已逃亡去了，因此才會連累家人受到禍害。「滅」字之義，盡也，絕也，沒也。據《康熙字典・戈部六》引《篇韻》曰：烕，古文滅字；註詳水部十畫。「趾」字之義，足也，止也。古代有拘留訟獄者之規定，據法學家陳顧遠（1896-1981）之考證，並在專書中指出：「囚繫者，有罪而未決，或決而未執

行，則拘而繫之於獄，且往往施以獄具，防其逃逸。其收獄也，固有應為若是之處置者，然民訟為決，被告亦或與重犯同繫於內，其桎梏也。」[6]據此推論，爻辭「屨校滅趾」之意涵，應該就是將涉入訟獄者，暫時禁足於拘留所之內。

噬膚滅鼻

　　六二爻辭：「噬膚，滅鼻，無咎。」意指閉口咀嚼肉塊，才不會被人聞到肉的香味，這樣就不會有過錯或禍害了。「膚」字之音，《集韻》、《韻會》曰：風無切；《正韻》曰：方無切，从音跗。「膚」字之義，《說文解字》曰：籀文作臚。《儀禮・聘禮》曰：膚、鮮魚、鮮臘，設扃鼏；《註》膚，豕肉也。又，切肉為膚，《禮記・內則》曰：脯羹，兔醢，麋膚；《註》曰：膚，切肉也。《玉篇》曰：皮也；《廣韻》曰：皮膚。又，《釋名》曰：膚，布也，布在表也；《韻會》曰：膚淺。爻辭滅鼻之「滅」字，絕也，盡也；「鼻」字，聞也。臺灣話「鼻」（PHINN₇）字，可以當名詞解，如「鼻空」（PHINN₇ KHANG₁），是指鼻孔的意思；也可以當動詞解，如「鼻芳」（PHINN₇ PHANG₁），就是聞香之意思。[7]爻辭「滅鼻」一詞，表示閉口吃肉，才不會被人聞到肉的香味；而「滅鼻，無咎」一語，可引申為隱密而謹慎審理案件，也就是遵守偵查不公開之原則，這樣才不會有過錯或禍害發生。

噬臘肉

　　六三爻辭：「噬臘肉，遇毒；小吝，無咎。」閉口嚼食醃製肉品，雖有遇上食物中毒之風險；但也只算是一點小小瑕疵或遺憾而已，它

不會有什麼禍害的。據學者研究指出，在夏商時期，肉類食物每成為侈享的消費品，有大量資料見諸權貴的日常飲食生活及王家宴餐賞賜等場合……，特別在祀神祭祖中，動物類的「鮮食」祭品，其耗量更是達到令人吃驚的程度。[8]醃製肉類習俗，自古即有之，《周禮‧天官冢宰》曰：「大宰之職：掌建邦之六典，以佐王治邦國……臘人：掌乾肉，凡田獸之脯、臘、膴、胖之事。凡祭祀，共（供奉）豆脯、薦脯、膴、胖，凡（皆是）臘物。賓客、喪紀，共其脯、臘，凡乾肉之事。」本卦各爻辭所描述之臘肉、乾胏、乾肉，應指將「鮮食」之肉類，經過「臘人」加工處理成肉乾製品為是。在過去的農村社會裡，一般人家都會把辦理節慶所剩下之豬肉，再經加鹽醃漬成「鹹豬肉」；日後遇有親友到訪時，即可以此美味宴饗賓客。臺灣人所稱的「鹹豬肉」，與金華火腿或廣式臘肉，它們在製作程序與品賞風味上，確實有所不同。事實上，肉質材料不新鮮或製程有受到汙染時，日後享用這些醃製肉類，都會有引起食物中毒之虞。爻辭「遇毒；小吝，無咎」，表示人吃臘肉遇到中毒症狀時，那只能算是小事一樁；對於身體健康，應該不會立即引起什麼重大傷害。

噬乾胏

　　九四爻辭：「噬乾胏，得金矢；利艱，貞吉。」閉口嚼食風乾後的動物內臟食物，就像得到訟獄者的銅矢頭一樣；要藉聽訟與斷獄才能解決雙方爭端，但過程卻顯得很艱辛困苦，而且還要具有聰明智慧，這樣才能得到平安吉祥。考「胏」字之音，《集韻》、《韻會》曰：壯仕切；《正韻》曰：祖似切，從音滓。「胏」字之義，《說文解字》曰：食所遺也。另外，「姊」字，從女宋聲；而「宋」字：止也；《集韻》曰：壯仕切，從音滓。據此考證可知，臺灣話腰胏之「胏」（JI_2），

與姊、止，或子、只、指、紫，等字之上古音韻，皆屬相同。再者，許慎以「食所遺也」註解「胏」字，其原意可能是指肌肉以外之內臟而言，包括胃、肝、腎、腸……等等動物之內臟器官。又，臺灣話稱「腎臟」為「腰胏」，就相當符合古義；它與爻辭之「胏」，應屬同一器官為是。在傳統中醫經典中，素有「腎著腰痛候」之說，認為腎與腰部有密切關係，故曰：「腎主腰腳，腎經虛損，風冷乘之，故腰痛也。」據《諸病源候論・卷四十三・產後腰痛候》記載：「腎主腰腳，而婦人以腎系胞；產則勞傷腎氣，損動胞絡，虛未平復，而風冷客之，冷氣乘腰者，則令腰痛也。若寒冷邪氣，連滯腰脊，則痛久不已。」事實上，生活在閩南及臺灣的華人，一直流傳一句諺語：「吃肝補肝，吃腦補腦！」而臺灣婦人在坐月子時，會以腰胏爆老薑蔴油加米酒，並作為產後進補之用；據說，產婦藉此食補，可以收到強身固腰之好效果。

　　臺灣宜蘭地方有一經過特別醞釀之「鴨賞」（AH₄ SIONN₂）美食聖品，它也是當地頗為著名的土產之一。根據報導，鴨賞之製作過程相當費功夫：鴨隻必須先經宰殺處理後，再以竹片展體撐開，以鹽醃漬一週，再到戶外風晾。還要避免日照，以免鴨肉出油，如果在冬天，因有東北季風之「霜風」的吹晾，其風味及口感就會顯得更好。鴨肉經過吹晾後送入烤箱，以甘蔗燒烤三個小時，使甘蔗的香甜入味，色澤金黃，才算大功告成，且一隻鴨賞完成，要經過至少十道處理程序，且依古法全程都靠人工。[9]過去農業社會，一般人家因物資生活比較匱乏而更加節儉，因此每逢歲末時節，也有醃製豬鴨魚肉或動物內臟的習俗，例如「膽肝」（TAM₂ KUANN₁），就是一道臺灣人很喜愛的醃製食品。醃製「膽肝」之材料，通常是以豬肝為主；論其製作過程，就是從宰體中取出全副的豬肝，並裹以食鹽、胡椒、花椒，及少量高粱酒醃漬。豬肝內臟經過數日以後，就會呈脫水狀態，再將它放置於陰涼乾燥處風乾，最後就呈現出咖啡色，這樣就可供人享用了。

臺灣人所說的「腰肺」一物，通常是針對豬、羊、雞、鴨等獸禽動物的「腎臟」而言；而爻辭「乾肺」一詞，應該就是指經過製作與風乾以後的「腰肺」乾了。

噬乾肉

六五爻辭：「噬乾肉，得黃金；貞厲，無咎。」意指閉口嚼食風乾後的動物肌肉食物，就像得到訟獄者的銅金屬一樣；要藉聽訟與斷獄才能解決雙方爭執，但場面卻顯得很危厲嚴峻，你還要具有聰明智慧，這樣才不會有禍害。「黃金」一詞，應為臺灣話所稱之紅銅或純銅，亦稱為黃銅或赤銅（Brass）。據相關資料顯示，紅銅的硬度雖較差，但直接經過捶打就能製成各種工具和裝飾品，適合精密加工，具有良好的熱電導性、加工性、延展性、防蝕性等。另外，青銅（Bronze）則是一種由青銅合金（紅銅與錫的合金）製成的器具，它誕生於人類文明時期的青銅時代。若與純銅（紅銅）相比，青銅強度高且熔點低，青銅鑄造性好，耐磨且化學性質穩定。

根據考證，「束矢」一詞，係指箭一束；「鈞金」一詞，係指銅三十斤而言，這是古代獄訟雙方致官之財物。金者取其堅，矢者取其直；及斷，勝者官司還其金、矢，敗者則沒入。清朝語言學家孫詒讓（1848-1908）所著之《周禮正義》曰：「故《易·噬嗑》為獄訟之象，其九四爻辭云『得金矢』，又六五爻辭云『得黃金』，即謂訟得直而歸其鈞金束矢也。」[10] 又，《太平御覽》〈聽訟〉篇引《周禮》曰：「以兩造禁民訟，入束矢於朝，然後聽之。訟，謂以財貨相告者。造，至也。使訟者兩至，既兩至使入束矢，乃治之也。不至不入束矢，則是自服不直者也。必入矢者，取其直也。詩云：『其直如矢。』束矢，其百個與以兩劑禁民獄，入鈞金三日，乃致於朝，然後聽之。」東漢經學

家鄭玄（127-200）註曰：「獄，謂相告以罪名者。劑，今券書也。使獄者各齎券書，既兩券書及使人鈞金，又三日，乃治之重刑也。不券書，不入金，則是自服不直者也。夫入金者，取其堅也。」「鈞」字，古代計算重量的單位，三十斤為一鈞；《說文解字》曰：鈞，三十斤也。「劑」字，意指經過畫押之信物或擔保品。據《康熙字典》引用《周禮‧地官‧司市》曰：以質劑結信而止訟；《註》曰：質劑，謂兩書一札而別之也。若今下手書，言保物要還矣；《疏》曰：質劑謂券書。恐民失信，有所違負，故為券書結之，使有信也。大市以質，小市以劑，故知質劑是券書。漢時下手書，即今畫指券，與古質劑同也。

何校滅耳

　　上九爻辭：「何校，滅耳，凶。」意指獄訟者因背負罪名而被關進木囚服刑，時間拖久卻還不能聽人勸改，那就是凶厄之兆了。「何」字之音義，《唐韻》曰：胡歌切；《集韻》、《韻會》、《正韻》曰：寒歌切。「何」，同「荷」，是指負荷、背負、承擔之義。「何校」就是指有罪者應該負擔法律責任，也就是指他要承擔民、刑事等責任，因此才會被關進牢獄之中。被關在監牢服刑的罪犯，如果他一直不能聽人勸化；時間拖太久了，就有厄運臨身之虞。臺灣話「坐校」（CHE7 KAH4）一詞，係指將已定讞之罪犯，關進監牢去坐監服刑。臺灣話之「坐校」，與爻辭之「何校」，兩者之意涵，似可相通。

四　六十四卦之聯通

　　臺灣俗話說：「甘願看人吃肉，不倘看人剖柴」，表示無故去看人家吃肉與劈柴，對於自己並無實際好處，甚至還有被木屑傷到之危

險。但是從《易經》「噬嗑」卦之內容中，卻可發現經文具有聽訟與斷獄之參考價值。事實上，個人依賴咀嚼與吞食方式，不但可以得到溫飽與營養，還可以護佑身體健康與強壯；國家利用聽訟與斷獄制度，不但可以鞏固道德與規範，還可以建立社會安定與和諧。在《易經》六十四卦之中，「噬嗑」卦似以王室貴族之間的獄訟，作為論述聽訟與斷獄之規範與智慧。「訟」字，也作為卦名之一；在「訟」卦中，作者是以紂王之子、祿父為經文物象。祿父原本是殷朝末代太子，他針對繼承王位大統而提起爭訟，其訴求雖然事與願違，但最終仍有得「吉」之結局。相對的，「噬嗑」卦是以咀嚼與吞食不同肉品為內容，並比喻為聽訟與斷獄之艱難與智慧，這就是卦辭「亨」字所要表達的意涵。

　　在《易經》六十四卦之經文中，「膚」字，共有五見，包括：噬嗑卦六二爻辭「噬膚滅鼻」；剝卦六四爻辭「剝床以膚」；睽卦六五爻辭「厥宗噬膚」；夬卦九四爻辭「臀無膚」；及姤卦九三爻辭「臀無膚」。「膚」字，具有一字多義之特色：一作皮解，如《玉篇》曰：皮也；《廣韻》曰：皮膚。一作布解，如《釋名》曰：膚，布也，布在表也；《韻會》曰：膚淺，喻在皮膚，不深也。一作肉解，如《儀禮‧聘禮》曰：膚、鮮魚、鮮臘，設局鼏；《註》膚，豕肉也。一作切肉解，如《禮記‧內則》曰：脯羹，兔醢，麋膚；《註》曰：膚，切肉也。以上諸卦中之「膚」字，可依其不同爻辭之意蘊，分別解釋為皮、肉、肉塊等多種意思。其中，噬嗑卦六二爻「噬膚滅鼻」之「滅」字，同卦中共有三見，包括：初九爻「滅趾」，表示不讓他逃跑；六二爻「滅鼻」，不讓人聞到香味；上九爻「滅耳」，不聽善人之勸化。

五　結論

　　噬嗑就是吞噬食物之意思，在卦爻辭內容中，作者分別以「噬

膚」、「噬臘肉」、「噬乾肺」、「噬乾肉」等不同食肉情況作為說明，並藉此引申為審理獄訟案件時，心中應懷有「利艱，貞吉」與「貞厲，無咎」之態度與期望。卦名為「噬嗑」者，以噬為齧、以嗑為合之義；綜合卦、爻辭之內容，可以看出本卦之物象，即為用力咀嚼肉塊，而本卦之意象，則為聽訟與斷獄之智慧。在六個爻辭中，初、上兩個爻辭，各以一個「校」字代替「嗑」字之義；然後在二，三、四、五，四個爻辭，各含有一個「噬」字。事實上，上、下兩爻為「嗑」、為「合」，中間四爻為「噬」、為「齧」，表示先閉上嘴巴再咀嚼食物；藉此比喻先押人再審案，這也許是上古時代斷決「獄訟」的必要程序。初九爻「屨校」一詞，屨，拘也；校，木囚也；是將嫌犯暫時拘禁在木囚之內。上九爻「何校」一詞，何，負荷也；校，木囚也；是將定罪犯人關入木囚中服刑。若以現代司法名詞觀之，「屨校」之義，就是將訟獄者或嫌疑犯送進「看守所」拘留；而「何校」之義，則是將已定讞之罪犯關進「監獄」服刑。

　　孫詒讓《周易正義》有曰：「故《易・噬嗑》為獄訟之象，其九四爻辭云『得金矢』，又六五爻辭云『得黃金』，即謂訟得直而歸其鈞金束矢也。」「鈞金束矢」一詞，就是指銅三十斤、箭一束而言，這是古代獄訟雙方致官之物；金者取其堅，矢者取其直。及斷，勝者官司還其金、矢，敗者則沒入。《尚書・周書・君陳》曰：「辟以止辟」，這是利用法令刑罰來防止邪僻的行為。事實上，用刑於一人之身，即可使他人畏懼而停止犯罪行為，從而達到不再用刑的目的，即所謂的「以刑止刑」。《尚書・虞書・大禹謨》亦曰：「刑期于無刑」，刑罰在於教育人恪守法律，從而達到不用處罰的目的。又，《幼學瓊林・訟獄》曰：「世人惟不平則鳴，聖人以無訟為貴。」遇事不平而發出不滿的聲音，然而聖明的人也認為，人世間沒有官司可打才是最為寶貴。古代聖人以禮樂教民，因為禮可以節人，樂可以發和之故。上古時代

確實有中止獄訟之例，《史記・周本紀》曰：「西伯陰行善，諸侯皆來決平。於是虞、芮之人，有獄不能決，乃如周。入界，耕者皆讓畔，民俗皆讓長。虞、芮之人未見西伯，皆慚，相謂曰：『吾所爭，周人所恥，何往為，秖取辱耳。』遂還，俱讓而去。」商朝末年的周國，正是以禮樂教民的一個好典範。

注釋

1　陳顧遠：《中國法制史》（臺北市：臺灣商務印書館，1959 年），頁 250。

2　洪乾祐：《閩南語考釋》（臺北市：文史哲出版社，1992 年），頁 204。

3　徐金松：《最新臺語字音典》（臺北縣：開拓出版公司，1998 年），字典，頁 110。

4　董忠司總編纂：《臺灣閩南語辭典》（臺北市：五南圖書出版公司，2003 年），頁 555、558、583、619。

5　同上註，頁 375、558、582。

6　陳顧遠：《中國法制史》（臺北市：臺灣商務印書館，1959 年），頁 250。

7　董忠司總編纂：《臺灣閩南語辭典》（臺北市：五南圖書出版公司，2003 年），頁 1094。

8　宋鎮豪：《夏商社會生活史》（北京市：中國社會科學出版社，2005 年），頁 369。

9　參閱維基百科〈鳴賞〉（http://zh.wikipedia.org/wiki/），2015/05/16。

10　參閱《漢典網‧鈞金束矢》（http://www.zdic.net/c/7/102/274603.htm），2015/3/8。

第八講
淺釋易經賁卦

一　前言

　　子曰：「質勝文則野，文勝質則史。文質彬彬，然後君子。」這是《論語‧庸也》篇中，一段有關孔子對弟子仲弓的勵志話，此段話強調做人應具有的基本態度；他必須把內在的品德與外在的文飾，都能搭配得很好，這樣才能成為一位聖人或君子。文中之「質」字，應該是指一個人的內在本質與涵養；而「文」字之義，則是指外在的言行與文采。事實上，「質」是人之「本」，「文」是人之「飾」；《禮記‧禮器》篇曰：「先王之立禮也，有本有文。忠信，禮之本也；義理，禮之文也。無本不正，無文不行。」這些中國古典文獻的意涵，應該都是以個人作為審視標準，而其中所呈現給他人的觀感，則純屬單一個人之表現。另一方面，人多而聚合，就會有威嚴與次序之要求；若把人數與組織擴大觀之，就能讓我們看到一個社會或國家團體的壯觀與秩序。以國家政府組織為例，通常在一國最高領袖底下，除有大臣與百官作為輔佐政事外，還會有一些低階的特勤人員，專責隨行最高領袖，以作護衛層峰之身體安全與官邸之起居作息。自古以來，國家特別安排特勤人員保護領導人，如此不但可以隨時貼身保衛領袖個人之安全，還可藉此陣仗壯大領導者之聲勢。《史記‧周本紀》記載周武王

討伐殷紂王之情況，其文曰：「乃遵文王，遂率戎車三百乘，虎賁三千人，甲士四萬五千人，以東伐紂。」虎賁三千人，是指殷商末年之時，周國就已整備一支數量較大之「虎賁」陣容，並以此作為護衛武王東征的御林軍（Imperial Guard）之特殊任務。

　　卦名之「賁」字，含有一字多義之特色，此字可作勇士、文飾、憤怒等解釋。《周易・雜卦傳》曰：賁，無色也；「無色」一詞，應含有舞動聲色之義，而「賁」字引申之義，即有炫耀或文飾之意涵。據考證，甲骨文「無」、「舞」同源而可通假，具有炫耀之意思。[1]事實上，古代皇帝之身邊與王宮之周圍，隨時隨地都會有一隊陣容壯觀的御林軍，他們不但可以保衛皇帝與王室之安全，還可壯大皇帝出征、巡狩時候之聲勢與威風。御林軍，又稱「羽林軍」；在英國皇室有「禁衛軍」，在中國古代則有「虎賁氏」或「旅賁氏」之武士，他們的特勤任務很相似，都是專門負責護衛皇帝、王宮的一支禁衛士卒。據《周禮・夏官司馬》記載曰：「虎賁氏：掌先後王，而趨以卒伍。」又，「旅賁氏：掌執戈盾，夾王車而趨。」在「賁」卦前四爻中，有「賁其趾」及「賁其須」，及「賁如濡如」、「賁如皤如」之詞，從此可以印證古書所載「虎賁氏」及「旅賁氏」所扮演的辛苦角色與特殊功能，及理解他們執行勤務行動時之威嚴與壯觀。據此推論，「賁」卦之「賁」字，可以作為古代御林軍，或「虎賁氏」及「旅賁氏」之代稱，他們具有特殊身分與卑下地位之特徵；他們必須隨侍皇帝左右，並且襯托出帝王威武與文飾之功能與觀瞻。本文試以語言文字及歷史文獻之研究方法，探索賁卦經文之意象，並依照卦爻辭之解釋、關鍵字辭之解釋、六十四卦之聯通，三個段落順序，分別撰述個人鄙見，並就教於方家。

二　卦、爻辭之解釋

卦辭：賁：亨，小，利有攸往。

譯文：論述賁之卦：得到護佑，身居卑微小角色，但有利於生活的安定。

初九：賁其趾，舍車而徒。

譯文：虎賁腳力都很強壯，在執行護衛皇帝出巡任務時，他們是捨棄搭乘車輛，並以徒步夾王車而行進。

六二：賁其須。

譯文：虎賁隨上而動，他們的勤務要視皇上之行止而決定。

九三：賁如濡如，永貞吉。

譯文：虎賁因奮力護衛而滿身大汗的樣子，他們都有堅守忠貞之智慧，這是得到平安吉祥之好徵兆。

六四：賁如皤如，白馬翰如，匪寇婚媾。

譯文：虎賁陣容狀觀卻展現坦蕩的樣子，白馬隊伍又顯得浩大威風，但他們是要來迎親而不是進行搶婚的。

六五：賁于邱園，束帛戔戔，吝，終吉。

譯文：虎賁在田園從事莊稼工作，他們身上所穿的，是殘破微薄之衣帛；雖然顯得有點寒酸，卻也能得到一個平安吉祥之好結局。

上九：白賁，無咎。

譯文：樸素而清白的虎賁，他們是不會有憂患與禍害的。

三　關鍵字辭之解釋

卦辭曰：「賁：亨，小，利有攸往。」「賁」字之音，《集韻》、《韻會》、《正韻》曰：逋昆切，从音奔。清朝段玉裁（1735-1815）之《說文解字注》曰：彼義切，十五部；按，亦音墳，亦音肥。「賁」字，其臺灣話有多種發音：一如「奔」（PHUN₁）；一如「庇」（PI₃）；一如「雲」（HUN₅）；一如「費」（HUI₃）。²「賁」字之義，飾也，勇也。據《說文解字》曰：飾也；从貝卉聲，彼義切。事實上，飾者，含有修飾、美飾、文飾之義，裝置物以增華美也。又，《廣韻·平聲·魂韻》曰：賁，勇也。古有虎賁，勇士、武士之稱；據古典文獻記載，《墨子·備梯》曰：「令賁士、主將，皆聽城鼓之音而出。」《尚書·周書·立政》曰：王左右常伯、常任、準人、綴衣、虎賁；《傳》曰：虎賁，以勇力事王。又，《周禮·夏官司馬》曰：「惟王建國，辨方正位，體國經野；設官分職，以為民極。乃立夏官司馬，使帥其屬；而掌邦政，以佐王平邦國。」又，「虎賁氏：掌先後王，而趨以卒伍。軍旅、會同，亦如之。舍則守王閑。王在國，則守王宮。國有大故，則守王門；大喪，亦如之，及葬，從遣車而哭。適四方使，則從士大夫。若道路不通，有徵事，則奉書以使於四方。掌先後王，而趨以卒伍。」又，「旅賁氏：掌執戈盾，夾王車而趨，左八人，右八人。車止，則持輪。凡祭祀、會同、賓客，則服而趨。喪紀，則衰葛執戈盾。軍旅，則介而趨。」根據研究指出，先秦至漢初，「虎賁」一詞泛指精銳武士，取意有如老虎的奔走與追逐獵物。「賁」通義「奔」，據傳王莽輔政時，以古有勇士孟奔，所以改奔為賁。漢武帝建置北軍校

尉時，其中之一為虎賁校尉，主要掌管戰車部隊，同樣是用虎賁勇猛迅速之意，但是這仍不同於後來確立的虎賁軍的概念。[3]

　　「亨」字，護佑也，表示虎賁及旅賁們之工作與生活，可以從皇上那邊獲得護佑與保障；另一方面，虎賁及旅賁們也讓皇帝得到一個安全護衛。「小」（Minor）字之義，次要也，輔佐也，意指虎賁及旅賁都是司馬之屬官，掌侍衛王者；他們的身分地位都很卑小低微，他們只能扮演皇帝身邊的護衛或隨扈。依據《周禮‧夏官司馬》記載：「虎賁氏：下大夫二十人，中士十有二人；府二人，史八人，胥八十人，虎士八百人。」又，「旅賁氏：中士二人，下士十有六人；史二人，徒八人。」古代的虎賁氏及旅賁氏，其單位編制總數不逾一千人，而最高階也僅屬「下大夫」之小官而已。包括虎賁或旅賁，他們均屬於皇帝之隨扈；以現代人作比喻，當一對新人舉行結婚典禮時，只有兩位新人是真正的主角，而人數從六人至十數人不等之男女儐相，他（她）們僅能擔任新人之配角，並形成一個眾星拱月之壯觀而美好的幸福場面。「攸」字，安也、住也；《釋言》曰：攸，所也，水之安行為攸，故凡可安為攸。「往」字，進也，行也，意指外出走動或旅遊。「利有攸往」一詞，表示有利於虎賁及旅賁之一輩子生活，並讓他們的日子都能過得很安定。在爻辭中，「賁其趾」一詞，表示虎賁或旅賁，他們一定要跟隨皇帝出行；「賁其須」一詞，則表示虎賁或旅賁，他們是依隨皇上而定其行止。事實上，以《周禮》所記載內容，古代「虎賁氏」之員額多達九百二十二人，而「旅賁氏」之員額只有二十八人；兩者人數差距很大，因此我們可以用「虎賁」一詞，來統稱他們，或簡稱為「賁」，就如「賁卦」經文之「賁」字。茲依爻辭先後順序，分別解釋關鍵字詞如下：

賁其趾

初九爻辭：「賁其趾，舍車而徒。」意指旅賁氏之腳力都很強壯，在執行護衛皇帝出巡任務時，他們都要捨棄搭乘車輛，並以徒步夾王車而行進。據《周禮·夏官司馬》記載：「旅賁氏：掌執戈盾，夾王車而趨，左八人，右八人。車止，則持輪。凡祭祀、會同、賓客，則服而趨。喪紀，則衰葛執戈盾。軍旅，則介而趨。」考「趾」字之音義，《廣韻》、《集韻》、《韻會》曰：諸市切，《正韻》曰：諸氏切，從音止。《爾雅·釋言》曰：趾，足也。《釋名》曰：趾，止也，言行一進一止也。「舍」字之音義，《廣韻》曰：始夜切，《集韻》、《韻會》、《正韻》曰：式夜切，從音赦。「舍」字，息也，《釋文》曰：舍，音捨，廢也。「舍車而徒」一詞，表示執行護衛皇帝之勤務時，他們都要捨棄搭乘車輛，並以徒步夾王車而行進之意思。

賁其須

六二爻辭：「賁其須。」意指虎賁隨上而動，他們的勤務要視皇上之行止而決定。事實上，虎賁們執行任務都要隨時待命，當他們在守護王室之居家安全時，也許可以得到一些清閒時間而撮弄鬍鬚。「須」字，除作鬍鬚解，亦作等待解；意指鬍鬚可以美飾武士之臉部，而武士也必須處於待命之狀態。事實上，頭在身之上，是人之主，而鬚在頭之下，是臉之附；男人會在臉上長鬍鬚，而鬍鬚也常跟隨頭部之擺動而動。程伊川《周易程傳》曰：「隨上而動，動止惟繫其所附也。猶如飾於物，因其實而賁之，善惡在其質也。」隨上而動者，就如臉上鬍鬚必隨頭部之擺動而動一樣。「賁其須」一詞，除含有隨上而動之意

涵，也形容虎賁必須是處於待命狀態。據《周禮‧夏官司馬》記載：「虎賁氏：掌先後王而趨以卒伍。軍旅、會同，亦如之。舍則守王閑。王在國，則守王宮。國有大故，則守王門；大喪，亦如之，及葬，從遣車而哭。適四方使，則從士大夫。若道路不通，有徵事，則奉書以使於四方。」從此禮書之內容，已經敘明虎賁之所有勤務，都要跟隨皇帝之行止而作適當之安排。

賁如濡如

九三爻辭：「賁如濡如，永貞吉。」意指虎賁因奮力護衛而造成滿身大汗的樣子，表示他們都有堅守忠貞之智慧，這是得到平安吉祥之好徵兆。賁如濡如之「濡」字，《集韻》曰：而由切，音柔；浸潤也，據《史記‧聶政傳》曰：無濡忍之心；《註》曰：濡，潤也，人性濕潤，則能含忍。「濡」字含有潤濕之義，英文即為 Rinse。臺灣話叫人去「濡身軀」或「濡桌頂」之「濡」（JIU$_5$），是指用濕毛巾去擦拭身體或桌面之潔淨動作；臺灣話「濡」（JIU$_5$）字發音，與柔、渘相同。「濡如」一詞，意指身上汗水濕漉漉的樣子；「賁如濡如」一詞，則形容虎賁們之行動都很勤奮賣力，他們會因工作而汗流浹背並沾濕身上之甲衣。永貞吉之「貞」字，含有忠貞及智慧之雙重意涵；而「永貞」一詞，則表示身為虎賁者所應該具備的堅忍與智慧；唯有如此，才能讓他們一生得到平安與吉祥之護佑。

賁如皤如

六四爻辭：「賁如皤如，白馬翰如，匪寇婚媾。」意指虎賁行動疾忙卻展現出坦蕩蕩的樣子，白馬隊伍又顯得浩大威風，他們就是要來

迎親而不是進行搶婚的。「皤」字之音，《唐韻》曰：薄波切；《集韻》曰：蒲波切；《韻會》、《正韻》曰：蒲禾切，音婆。「皤」字之義，皤然也；《說文解字》曰：老人白也；《博雅》曰：白也，《玉篇》曰：素也。「賁如皤如」一詞，形容由虎賁隊伍組成的迎親陣容，其行動雖很急忙，陣容卻展現得很坦蕩蕩的樣子。就如《詩經・小雅・白駒》篇所述：「皎皎白駒，賁然來思。爾公爾侯，逸豫無期。慎爾優游，勉爾遁思。」詩中「皎皎白駒，賁然來思」之句，正是用來形容迎娶新人的白駒，其身軀潔白而行動急急忙忙之樣子。爻辭白馬翰如之「翰」字，《集韻》、《韻會》、《廣韻》曰：侯旰切，從音旱，形容聲勢很誇張浩大；與臺灣話「用翰的」一詞，意義頗為相近。「匪寇婚媾」之「匪」字，非也，作副詞用；「寇」字，強盜也，針對搶婚而言。「匪寇」兩字，應為「非寇」之義。《白虎通》曰：媾，厚也。「媾」字，《說文解字》曰：重昏；段玉裁注：重疊交互為婚姻也。婚媾，就是有兩代人互通婚姻之特殊現象，意指先有父母輩兩姓聯婚，後有第二代表親之間再度結親。重疊交互為婚姻，意指兩代聯婚，等於是親上加親之通婚習俗，這是指狹義的「婚媾」；而廣義的「婚媾」，則泛指男女的「結婚」行為，這是一種普遍通行的婚姻制度，且都經由雙方合意而成婚。[4]

賁于邱園

六五爻辭：「賁于邱園，束帛戔戔，吝，終吉。」意指虎賁已在田園從事莊稼工作，他們身上所穿之衣服，是微薄殘破、以帛綴甲之服裝，樣子雖然顯得有點寒酸，卻也能夠得到一個平安吉祥之好結局。據《呂氏春秋・去龍》曰：「邾之故法，為甲裳以帛」；表示古代是以帛綴甲，而步卒服之。束帛戔戔之「帛」字，《唐韻》曰：旁陌切；

《集韻》、《韻會》曰：薄陌切，从音白；《說文解字》曰：繪也。「戔戔」一詞，意指淺小、殘破之樣子。考「戔」字之音義，《集韻》、《韻會》曰：將先切，从音箋；《廣韻》曰：傷也，二戈疊加，有賊傷之象，通作殘。「賁于邱園」一詞，似乎在敘說虎賁們從職場退下來的晚年生活，他們可以歸隱於山林田園之間，可以從事屯墾種植工作。臺灣話邱（KHU₁），與坵、區同音同義；一邱田，意指一塊塊之田地。「束帛戔戔」，形容他們衣著簡單、收入微薄；而爻辭以「吝，終吉」作為結語，表示虎賁們生活清苦，最終還可平安吉祥安過日子。

白賁

　　上九爻辭：「白賁，無咎。」意指樸素而清白的虎賁，他是不會有憂患與禍害的。甲骨文「白」字，是一象形字，它是針對已成白骨的頭蓋骨而言。考「白」字之義，潔也，《增韻》曰：素也；形容樸素無華，代表返璞還真。《禮記‧檀弓上》曰：殷人尚白；說明商朝之文化，應該是以白色為尊貴的。臺灣話「白」（PEH₈）字，表示顏色潔白；而「白面書生」一詞，則是用來形容一個讀書人之長相很斯文，其思想純正無邪。爻辭中「白賁，無咎」，似有一語雙關之意涵，一方面可以象徵虎賁們的情操與精神，也就是他們終生都有堅固忠貞與樸素清白的智慧；一方面可以形容一個人的純真無華，這樣才會避免憂患與禍害的發生。中國南北朝文學理論批評家劉勰，在他所撰《文心雕龍‧情采》篇中，就有「賁象窮白，貴乎反本」之記載，這正是給予爻辭「白賁，無咎」的一個寫照。

四　六十四卦之聯通

在《易經》六十四卦之經文中，「亨」字共有四十八見，其中以出現在卦辭中者為最多，共計有三十九卦。考「亨」字之義，亨通、享受也，意指能夠得到來自神明、祖先、貴人之庇佑或護佑。從六十四卦之卦序觀之，噬嗑卦與賁卦相鄰，而兩卦經文都是以「亨」字作為卦辭首字，且兩卦內容亦以在朝人物作為主要物象。噬嗑卦卦辭曰：「亨，利用獄」；賁卦卦辭曰：「亨，小，利有攸往」。事實上，從兩卦經文之意涵中，可以發現「噬嗑」者，意指負責審理訴訟案件之法官；「賁」者，意指負責護衛皇帝安全的虎賁武士。在上古時代，法官權大，虎賁卑微，但他們分別留在皇帝之身邊，並且扮演除奸去弊與保護安全之重要角色。有關各卦經文具有聯通關係者，茲簡要舉例說明如下：

小

在《易經》六十四卦之經文中，「小」字共有三十二見；其中用作卦名者，有二卦：小畜、小過。考「小」字之音，據《康熙字典》引《唐韻》、《集韻》、《韻會》曰：私兆切；《正韻》曰：先了切，從蕭上聲。又，叶蘇計切，音細。「小」字之義；《說文解字》曰：物之微也；《玉篇》曰：細也。「小」字之臺灣話，也有多種不同之發音，例如小賣、小弟、小說之「小」（SIO₂），及小丑、小人、小犬之「小」（SIAU₂）；還有發音如詳細之細（SE₃）者，例如小號、小姨、小漢之「小」（SE₃）。賁卦之卦辭「小」字，意指配角或身分微小而言；臺灣俗話「沒大沒小」之意思，是針對晚輩或小孩之言行輕狂，他們因不

懂尊卑與禮節，因此才會遭到長輩們責罵曰：「沒大沒小」。

永

在《易經》六十四卦之經文中，「永」字共有八見；其中除了訟卦之「不永所事」外，其餘尚有：坤卦，比卦，賁卦，益卦，萃卦，艮卦，小過卦；共計七卦爻辭，都是「永貞」兩字連用。考「永」字之義，《說文解字》曰：長也；《爾雅‧釋詁》曰：遠也，遐也。事實上，讓時間與空間，都能達到永恆與長遠之目標，即為追求「永」字之真諦；而「永貞」一詞，表示態度堅固，行動忠貞不二，這也是人生最為珍貴與具有聰明智慧之抉擇。事實上，賁卦之「永貞」一詞，應該指身為虎賁武士，他們執行特勤工作時，都能堅持奉行忠誠之精神，這就是最具有聰明智慧之一種行為表徵。

白

在《易經》六十四卦之經文中，「白」字只有三見，其中賁卦經文就佔有其二，一曰「白馬」、一曰「白賁」；經文中另有一個「白」字，那就是在大過卦之「白茅」。經文以「白」為物象之顏色，表示它們含有清純潔白之意涵。古人已有「殷人尚白」之說法，因此有學者據此而研究考證其淵源與典故，首先引證相關文獻之記載：包括《禮記‧檀弓上》曰：「夏後氏尚黑，大事斂用昏，戎事乘驪，牲用玄；殷人尚白，大事斂用日中，戎事乘翰，牲用白；周人尚赤，大事斂用日出，大事斂用日出，戎事乘騵，牲用騂。」又，《禮記‧明堂位》曰：「有虞氏之旗，夏後氏之綏，殷之大白，周之大赤。」《呂氏春秋‧應同》曰：「及湯之時，天先見金刃生於水，湯曰：金氣勝，故其色尚

白，其事則金。」及《史記・殷本紀》曰：「孔子曰，殷路車為善，其色尚白。」等等。繼之，引用甲骨文中「殷人尚白」的反應，並指出「白」字在卜辭中的運用實例，包括有：地名，人名，神祇名，及顏色等。接著，再分析卜辭中的「白」色祭牲，發現其中明顯具有尊崇、恭敬之宗教觀念。最後，學者又說明在日常生活中，殷人喜歡以「白」色衣飾為用，確有其特殊的場合和功用，例如祭祀、大典、婚嫁等，藉此顯示其恭敬、莊重，並反映出殷人尚白的傳統觀念。[5]

五　結論

周朝的典章制度，很多都是沿襲自商朝。據《周禮・夏官司馬》記載：「虎賁氏：下大夫二十人，中士十有二人；府二人，史八人，胥八十人，虎士八百人。」又，「旅賁氏：中士二人，下士十有六人；史二人，徒八人。」古典文獻所記載的虎賁氏及旅賁氏，其單位所編制員額總數不逾千人，而最高官階也僅屬「下大夫」而已。在賁卦之卦辭中，「小」字可以用來佐證，上古時代虎賁氏及旅賁氏的身分地位，確實是屬於比較低階與卑微的朝中人物。在賁卦之六個爻辭中，各含有一個「賁」字，前五個皆冠於爻辭之首，最後一個則變成「白賁」。事實上，從爻辭六個「賁」字，可以理解「賁」是上古時代「虎賁」之簡稱，可以涵蓋虎賁氏及旅賁氏之武士；他們同樣都是被安排在皇帝身邊，並分別執行護衛皇帝之特勤任務。事實上，虎賁之工作雖然很辛苦，身分地位也很卑微，但是他們服勤態度都要具有堅固不移之智慧，一生都要保持忠心耿耿之精神，這也是針對卦辭「亨小」，及爻辭「永貞吉」的一個最佳詮釋。

「賁」字含有一字多音及多義之特色。以臺灣話為例，「賁」字就有多種發音：一如「奔」（PHUN₁）；一如「庇」（PI₃）；一如「雲」

（HUN₅）；一如「費」（HUI₃）。「賁」字之義，飾也，賁也；它可以作勇士，或作文飾之解釋。以上九爻辭「白賁」為例，它似乎含有一語雙關之意涵；一方面可以象徵虎賁們的樸素情操，一方面可以形容一個人的純真無華。考「賁」卦之經文內容，似以上古時代之虎賁作為主要物象，而虎賁們之特殊勤務與忠誠表現，又具有護衛皇帝安全及壯大威權聲勢之雙重作用。事實上，虎賁們的地位既特殊又卑微，他們可以扮演勇士及隨扈之身分；隨扈是屬於配角，他們只能發揮輔助或裝飾作用，就如爻辭「賁如皤如，白馬翰如，匪寇婚媾」所敘述之物象與意象，讓我們體會出虎賁及白馬可以壯大迎親隊伍之聲勢，並藉此突顯皇室貴族才能享有的特殊權益。六五爻辭「賁于邱園，束帛戔戔，吝，終吉」及上九爻辭「白賁，無咎」，經文各以「終吉」及「無咎」作為結語；這應該是針對虎賁們一旦離開特勤任務之後，他們就要懂得如何珍惜過去的特殊身分，與調適未來的日常生活，這也是卦辭「亨，小，利有攸往」所要詮釋的意涵。

注釋

1 廖慶六：《歸○解易十六講》（臺北市：萬卷樓圖書公司，2013 年），頁 175。

2 徐金松：《最新臺語字音典》（臺北縣：開拓出版公司，1998 年），字典，頁 6、34、161、163。

3 參閱維基百科〈虎賁〉（http://zh.wikipedia.org/wiki/），2015/3/26。

4 廖慶六：《歸○解易十六講》（臺北市：萬卷樓圖書公司，2013 年），頁 47。

5 朱楨：〈「殷人尚白說問題試證」〉，《殷都學刊》第 3 期（1995 年），頁 6-16。

第九講
淺釋易經剝卦

一　前言

　　「君子愛財，取之有道」，這是一句中國古訓。子曰：「富與貴，是人之所欲也，不以其道得之，不處也」；孔子一生都在弘揚仁義之道，以作為我們安身立命之基礎。社會能夠勵行仁道，人人都有仁愛之心，這才是人類社交生活的智慧表現與建立公平社會的重要基礎。從人類文明及歷史發展過程觀之，在一個亂世中，大家都要面臨比較激烈的競爭，此時更會出現弱肉強食，爾虞我詐之惡劣狀況。過去人類為了達到生存之目的，往往都會不擇一切手段，這樣的社會就沒有什麼仁道可循了。在人們的努力與奮鬥環境中，通常強勢者或佔上風者，都會因其體型或體力上的優勢，他們就會比較容易獲得更多、更好的資源。雖然有些時候，社會也會遇到「盜亦有道」之特殊情況，但是建立一套公平合理之稅賦制度，這樣才是邁向康莊大道與社會和諧的基礎。事實上，從古至今，政府負責管理人民百姓，同時也要進行公共建設，這些支出都需要依靠徵稅收入。國家以徵稅作為預算支出，這是公平合理並屬必要的手段與政策，但如果稅賦過多且繁重，人民就會負擔不起。過去在封建或暴政統治之下，帝王就常以剝削手段來榨取人民之財富；日子久了，也註定是兩敗俱傷的結局，因為人

民抗稅與武裝革命，不但會摧毀封建或暴君，也會成為改朝換代的好契機。

　　有句俗話說「一隻牛被剝兩層皮」，這是指過度剝削他人財富的惡劣情況。在現代民主國家中，因為有貧富不均之現象，所以就產生如何課徵富人稅或奢侈稅之話題。以遺產稅為例，這是指針對富人過世以後，再把他們所遺留下來的財富課徵一筆稅捐；但如果政府擬法不周，就會直接影響遺屬之逃稅風潮或繳稅意願。事實上，課徵富人之遺產稅，讓人感覺就像在重複「剝削」有錢人之財富一樣，因為生前應該都有申報所得稅了，但死後為何還要課徵一筆高額遺產稅？這種情況就有如「一隻牛被剝兩層皮」一般了。還好，現今世界各國對於遺產稅的徵收制度，大都已朝向低稅率或零稅率的方向調整；例如包括美、澳、星、馬、香港等國家地區，都已先後取消遺產稅；而臺灣則從過去的最高百分之五十稅率，調降至目前的單一稅率百分之十。在過去封建時代，如果遇到改朝換代之大變革時候，包括前朝貴族及高官地主，他們大多會成為新來者剝削或清算之對象；這種報復性手段，就與「剝」卦所揭櫫的「不利有攸往」之意境，最為相似。事實上，過度剝削他人之行為，這是屬於沒有智慧的手段，這樣恐會造成難於預料的凶厄後果。本文試以語言文字及歷史文獻之研究方法，探索「剝」卦經文之意象，並依照卦爻辭之解釋、關鍵字辭之解釋、六十四卦之聯通，三個段落順序，分別撰述個人鄙見，並就教於方家。

二　卦、爻辭之解釋

卦辭：剝：不利有攸往。

譯文：論述剝削之卦，對生活一向安定者進行剝削，這樣做會對他們造成不利的傷害。

初六：剝床以足，蔑貞，凶。

譯文：把一整個蒸籠的蒸熟食物都給剝奪去了，這是沒有智慧的做法，這樣做會有凶厄之後果。

六二：剝床以辨，蔑貞，凶。

譯文：把一整盤的蒸熟食物給剝奪走了，這是沒有智慧的做法，這樣做會有凶厄之後果。

六三：剝，無咎。

譯文：擬定剝取之道，要以不會帶來憂患或禍害為原則。

六四：剝床以膚，凶。

譯文：把蒸籠中準備作為祭祀用的豬肉剝奪走了，這樣做會有凶厄之兆的。

六五：貫魚，以宮人寵，無不利。

譯文：有連成一串串的魚，這都是為了宮人所喜愛而準備的；能讓她們享有這些食物，這樣才不會有什麼不利之後果。

上九：碩果不食，君子得輿，小人剝廬。

譯文：準備作為種子用途的更加成熟之果實，就不能拿它來作為食用了；一旦情況有所改變，也應該讓王侯貴族階級獲得代步之車輛，但對其屬下子民，卻可作出徵收他們居住房子的安排。

三　關鍵字辭之解釋

卦辭：「剝：不利有攸往。」意指被剝削之對象，就是平常生活過得比較富裕與安定的一些族群；而被人剝削之情況萬一發生了，此時就是他們要去面對最為不利的時刻了。「剝」字之義，取也、裂也、割也、削也、脫也，也含有徵收之意涵；例如由上向下、以強朝弱，並透過各種方式或手段徵收或取得他人之金錢、財物、稅賦與勞役等。「剝」字之音，《唐韻》、《集韻》、《韻會》曰：北角切。臺灣話「剝」（PAK₄），與北、腹同音；在臺灣日常生活中，就有「剝粿巾」（PAK₄ KUI₂ KIN₁ 或 PAK₄ KE₂ KUN₁）之用語，這是指人們用蒸籠，去蒸炊年糕、碗粿時，蒸籠之底部必須鋪上一層墊巾；等到糕粿蒸熟並經過冷卻後，再把這一墊巾剝下來之意思。通常對於「剝粿巾」之優劣動作表現，都會展現在食物的完整與美觀上，同時也會反映在人們對該食物之喜愛心態上。「剝」卦似以上古時代富貴人家之飲食生活作為物象，並比喻不當剝取他人財富，就有可能引起凶厄之後果。事實上，不智的剝取手段，就好像是「剝粿巾」之動作顯得很粗劣。在本卦爻辭內容中，除了六五爻辭不用「剝」字外，其他五爻辭各含有一個「剝」字，包括：初六爻「剝床以足」，六二爻「剝床以辨」，六三爻「剝無咎」，六四爻「剝床以膚」，及上九爻「小人剝廬」。茲依爻辭之先後順序，分別詮釋各個關鍵字辭如下：

剝床以足

初六爻辭：「剝床以足，蔑貞，凶。」意指把一整個蒸籠的蒸熟食物都剝奪走了，這是很沒有智慧的做法，這樣做會有凶厄之後

果。「蔑」字之義，滅、藏、無、沒也；臺灣話稱猜謎語為「作蔑猜」（TSOH₄ BIH₇ CHAI₁），意指猜一猜被彌封起來的謎題答案；而稱呼潛水之動作曰「藏水蔑」（CHANG₃ TSUI₂ BIH₇），也就是有人把身體潛到水中去，並且暫時讓別人看不到他的身影之意思。另外，臺灣話稱呼小孩子玩捉迷藏曰「蔑相尋」（BIH₈ SIO₇ CHHE₇），也就是指有些小孩子先藏起身來，再讓另一人到處尋找的一種遊戲。爻辭「蔑貞，凶」，意指沒有智慧的做法，這樣做就會有凶厄之兆。事實上，國家施政或做人做事，都要有聰明智慧才行，但如果是故意或一時失去聰明智慧，那就是屬於「蔑貞」之行為表現。考「剝床」之「床」字，依日治時期出版的《訂正臺灣十五音字母詳解》，在書中已標註「床」字臺灣話之讀音有二：一為臥床（出秧切）之義，如紅眠床之「床」（CHNG₅）；一為籠床（時秧切）之義，如一床粿之「床」（SNG₅）。[1] 另外，在《臺灣閩南語辭典》一書，也標註「床」字之白讀有二音：一如籠床之「床」（SNG₅）；一如床頭之「床」（CHNG₅）。[2] 又，在《閩南話考釋》一書中，亦解讀蒸籠之閩南語讀音，如籠「牀」（tsŋ下平聲），並引用安徽方言，謂竹器蒸籠為「籠牀」。[3] 從外型構造與功能論之，考古發現的「甗」，應屬商朝時代作為蒸煮食物用之炊具，例如婦好墓中出土的「三聯甗」，即屬之。根據相關字書之解釋，如《韻會》曰：甗，無底甑也；《揚子・方言》曰：甑，自關而東，謂之甗；《正字通》曰：博古圖，甗之為器，上若甑，可以炊物，下若鬲，可以飪物，蓋兼二器而有之。

　　考古出土之「甗」、「甑」，與今日俗稱的「籠牀」，同屬蒸煮食物之炊具；「甗」屬底部之鍋爐，「甑」、「籠牀」屬上端之蒸盤。事實上，商朝之「甗」器，其材質有陶製及銅製之分；而今日習見之「籠牀」，則以竹器編織者為主，其材質比較脆弱而不易長久保存。床、牀，兩字通用，臺灣客家話亦有「籠床」之稱法；它與臺灣閩南話

之音、義，皆頗為相似。臺灣話自古以來一直沿用「籠床」一詞，現在臺灣人過年蒸年糕，喜宴辦桌蒸肉，或平時蒸饅頭；都是用此一籠床，當作蒸炊食物之用具。在農家過年前蒸炊之年糕，也有「甜粿」及「菜頭粿」之分；而這兩種年節粿品，同樣都是屬於較大尺寸的整籠年糕。以臺灣民間習見之大「籠床」構造為例，當我們打開一副大「籠床」時，其上端者稱為「籠床蓋」，在下端者稱為「籠床身」。在「籠床身」之內部，還要準備一些附屬的蒸炊用具，包括：一個襯托底架曰「籠床底」或「粿底」；一條大白布曰「粿巾」；一層層隔板曰「粿層」或「粿塊仔」；還有四支透氣用的「粿氣」管子。在《易經》巽卦爻辭所見之「床」字，也是指蒸煮炊具而言，它正是「籠床」一詞之代稱。「剝床以足」之「足」字，含有全部、完整、充分的意思，例如做人誠意度十足，黃金純度十足，都是用來形容完完整整或完美無瑕的狀態，它也可以代表全部的意思。又，臺灣話「足好」，表示非常好；「足感心」，表示非常動心、感激。事實上，爻辭「剝床以足」之「足」，與臺灣話「十足」、「足好」、「足感心」之「足」（CHIOK4）；其用法與意涵，皆頗為相似。

剝床以辨

　　六二爻辭：「剝床以辨，蔑貞，凶。」意指把一整盤的蒸熟食物都剝奪走了，這是很沒有智慧的做法，這樣做會有凶厄之後果。「辨」字之音，《集韻》、《韻會》曰：平免切；《正韻》曰：婢免切，从辯上聲；臺灣話「辨」（PAN7），與辦、瓣同音。[4] 又，《集韻》曰：旱見切，音徧，與徧通，帀也，周也；《正韻》曰：匹見切，从音片，革中斷也。「辨」字之義，《說文解字》曰：判也；《廣韻》曰：別也。又，《爾雅・釋器》曰：革中絕謂之辨。臺灣話俗稱蒸籠曰「籠床」

（LANG₅ SNG₅），而籠床之底部曰「床底」（SNG₅ TE₂），其中間附加之一層一層隔板曰「床層」（SNG₅ TSAN₅）。事實上，「床底」者，是指籠床與鍋鼎之分隔處，而「床層」者，就是用來盛載更多蒸物之隔層。據此可知，爻辭之「辨」字，應指臺灣話所稱的「床層」為是。事實上，不管是初六爻「剝床以足」及六二爻「剝床以辨」，這兩種具有剝取較多蒸籠食物之做法，在數量上都已超過一半以上；很顯然地，這是相當不智之舉動，這也是造成「蔑貞凶」之主要原因。

剝無咎

　　六三爻辭：「剝，無咎。」意指若有擬定或做出剝取之舉動，就應以不會製造憂患或禍害為基本原則。一本作「剝之，無咎」，但本爻辭應以無「之」字為是；而全爻經文內容之意涵，則是強調剝取他人之道，應以不會帶來憂患或禍害為基本原則。就以政府機關徵收各種稅賦為例，所擬定稅率都應該符合正義與公平之原則；如果稅率過高或稅目繁多，就會增加人民很多負擔，甚至最後演變成人民抗稅的不幸後果。子曰：「君子愛財，取之有道。」這是昔日孔子提倡仁義之道的一句良言，而聖人之智慧與其中所蘊含的哲理，正可提供給政府訂定課稅名目與稅率之參考。再以人們利用蒸籠蒸炊食物作為例子，當食物蒸熟以後，接著就要先將整個蒸籠從大鍋上抬下來，或把較小蒸炊容器中的發糕、碗粿，先從蒸籠中移出來。在取用蒸熟食物之前，我們還須完成一道「剝粿巾」或「剝蒸碗」之程序與動作，這樣才能把食物從「粿巾」或「蒸碗」中分離開來。在正常情況下，當人們很順利進行「剝粿巾」之動作時，那些已被蒸熟之食物，或多或少也會受到一些破損或傷害。事實上，人們做「剝」食物與「粿巾」時，其程序與動作都屬自然而合理的，這樣對於食物之表面與完整性，大致都

能達成無傷大雅之局面，這正是符合爻辭「剝，無咎」之最佳意境與理想。反過來說，如果「剝」的動作過於粗劣，食物表面就會呈現剝離破碎之狀況；萬一被人「剝削」的份量過多，那就有如「剝床以足」及「剝床以辨」一樣，其數量因已超過一半以上，因此結果就會像爻辭「蔑貞凶」的不智與不利了。

剝床以膚

六四爻辭：「剝床以膚，凶。」意指把蒸籠中準備作為祭祀用的豬肉剝奪走了，這樣做是有凶厄之兆的。祭祀用的豬肉，它是何等的神聖珍貴與重要，如果有人敢去強取剝奪，就一定會引起主人的反彈，而且雙方恐會因此爭執而產生凶險與不利的後果。考「膚」字之義，《康熙字典》註曰：豕肉為膚，並引《儀禮‧聘禮》曰：膚鮮魚鮮臘；《註》：膚，豕肉也。又，膚，蒸肉也，肉蒸熟以做祭祀之用；如《楚辭‧天問》曰：何獻蒸肉之膏。又，《詩經‧衛風》曰：膚如凝脂；《註》：膚者，柔脆之物也。據孫振聲先生之解釋：「膚」是柔軟的肉；將柔軟的肉盛在鼎中的祭品，稱為「鼎膚」。[5]事實上，爻辭「膚」字，應專指經過蒸籠蒸熟之豬肉；而這些已經變成很柔軟易化之食物，就是準備用來祭祀祖先神明的供品。

貫魚

六五爻辭：「貫魚，以宮人寵，無不利。」意指有連成一串串的魚，這都是為了宮人所喜愛而準備的；能讓他們享有這些美好食物，這樣就不會有不利之後果了。「貫」字，《釋文》曰：貫，穿也。臺灣話「貫」（KNG₃）字，含有貫穿聯結之義；俗諺「有算無貫」，則是

用來形容一個缺乏正確理財觀念的人，此人雖然知道要努力賺錢，他卻不知道節儉存錢的重要性。據說清代臺灣所用的錢都是以一貫貫計算，因為當時的古銅錢，正是用小繩子一貫一貫串成的。「寵」字，《唐韻》曰：丑壟切；《集韻》、《韻會》、《正韻》曰：丑勇切，从沖上聲。《說文解字》曰：尊居也，从宀龍聲，一曰愛也，恩也；又《增韻》曰：尊榮也。又，《集韻》曰：盧東切，音籠。臺灣話「寵」（THIONG₂）字，表示對人恩愛、寵愛之義。「宮」字，《唐韻》曰：居戎切；《集韻》、《韻會》曰：居雄切；《正韻》曰：居中切，从音弓。《說文解字》曰：室也；《釋名》曰：宮，穹也。「宮人」一詞，這是屬於古代官名之一，他們負責君王的日常生活事務。《周禮・天官・宰冢》曰：「宮人：中士四人，下士八人；府二人，史四人，胥八人，徒八十人。」又，「宮人：掌王之六寢之修，為其井匽，除其不蠲，去其惡臭，共（供）王之沐浴。凡寢中之事，掃除、執燭、共（供）爐炭；凡勞事，四方之舍事，亦如之。」根據學者之研究，古代天子的宮寢有六：路寢一，小寢五；《玉藻》曰：「朝辨色始入，君日出而視朝，退適路寢聽政，使人視大夫，大夫退，然後適小寢釋服。」此文說明路寢是以治事，小寢以時燕息焉。另，宋朝王安石《英德殿上樑文》曰：「松茂獻兩宮之壽，椒繁占六寢之祥」；宋朝秦觀《代賀皇太妃受冊表》曰：「晨昏共養之禮，簡在兩宮；動靜謙肅之風，形於六寢」；及宋朝陸游《皇帝禡正殿賀皇后箋》曰：「內騰六寢之歡，外副萬方之望。」[6]又，古典文獻也記載相關內容，如清朝孫詒讓（1848-1908）之《周禮正義》曰：「此官掌王寢，亦主服御之事」；及宋朝周密《武林舊事・祭掃》曰：「朝廷遣臺臣、中使、宮人，車馬朝饗諸陵。」

碩果

　　上九爻辭：「碩果不食，君子得輿，小人剝廬。」意指準備作為種子用途的更加成熟之果實，就不能拿它來作為食用了；一旦情況有所改變，也應該讓王侯貴族階級獲得代步之車輛，但對其屬下子民，卻可作出徵收他們居住房子的安排。爻辭似乎藉「碩果」比喻為「君子」，而上古時代的王侯貴族，他們本是國家的中堅與棟樑；其人數較少卻都是屬於領導階級，他們應該有繼續留下為國家社會奉獻之利用價值。在另一方面，在諸侯貴族屬下之一般子民，不但人數較多，而且都是屬於勞動階層，應該可以視環境與情況之改變，適度將他們遷居他處以作開發墾殖之安排。「碩」字，壯大也、成熟也，形容作物長得比較飽滿成熟的樣子。農夫栽種玉米或瓜果等農作物時，他們都會自己預留一些數量，以供下一季栽種用的種子。以玉米或瓜果為例，通常僅僅種來供作食用者，果子只要七、八分熟就可摘下來吃了；但是要作為種子用的，就必須讓它在株莖上多留一些日子，等它們長得更壯碩成熟的時候才能摘下來。臺灣話稱呼長得飽滿成熟之果實為「碩」（SIK$_8$），而大人也常告誡小孩子們說：「做種（子）的不能吃，吃了會掉牙齒」。事實上，留做種子用的都是屬於「碩果」，這些種子都會長得比較堅硬一些，同時也比較具有利用價值。

四　六十四卦之聯通

　　《易經》六十四卦經文中，「床」字共有五見，包括：剝卦有三見，「剝床以足」、「剝床以辨」、「剝床以膚」；巽卦有二見，皆為「巽在床下」。兩卦經文之「床」字，同樣都是「籠床」一詞之簡稱。今日

俗稱的「籠床」，與考古發現之殷商古器物「甑」、「甗」，同屬上古時代之炊具；「甗」是作為材火受熱用之底部鍋爐，「甑」、「籠牀」則是用來置放食物之上端蒸籠。事實上，商朝之「甑」、「甗」遺物，其材質以陶土及金屬為主；而今日習見之「籠牀」，則以竹器編織者為多，竹材因比較脆弱而不易長久保存。在經文之用詞上，「不食」一詞共有五見，包括：剝卦「碩果不食」，明夷卦「三日不食」，井卦「井泥不食」與「井渫不食」，及鼎卦「雉膏不食」；「不食」一詞，隱喻古人在日常生活中對於「取與捨」之智慧表現。在《禮記·檀弓下》篇中，就記載一施飯者黔敖，他左奉食、右執飲，並高喊：「嗟！來食」；當時卻有一餓者，他應聲曰：「予唯不食嗟來之食，以至於斯也」。從此對話中，可以聞到該餓者「不食嗟來食」之意味，其中也隱含對施飯者「不敬之食」的不悅，並引申為具有侮辱性質或不懷好意的施捨。事實上，「碩果」是指經過特意篩選保留下來，並讓它長得更加成熟之瓜果；這樣果實之種子才可以留作下次播種之用，這也是考慮到它的利用價值較高而不予取食之主要原因。「井泥」是指舊水井之內有淤泥而言，水井若有淤泥未清，井水就不能被人汲用；而遭人遺棄之舊水井，因日子久了它會變成一口死水，因此就無法在此獲得飲用之水源。另外，「井渫」是指人才之擇主而事之大道理，水井污泥雖已清洗乾淨，卻有人不去汲水食用，因為不忍心見到民苦而讓我獨享一口井水。井水資源本來就是要為眾人奉獻取用的，就如地方上之良才，他可以出來效忠賢明之君王，能有廣為人們服務之心胸，這樣大家才能同享利益而獲得福祉。[7]《三國演義》第三回：「良禽擇木而棲，賢臣擇主而事」之故事，與井卦九三爻辭：「井渫不食，為我心惻；可用汲，王明，並受其福」之內容，兩者之意境，頗為相近。有關《易經》之各卦經文，具有聯通關係者，茲簡要舉例說明如下：

有攸往

　　《易經》六十四卦經文中，「有攸往」一詞，共有二十一見；其中前面加上「利」字者十二見，冠上「不利」兩字者二見，其餘不冠「利」或「不利」者，則有七見。考「攸」字之義，杭心齋（1869-1924）在《學易筆談》中，訓曰：「攸者，安也、久也；往者，進也。」[8] 又，段玉裁（1735-1815）《說文解字注》訓曰：「攸字，行水也」；並引宋朝戴侗之《六書故》曰：「唐本作水行攸攸也；其中從巛，按當作行水攸攸也，行水順其性則安流，攸攸而入於海⋯⋯」及《釋言》：曰：「攸，所也；水之安行為攸，故凡可安為攸。」[9] 事實上，經文「有攸往」一詞，其所論述之對象，可以涵蓋爻辭所言之王、大君、君子、大人等人物，他們都屬於上古時代，身分地位較高之王侯貴族等統治階層。古代貴族與高官，他們在太平盛世情況下，應該都能享受到比較富裕、安康、悠閒的生活條件。古稱房子曰「廬」，這是百姓生活的基本需求；古稱車子曰「輿」，這是封建時代王侯貴族才能享有的特權或禮遇。事實上，「有攸往」一詞，在上古時代，專指那些擁有房子與車子之少數上層階級；在現代社會，則可以泛稱所有安享幸福生活之一般家庭。

蔑貞凶

　　《易經》六十四卦經文中，「貞吉」一詞共有三十五見，其中坤卦有「安貞吉」一詞，而益卦、賁卦各有「永貞吉」一詞。「貞凶」亦有十見，其中賁卦更有「蔑貞凶」二見；屯卦九五爻辭，則是「屯其膏，小貞吉，大貞凶」。「貞吉」與「貞凶」之表現，正好呈現出相反

之結果，而介於其中者，尚有「貞厲」與「貞吝」二詞；經文之「貞厲」有八見，「貞吝」有四見。以爻辭「永貞吉」v.s.「戔貞凶」觀之，人能守住「永貞」，表示他一生都能堅持正確的看法，這就是最有智慧的表現，也是讓他長長久久得到平安吉祥的基石。反之，人若敢冒犯「戔貞」，表示他存有貪念與投機之心理；因為故意要蒙蔽自己應有的正義行為，這就是沒有智慧的表現，也是惹來凶厄命運的緣故。事實上，人的聰明智慧必須用對地方，如果因貪心過度而一時失去理智，因此讓基本的公平正義，成為蕩然無存之現象，這樣恐會造成兩敗俱傷之不幸後果。

五　結論

「剝」字之義，取也、裂也、割也、削也、脫也，也可以引申為徵收之義，例如以各種方式或手段，去進行徵收或取得他人之金錢、財物、稅賦與勞役為是。「剝」字之音，《唐韻》、《集韻》、《韻會》曰：北角切；臺灣話「剝」（PAK$_4$），與北、腹同音。考「剝」卦之主要物象，似與傳統炊具「蒸籠」有關，因為「剝」卦共有三個「剝床」之爻辭；而「床」字，應該是「籠床」之簡稱，臺灣話「籠床」一詞，就是指炊具「蒸籠」而言。在臺灣日常生活中，尚有「剝粿巾」（PAK$_4$ KUI$_2$ KIN$_1$ 或 PAK$_4$ KE$_2$ KUN$_1$）之習慣用語，這就是指以蒸籠來蒸炊年糕、碗粿等食物時，在蒸籠之底部必須先舖上一層墊巾；而「剝粿巾」一詞，就是指糕粿蒸熟，並經過冷卻之後，再把這一層墊巾剝取下來之意思。事實上，現有三種臺灣閩南話字典，包括《訂正臺灣十五音字母詳解》，《臺灣閩南語辭典》，《閩南話考釋》諸書，都已標註「床」字有二音，其中籠床之「床」字，臺灣話為 SNG$_5$（時秧切）。今日以音辨字，借助臺灣話詮釋上古經文，確實能夠發揮很大

之效益；以「剝」卦經文為例，本卦之文長不滿五十，但其中之「床」（SNG$_5$）、「足」（CHIOK$_4$）、「蔑」（BIH$_7$）、「辨」（PAN$_7$）、「貫」（KNG$_3$）、「寵」（THIONG$_2$）、「碩」（SIK$_8$）等字，均具有臺灣話「說的字」之特色，它們在各個爻辭內容中，都分別扮演一個相當關鍵之地位。

《周易・象傳》曰：「剝：上以厚下安宅」，表示身居上位的統治者，其施政作為必須要具有智慧；他能體恤愛民而不以重稅擾民，這樣才能避免人民的抗稅或謀反；王者能夠以寬厚仁政對待子民，這樣才能讓政權不致於快速走向衰退崩潰。古聖先賢唱言「仁者無敵」，如《孟子・梁惠王上》曰：「王如施仁政於民，省刑罰，薄稅斂，深耕易耨；壯者以暇日修其孝悌忠信，入以事其父兄，出以事其長上，可使制梃以撻秦楚之堅甲利兵矣！彼奪其民時，使不得耕耨以養其父母，父母凍餓，兄弟妻子離散。彼陷溺其民，王往而征之，夫誰與王敵！」事實上，政府徵稅含有剝取之意味，其所剝取之對象、份量、質量若有不當者，例如課徵遺產稅因擬法不周，即會造成民怨或逃稅之現象，如此對於徵稅與納稅雙方，都屬相當不利。本卦之初六爻辭曰：「剝床以足，蔑貞凶」，六二爻辭曰：「剝床以辨，蔑貞凶」，及六四爻辭曰：「剝床以膚，凶」，這三爻經文所敘述的「剝」取份量與質量，均屬過多或有不當之事實，因此結局必然屬「凶」無疑。另外，「蔑貞」一詞，直指剝取者之態度，確屬相當愚蔑而不智；因此身居上位之統治者，當以此為戒！

孔子在《論語・里仁》篇中提到仁義之道，他認為富和貴，人人皆嚮往之，但不以正當方法得到的，就不要去享受它；故後人有「君子愛財，取之有道」之言。莊子在《莊子・胠篋》篇中論述聖人與大盜之別，他認為江洋大盜應該要有他們掠財的一套規矩與道理；故世俗有「盜亦有道」之說。事實上，國家社會需要建立一套公平正義之

社會福利與稅賦制度，這樣才能邁向康莊大道與社會和諧。在「剝」卦六個爻辭中，初六、六二、六四皆得「凶」，因為這三個爻辭都屬於過度「剝削」之不智行為；而六三、六五、上九僅屬「無咎」或「無不利」，因為這三個爻辭都屬於適度「剝取」之常理事例。六三爻辭曰：「剝無咎」，六五爻辭曰：「貫魚，以宮人寵，無不利」，及上九爻辭曰：「碩果不食，君子得輿，小人剝廬」；其中「碩果不食」一詞，似有隱喻「盜亦有道」之道理，而「君子得輿」一詞，則暗示要珍惜那些擁有治國經驗的人才，並對他們保留一些特殊禮遇才算合理。

注釋

1 臺灣總督府民政部學務課編：《訂正臺灣十五音字母詳解》（東京都：秀英舍，1901年），頁95。

2 董忠司總編纂：《臺灣閩南語辭典》（臺北市：五南圖書出版公司，2003年），頁292、1221。

3 洪乾祐：《閩南話考釋》（臺北市：文史哲出版社，1992年），頁230。

4 徐金松：《最新臺語字音典》（臺北縣：開拓出版公司，1998年），字典，頁4。

5 孫振聲：《白話易經》（臺北市：星光出版社，1981年），頁186。

6 參考百度百科〈六寢〉（http://baike.baidu.com/view/7225477.htm），2015/5/3。

7 廖慶六：《歸○解易十六講》（臺北市：萬卷樓圖書公司，2013年），頁195。

8 杭心齋：《學易筆談》（臺北市：文海出版社，1919年原刊），影印本頁178。

9 〔清〕段玉裁：《新添古音說文解字注》（臺北市：洪葉文化公司，2001年），頁125。

第十講
淺釋易經復卦

一　前言

　　封建時期的古代中國，臣子朝見君主曰「朝覲」；依《禮記・樂記》記載：「朝覲，然後諸侯知所以臣」。朝覲之禮，其用意在於明君臣之義，通上下之情。古代的朝覲禮儀是屬於賓禮，而「賓禮」則是中華傳統五種國家禮儀之一，這也是天子接見諸侯、賓客，以及與各諸侯國之間的聘問和會盟的禮儀制度。《周禮・春官・宗伯》記載：「以賓禮親邦國：春見曰朝，夏見曰宗，秋見曰覲，冬見曰遇，時見曰會，殷見曰同，時聘曰問，殷覜曰視。」中國自古有著：朝、聘、盟、會、遇、覲、問、視、誓、同、錫命等一系列禮儀制度。根據史料及甲骨卜辭記載，在殷商時代即已建立一個中央王權制度，並有完備的內服百官及外服侯甸之統治制度與機構；其中以外服受封的諸侯，他們都必須以臣服商王作為基本前提，並定期向商王朝貢，或受命為商王戍守邊疆。相對的，商王也要能確保天下太平之局面，並盡到保護各方大小諸侯的安全。事實上，上古時期的政權與制度，確實有賴於中央與外服之間的良性互動；在晚商二百七十三年期間，當時臣服於中央政權的諸侯方國，總數多達數百個。諸侯方國臣服於殷商王朝之事實，與《易經》復卦經文所陳述的義理；在兩者之間，似乎存有緊

密之關係。

　　考「復」字之古音，从房六切，音伏。臺灣話「復」（HOK₈）字，與「伏」（HOK₈）、服（HOK₈），皆屬同音同調；並且含有復命、屈伏、臣服、順從之意思。從「復」卦之卦爻辭中，可以看出上古漢語「復」字之本意，它與「臣服」、「朝覲」、「賓禮」等政治用語，具有密切之關聯性。例如，卦辭「亨」字，表示因為天下太平，所以中央王朝與四方侯國，彼此都能得到一個相互「護佑」之雙贏局面。再如「出入無疾」一詞，表示進出國境或王城時，行動可以自如而不需匆匆忙忙辦事，官員或人民也都可以得到安全照顧。又「朋來無咎」一詞，更顯示出諸侯要如何履行朝貢之禮儀的重要性，包括四方諸侯向殷王進貢龜甲之傳統習俗，尚得以繼續維持下去。本文試以語言文字、中國禮制及歷史文獻之研究方法，探索「復」卦經文之意象，並依照卦爻辭之解釋、關鍵字辭之解釋、六十四卦之聯通，三個段落順序，分別撰述個人鄙見，並就教於方家。

二　卦、爻辭之解釋

卦辭：復：亨，出入無疾，朋來無咎；反復其道，七日來復，利有攸往。

譯文：論復之卦：能有護佑，能很平順進出國境與王城而不用急急忙忙，諸侯進貢龜甲而不會有禍害；要反覆履行這項進貢之禮俗，諸侯來到王城朝覲天子，並以七日之時間完成賓禮儀式；這樣做可以維持君臣之正常往來關係，並有利於雙方人民之安定生活。

初九：不遠復，無祗悔，元吉。

譯文：不遠離與忘卻朝貢之禮者，這樣就不會有悔恨之憾，這也是帶
　　　　來平安吉祥之徵兆。

六二：休復，吉。
譯文：出國朝貢時，能懷有安樂喜慶之心情，這正是得到平安吉祥之
　　　　徵兆。

六三：頻復，厲，無咎。
譯文：出國朝貢時，態度顯得有點不耐煩的樣子；這樣雖有危厲，卻
　　　　也沒有災禍可言。

六四：中行，獨復。
譯文：諸侯依中道而履行朝貢之禮儀，可以顯現出專心與善意之特質。

六五：敦復，無悔。
譯文：有關敦厚邦誼與兵師會盟之事，諸侯都很熱誠參與，這樣做就
　　　　不會後悔了。

**上六：迷復，凶，有災眚，用行師，終有大敗；以其國君凶，至于十
　　　　年不克征。**
譯文：迷失了朝貢之禮儀，這是凶厄之徵兆；不履行朝貢者將會有災
　　　　禍，或有引起動用兵師之虞，最終更有遭到大敗之悲慘命運。
　　　　諸侯以其國君過世之緣故，因此在十年內，他們都無法有大動
　　　　干戈之舉動。

三　關鍵字辭之解釋

　　卦辭：「復：亨，出入無疾，朋來無咎，反復其道，七日來復，利有攸往。」意指朝貢能讓國家得到護佑，進出國境及王城不用急急忙忙，進貢龜甲將不會有禍害；諸侯要反覆履行這項進貢之禮俗，諸侯來到王城朝覲天子，並以七日之時間完成賓禮儀式；這樣做可以維持君臣之正常往來關係，並有利於雙方人民之安定生活。「出入」一詞，是指進出國境與王城；「朋來」一詞，是指前來進貢龜甲。事實上，諸侯都能臣服於帝王，天下就會太平而無征伐戰事，大家也都可以得到護佑而且平安過日子。諸侯因朝貢而出入國界及王城，其行動都很平順而不用急急忙忙；諸侯能夠定期向商王進貢龜甲，因此就不會引起禍害了。考「復」字之音，扶富切；又《唐韻》、《集韻》、《韻會》、《正韻》曰：从房六切，音伏。臺灣話「復」（HOK₈）字，與「伏」（HOK₈）、服（HOK₈），皆屬同音同調；並且含有復命、屈伏、臣服、順從之意思。「復」有一字多義之特色，又也，重也，返也，安也，白也，告也，奏事也，往來也。《說文解字》曰：往來也；羅振玉（1866-1940）依甲骨文字形註曰：「象足形自外至，示往而復來。」[1]《韻會》曰：反命也。例如《詩經‧小雅》曰：言歸思復；《尚書‧說命》曰：說復于王。又《韻會》曰：白也、答也。《禮記‧曲禮》曰：願有復也。《周禮‧天官》曰：諸臣之復；《註》曰：復，報也，反也；《疏》曰：謂羣臣受王命，使臣行之訖，反報於王也；又招魂曰復。《禮記‧檀弓》曰：復盡愛之道也。《尚書‧舜典》曰：四罪而天下咸服；《疏》天下皆服從之。關於「服」與「復」之甲骨文字形與相關意涵，茲簡述如下：

這是「服」字之甲骨文字形。根據學者之研究考證,「服」字之甲骨文,形似人在禮器盤前下跪,並舉行某種儀式以示臣服之意思。[2]

這是「复」字之甲骨文字形。根據學者之研究考證,卜辭用「复」為「復」;[3]「复」字應為初文,「復」字實為本義。古代之「復」字,應與「复」字互通;而現今簡體字版《易經》之卦名,即以「复」代「復」。從「复」字之甲骨文觀之,形似呈獻盛酒禮器之狀,含有朝貢或順從之意思。另有甲骨學者指出,「复」字之義為「行故道也」;其甲骨文字形「象城橐之重兩亭相對也」。[4]總而言之,「復」字應該具有三種特殊意涵:一、表示要有人員往來之動作;二、表示必須進出設於國界及王城的眾多關卡及亭哨;三、表示要臣服並定期履行朝覲天子之任務。據此可以理解,「復」卦之經文,應與古代諸侯行「朝覲」之禮,具有最緊密之關聯性。

　　根據學者研究指出,從歷史文獻、甲骨卜辭及銅器銘文等資料可以知道,殷商王朝的統治機構,已經分為內服的百官制度與外服的侯甸制度,即中央和地方兩級官制。商王室對於王畿之地以外的廣大領土,就是實行外服封建諸侯制;而受封的諸侯,都有自己的領土,但他們必須以臣服商王作為前提,並擔負上交一定的貢納,接受商王的派遣,為商王戍守邊邑,從事征伐。[5]周朝的典章制度,很多都是沿襲自商朝;從先秦古典文獻中,確實可以幫助我們窺探上古時代商、周的一些制度內容。事實上,有關殷商王朝之外服侯甸制度,我們應該可以利用《周禮》及《禮記》等古典文獻,去探索他們在分級、領

域、貢納等相關制度之定義與內容。

　　依學者專家之考證，在先秦時代，「賓禮」主要是指天子對諸侯的接見，以及各諸侯國之間的聘問和會盟等。「賓禮」的主要內容與方式，大致分為覲禮、聘禮、相見禮；覲禮是諸侯朝覲天子之禮儀，聘禮是派遣使者訪問的有關禮節，相見禮則是臣見君與臣見臣之禮儀制度。[6]依《周禮·春官·宗伯》篇記載：「以賓禮親邦國：春見曰朝，夏見曰宗，秋見曰覲，冬見曰遇，時見曰會，殷見曰同，時聘曰問，殷覜曰視。」「時見」一詞，指天子有征討等大事時，一方之諸侯見天子之禮，此無一定之期日，有事而會。「殷見」一詞，殷，眾也，指天下四方六服諸侯畢至見天子之禮。「時聘」一詞，指天子有事而諸侯未來朝時，派遣使者存問看望。「殷覜」一詞，殷，眾也；覜，視也，即來視王之起居，指多國使者同時聘問。時聘無常期，殷覜則有規定的日期。又《周禮·秋官·司寇》篇記載：

　　大行人：掌大賓之禮及大客之儀，以親諸侯。春朝諸侯而圖天下之事，秋覲以比邦國之功，夏宗以陳天下之謨，冬遇以協諸侯之慮。時會以發四方之禁，殷同以施天下之政；時聘以結諸侯之好，殷覜以除邦國之慝；間問以諭諸侯之志，歸脤以交諸侯之福，賀慶以贊諸侯之喜，致檜以補諸侯之災。

又《周禮·秋官·司寇》篇也記載：

　　小行人：掌邦國賓客之禮籍，以待四方之使者。令諸侯春入貢，秋獻功；王親受之，各以其國之籍禮之。凡諸侯入王，則逆勞于畿。及郊勞、視館、將幣，為承而擯。凡四方之使者，大客則擯，小客則受其幣而聽其辭。使適四方，協九儀賓客之禮。朝、覲、宗、遇、會、同，君之禮也。存、覜、省、聘、

問，臣之禮也。

事實上，古稱「行人」者，就如現代國家負責辦理外交事務的官員。又《周禮‧天官‧冢宰》篇記載：

> 以九貢致邦國之用：一曰祀貢，二曰嬪貢，三曰器貢，四曰幣貢，五曰材貢，六曰貨貢，七曰服貢，八曰游貢，九曰物貢。

這是有關諸侯獻「九貢」物品之內容，又《周禮‧夏官‧司馬》篇記載：

> 乃以九畿之籍，施邦國之政職。方千里曰國畿，其外方五百里曰侯畿，又其外方五百里曰甸畿，又其外方五百里曰男畿，又其外方五百里曰采畿，又其外方五百里曰衛畿，又其外方五百里曰蠻畿，又其外方五百里曰夷畿，又其外方五百里曰鎮畿，又其外方五百里曰蕃畿。

這是有關諸侯「九畿」政職之範圍與名稱；中央國畿亦名王畿，方千里；地方九服之「九畿」，分為：侯畿、甸畿、男畿、采畿、衛畿、蠻畿、夷畿、鎮畿、蕃畿，方各五百里。根據《周禮》所記載的制度，王畿之內的諸侯，一年朝覲四次；封於遠方的諸侯分為「六服」，九州之外謂之「蕃國」，並各以其不同服數等級來朝。又《周禮‧夏官‧司馬》篇記載：

> 乃辨九服之邦國，方千里曰王畿，其外方五百里曰侯服，又其外方五百里曰甸服，又其外方五百里曰男服，又其外方五百里曰采服，又其外方五百里曰衛服，又其外方五百里曰蠻服，又其外方五百里曰夷服，又其外方五百里曰鎮服，又其外方五百里曰藩服。

這是有關諸侯「九服」之疆域與名稱，又《周禮・秋官・司寇》篇也有記載：

> 邦畿方千里。其外方五百里謂之侯服，歲壹見，其貢祀物。又其外方五百里謂之甸服，二歲壹見，其貢嬪物。又其外方五百里謂之男服，三歲壹見，其貢器物。又其外方五百里謂之采服，四歲壹見，其貢服物。又其外方五百里謂之衛服，五歲壹見，其貢材物。又其外方五百里謂之要（蠻）服，六歲壹見，其貢貨物。九州之外謂之蕃國，世壹見，各以其所貴寶為摯。

諸多古典文獻也有關於「九服」之名與「朝聘」之禮者，例如《周禮・夏官・職方氏》曰：「乃辨九服之邦國；侯、甸、男、采、衛、蠻、夷、鎮、蕃，九服也。」《尚書・周官》曰：「六服羣辟」；《疏》周禮九服，此惟言六服者，夷、鎮、蕃三服在九州之外，故惟舉六服。又《禮記・聘義》記載：「故天子制諸侯，比年小聘，三年大聘，相屬以禮。使者聘而誤，主君弗親饗食也。所以愧屬之也。諸侯相屬以禮，則外不相侵，內不相陵。此天子之所以養諸侯，兵不用而諸侯自為正之具也。」又「聘、射之禮，至大禮也。質明而始行事，日幾中而後禮成，非強有力者弗能行也。」茲參考以上各種古典文獻之相關記載，特將殷商帝國在中央之國畿及內服之疆域（圖中未標數字部分），與地方之九服之領土與勢力範圍（已標記1-9之數字部分），草擬一幅示意圖如下：

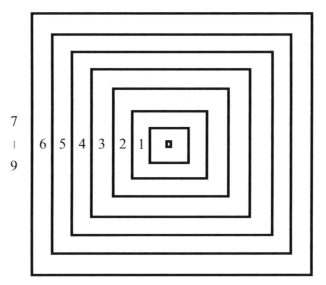

殷商王朝內服及外服疆域示意圖

上圖之中央部分，包含王城及內服之分封諸侯官員，這是屬於王畿之地域範圍。王畿是指國畿而言，王畿以外部分，代號從1-9，則屬於數百個分屬於九服諸侯邦國之領土範圍，其圖示分別為：侯（1）、甸（2）、男（3）、采（4）、衞（5）、蠻（6）、夷（7）、鎮（8）、蕃（9）；其中夷（7）、鎮（8）、蕃（9），這三服是在九州以外之地域，其分級疆域大小圖，從略。茲依爻辭之先後順序，分別詮釋各個關鍵字辭如下：

不遠復

初九爻辭：「不遠復，無祗悔，元吉。」意指不疏遠與忘卻朝貢之禮者，這樣就不會有悔恨之憾，這也是帶來平安吉祥之徵兆。「不遠復」一詞，係針對諸侯朝覲君王一事，他們一定要定期去履行，絕

不能遺忘這項很重要的賓禮。「不遠復」，也可以解釋為：時間隔沒多久，就要依制度規定再去履行朝貢之禮。「祗」字之音，《唐韻》曰：都奚切；《集韻》曰：都黎切，从音低。臺灣話「祗」（TI₂）字，與抵、底同音；無祗比之「祗」（TI₂），表示無從比較之義。「祗」字之義，適也、宜也、抵也。對於好事、善事，都能及時去做，這樣心中就不會興起後悔之憾了。對於建立君臣之關係及友善之邦誼，當然要時常保持交往會面，這樣才不會引起對方之猜疑。本爻辭之句型為：「不……，無……，元吉」，表示「否定＋否定＝元吉」之好結果。本爻辭之「元」字，表示因有朝貢之舉，所以良好的君臣關係，才能再一次獲得更新（Update）與加強（Reinforce）之機會。

休復

　　六二爻辭：「休復，吉。」意指諸侯出國朝貢時，能帶有安樂喜慶之心情，這正是得到平安吉祥之徵兆。「休」字，《唐韻》曰：許尤切，《集韻》、《韻會》、《正韻》曰：虛尤切，从朽平聲；美善也，慶也。《尚書·太甲》曰：實萬世無疆之休；《尚書·周官》曰：作德心逸日休；《詩經·商頌》曰：何天之休。《說文解字》曰：息止也，从人依木。庥，休或从广，許尤切。臺灣話「休」（HIU₁）字，與庥同音同義。古代諸侯能以安樂喜慶之心情，去履行朝貢禮儀，或為慶賀喜事而行朝貢之禮者，這都是獲得平安吉祥之徵兆。

頻復

　　六三爻辭：「頻復，厲，無咎。」意指諸侯出國去朝貢時，心中顯得有點不耐煩的樣子；這樣做會有危厲，但還不至於有災禍可言。

「頻」字，《唐韻》曰：符真切；《集韻》、《韻會》曰：毗賓切，音頻；《玉篇》曰：急也。頻、顰同音同義，意指有皺眉頭之狀；顰蹙，露出憂愁不樂之狀也。「頻復」一詞，表示到上國去進行朝貢時，本應依照賓禮之規定而進行；你卻愁眉苦臉，而且態度顯露出勉強而有不耐煩的樣子。事實上，「頻復」表示心中雖有不高興或不願意，卻還要勉強按照制度去進行朝貢；這樣做要比不去朝貢好些，因此他還可得到一個「無咎」之結果。

獨復

六四爻辭：「中行，獨復。」意指諸侯依中道而履行朝貢之禮儀，可以顯現出專心與善意之特質。「獨」字之音義，《唐韻》、《集韻》、《韻會》曰：徒谷切；《正韻》曰：杜谷切，音牘。《廣韻》曰：單獨；《詩經‧小雅》曰：哀此惸獨。《傳》獨，單也。又《正字通》曰：明獨立，獨善。「獨」字（Unique），有單、專、善之義；「獨復」者，表示能依制度並定期履行朝貢之禮，如此最能符合君臣之義。諸侯用心遵守「賓禮」，其態度顯得中規中矩，也能專心誠意去履行侯國應盡之義務。事實上，「中行獨復」者，頗能突顯大國之風範，更有隱喻殷商末年之周國態度。據歷史文獻記載，周文王獲釋回到西岐四年後，紂王又有「賜命西伯得專征伐」之權，表示周族國勢雖已相當強盛，但是對於殷商帝王而言，仍是畢恭畢敬、嚴守禮法，並沒有立即作出傲慢與抗命之行為。

敦復

六五爻辭：「敦復，無悔。」意指有關敦厚邦誼與兵師會盟之事，

諸侯都很熱誠參與，你這樣做就不會後悔了。「敦」字之音，《集韻》
曰：都昆切，音墩；又《集韻》曰：徒渾切，音屯。「敦」字之義，怒
也，迫也，詆也，厚也，勉也。《說文解字》曰：作𣪏，怒也，詆也。
又《五經文字》曰：敦，厚也。又《爾雅・釋詁》曰：敦，勉也；
《疏》敦者，厚相勉也。敦睦友誼，軍隊會盟；《詩經・邶風》曰：
王事敦我。又《周禮・天官・玉府》曰：若合諸侯，則共珠槃玉敦；
《註》敦，槃類，古者以槃盛血，以敦盛食。《詩經・大雅》曰：鋪敦
淮濆；《箋》當作屯。卜辭有「敦」字，是打、伐之義。[7]《揚雄・甘泉
賦》曰：敦萬騎於中營兮；《註》敦與屯同，陳也。又，敦為屯兵、駐
兵紮營，如臺中豐原之舊名為「葫蘆墩」，墩、敦（TUN₁），屬同音同
義。據學者研究指出，《春秋左傳・昭公二十三年》有記載：「吳人伐
州來，楚薳越帥師，及諸侯之師，奔命救州來，吳人禦諸鍾離，子瑕
卒，楚師熸，吳公子光曰，諸侯從於楚者眾，而皆小國也……，請先
者去備薄威，後者敦陳整旅。」其中「敦陳整旅」一語，就是指一系列
的軍事行動而言，它與殷墟卜辭所見的「敦」、「伐」、「大出」、「分
行」，同樣都屬於上古時代的戰術動作。[8]「敦復」一詞，似有一語雙關
之義：一、為了敦厚邦誼而行朝貢之禮；二、為了響應君王號召而出
兵會盟。

迷復

　　上六爻辭：「迷復，凶，有災眚，用行師，終有大敗；以其國君
凶，至于十年不克征。」意指迷失了朝貢之禮儀，這是凶厄之徵兆；
不行朝貢者將會有災禍，或有引起動用兵師之虞，最終更有遭到大敗
之悲慘命運。諸侯以其國君過世之緣故，因此在十年內，他們都無法
有大動干戈之舉動。「迷」字之音義，《唐韻》曰：莫兮切，《集韻》、

《韻會》曰：緜披切；《正韻》曰：綿兮切，音䍥；《說文解字》曰：惑也；惑亂也。俗話說：迷而不返者惑；「迷復」一詞，包含不朝貢之野蠻游牧部落，及因迷惑而不去履行朝貢諸侯。爻辭「有災眚，用行師，終有大敗」，就如商王武丁派兵征伐與戰勝許許多多方國之歷史故事。另一方面，到了殷商末年，周國逐漸興起卻能臣服於商，這是從古公亶父時代開始的；再歷經季歷、姬昌，祖孫三代之時間，他們也都能得到商王的信任與封賜。依據歷史文獻記載，首先在殷王武乙三年，命周公亶父，賜以岐邑。亶父薨後，周國繼位者又屢受封賜；在武乙三十四年，周公季歷向殷王朝貢，王賜地三十里、玉十縠、馬十匹。到了文丁四年，周公季歷被命為牧師；帝辛三十三年，王又賜命西伯姬昌，得專征伐。[9]上古時代殷、周關係發展到最後，一邊是紂王暴虐無道，朝中大臣非死即逃；一邊是文王以德政聞名，並吸引各方賢士來歸。事實上，周族從古公亶父，歷經季歷、姬昌，祖孫三代都能維持與商王之良好君臣關係，據《呂氏春秋·九月紀·順民》篇之記載：「文王處岐事紂，冤侮雅遜，朝夕必時，上貢必適，祭祀必敬。紂喜，命文王稱西伯，賜之千里之地。」文王薨後十年，終於由周武王啟動東征暴君紂王之大業，以及順利完成翦商滅紂之使命。爻辭「以其國君凶，至于十年不克征」，「凶」字，厄事、喪事也；「征」字，征伐、軍事行動也。「國君凶」一詞，比喻周文王薨之史事；「不克征」一詞，意指周國在國喪期間，暫時無法向紂王朝覲，或無心、無法承受王命行征伐之舉。

四　六十四卦之聯通

在《易經》六十四卦之卦爻辭中，「復」字共有十六見，包括：訟卦，小畜卦（2），泰卦（2），復卦（8），睽卦，解卦，漸卦。「復」

字具有一字多義之特色，包括：又也，重也，返也，安也，白也，告也，奏事也，往來也。《易經》以「復」為卦名，而經文又有八個「復」字，顯示作者藉此突顯「復」字在經文應用上的優美、奧妙與獨特功能。事實上，「復」卦似乎藉殷末各方諸侯「朝覲」商王之禮儀，作為經文內容之主要物象與意象，並敘述身為侯國之周族，最初還能遵守君臣之禮儀的原因與態度，以及周文王當時所扮演的身分地位與影響力。事實上，在屯卦、隨卦、復卦、頤卦、晉卦之經文中，同樣可以看到周文王的智慧與身影；其中復卦之內容，更有發生在殷、周之間的朝覲之禮儀與君臣之互動關係；而卦辭「反復其道，七日來復」，及爻辭「以其國君凶，至于十年不克征」，更足以佐證古代「賓禮」之制度，以及周文王崩逝以後，殷、周兩國之情勢演變概況。有關各卦之經文具有聯通關係者，茲簡要舉例說明如下：

朋

　　《易經》六十四卦經文中，「朋」字共有十見，包括：坤卦（2）、泰卦、豫卦、復卦、咸卦、蹇卦、解卦、損卦、益卦。根據陳夢家（1911-1966）對殷墟卜辭之研究，他認為卜辭中的「朋」字，是一單位用詞；在卜辭記數文法上，例如「貝幾朋」一詞，貝是名詞，幾是記數，朋則是單位詞（Unit），如「十朋」為是。[10]臺灣話「朋」（PIN（ŋ)₅）字，含有一半的意思，在現代臺灣人之婚禮中，尚存有一項「豬朋」或「豬平」之禮；意指男方要準備半隻豬肉之禮物，這是要呈獻給女方作為祭祀祖先之祭品用的。據字書之解釋，「朋」或「平」，具有對半而分之意思，例如「朋分」或「平分」。損卦及益卦各有「十朋之龜」之爻辭，意指有諸侯向商王進貢十版（片）龜甲，而龜甲是古人作為祭祀前後卜占及刻辭用的神貴寶物。

　　占卜與祭祀構成殷商文化的主要活動內容。我們從殷墟龜甲殘片中，猶可見到「某某來龜」之契刻誌文，由此可證諸侯「進貢烏龜」之禮俗，確實由來已久。甲骨卜辭記載，南方和西方當是占卜用龜的產地。殷人嗜祭，龜甲即被用來事先占卜與卜後刻字的神物，因而諸侯進貢烏龜是何等的重要與神聖。時下臺灣人戲稱不能簽中彩券為「貢龜」，也就是把金錢貢獻出來給彩券公司及那些得到分配款的弱勢者。由此可知，「貢龜」一詞，原指進貢烏龜之腹甲而言，其來源正與殷商時代之占卜舊俗有關。考文字之音義和歷史淵源，現代人一句「貢龜」之玩笑話，竟然與古代「進貢烏龜」之嚴肅禮俗有關；古今用詞，頗為貼切。[11]

七

　　在《易經》六十四卦經文中，內含「七」字者，僅有三見：在復卦為卦辭「七日來復」；在震卦及濟既卦，則為爻辭「七日得」。以復卦卦辭「七日來復」為例，「七日」一詞，意指諸侯停駐王城之時間；「來復」一詞，意指諸侯來到王城行朝貢天子之禮儀。古代受天子分封之爵位，大致分成五個等級，包括：公、侯、伯、子、男。依傳統古禮之尊卑標準，「九」、「七」是作為辨（辨別）、等（分等）上公與諸侯尊卑地位之數字，如《周禮・秋官・司寇》所記載內容：

> 以九儀辨諸侯之命，等諸臣之爵，以同邦國之禮而待其賓客。上公之禮：執桓圭九寸，繅藉九寸，冕服九章，建常九斿，樊纓九就，貳車九乘，介九人，禮九牢；其朝位，賓主之間九十步，立當車軹；擯者五人；廟中將幣，三享。王禮再祼而酢，饗禮九獻，食禮九舉，出入五積，三問三勞。諸侯之禮：執信

圭七寸，繅藉七寸，冕服七章，建常七斿，樊纓七就，貳車七
乘，介七人，禮七牢；朝位，賓主之間七十步，立當前疾；擯
者四人；廟中將幣，三享。王禮壹祼而酢，饗禮七獻，食禮七
舉，出入四積，再問再勞。諸伯執躬圭，其他皆如諸侯之禮。

以上所述內容，皆為諸侯之禮；其爵位屬於「侯、伯、子、男」等級
者，他們所用之數字，概以「七」為定例，包括：執信圭「七寸」，
繅藉「七寸」，冕服「七章」，建常「七斿」，樊纓「七就」，貳車「七
乘」，介「七人」，禮「七牢」，饗禮「七獻」，食禮「七舉」……；
諸伯執躬圭，其他皆如諸侯之禮。從上古時代之政治體制觀之，爵位
屬於「侯、伯、子、男」等級者，應屬《周禮》所定「九服」範圍內
之諸侯。準此可知，屬於「九服」範圍內之諸侯；當來到王城朝貢天
子時，他們所停駐辦事之日數，循例當以「七日」為宜。事實上，以
數字多寡區分尊卑等級之制度，古今皆有之；例如今日施放迎賓禮炮
時，國王或總統為二十一響，總理為十九響，餘者類推。

五　結論

　　「復」卦之經文，似以上古時代諸侯方國「朝覲」天子之禮儀，
作為主要論述之內容。考「復」字之音義，《唐韻》、《集韻》、《韻
會》、《正韻》曰：从房六切，音伏；臺灣話「復」（HOK₈），與「伏」
（HOK₈）、服（HOK₈），皆同音；也都含有復命、屈伏、臣服、順從之
意思。據專家學者之研究考證，發現卜辭用「复」為「復」；「复」字
為初文，「復」字為本義，古代之「复」、「復」兩字，應可通假。從
「复」字之甲骨文字形觀之，它一方面形似呈獻盛酒禮器之狀，含有朝
貢或臣服之意思；一方面它有「行故道也」及「象城臯之重兩亭相對

也」之義，表示要往來王城之使者，就必須進出各國之國境，並通過無數的城門、關卡、亭哨等地方。綜合「復」字之形、音、義，它至少具有三種特殊意涵：一、表示要有進出往來之重複動作；二、表示要往來王城而必須進出國境，並通過無數的城門、關卡、亭哨等等管制處所；三、引申為古代屬於「外服」之眾多諸侯方國，他們都要定期履行朝覲天子之任務。

　　經文常有一字多義之特色，以「復」卦為例，就有「復」、「疾」、「朋」三字，它們都可另作不同字義之解釋：「復」字，往來、重複、復命、臣服也；「疾」字，急忙、疾病也；「朋」字，半版龜甲、朋友也。其中「復」字之對象，應是針對代表「外服」並進行朝貢禮儀之諸侯方國；「復」字之意象，表示因臣服於天子而必須重複、定期派出使者，並來到王城履行朝貢之禮儀。上古時代的朝貢之禮，與現代的外交禮節，其性質頗為相似。現今世界上之國家總數已經超過二百，在各國之間應有正式或非正式的外交往來；有邦交之國，即會互設使館並派駐使節人員，並在國慶大典時派出特使團，這些動作都是為了鞏固雙方邦誼或增進兩國外交關係的基本禮儀與作為。

　　中國人自古即很重視「禮尚往來」之精神與美德，在「復」卦之卦辭中，「亨」字，表示因諸侯知所以臣而行「朝覲」之禮，所以中央王朝與四方邦侯，彼此都能得到一個「護佑」之雙贏局面。「出入無疾」一詞，表示君臣關係良好而邦誼也能穩定發展，因此進出國境都可以通暢無阻，就像今日出國公幹或旅行，可以享有免辦簽證（Visa）之禮遇與方便。「朋來無咎」一詞，表示諸侯朝覲並進貢龜甲，以供天子祭祀卜占之用，這樣就不會有災禍了。「反復其道」一詞，表示朝貢使者絡繹於途，他們要重複、定期來到王城朝覲天子。「七日來復」，表示諸侯來到王城進貢與停駐之時間，應以七天為宜。在六個爻辭中。前三爻分別為「不遠復」、「休復」、「頻復」，其結局分別是

「元吉」、「吉」、「無咎」，表示諸侯能履行朝貢之禮者，將可以得到平安吉祥或無災無禍。後三爻分別為「獨復」、「敦復」、「迷復」，其中「獨復」與「敦復」，結局是無礙、無悔；而「迷復」者，其結局卻是最為凶厄的悲慘下場。

注釋

1　羅振玉：《殷契書契考釋》（臺北市：藝文印書館，1975年），「殷中」頁64左。

2〔日〕白川靜著，蘇冰譯：《常用字解》（北京市：九州出版社，2010年），頁386。

3　中國社科院考古研究所編：《甲骨文編》（北京市：中華書局，2005年），頁74、253。

4　李孝定編述：《甲骨文字集釋》（臺北市：中央研究院歷史語言研究所，1970年），頁1897。

5　盧連成：《殷人夢土：甲骨文與殷墟發現》（香港：中天出版社，1999年），頁108-112。

6　鍾敬文主編：《中國禮儀全書》（合肥市：安徽科技出版社，2003年），頁402。

7　劉興隆：《新編甲骨文字典》（臺北市：文史哲出版社，1997年），頁186。

8　陸星原：《卜辭月相與商代王年》（上海市：上海社會科學院出版社，2003年），頁50。

9　沈約注：《竹書紀年》（臺北市：臺灣商務印書館，1956年），頁32-36。

10　陳夢家：《殷墟卜辭綜述》（北京市：中華書局，2013年），頁94、109。

11　廖慶六：《歸○解易十六講》，第二集（臺北市：萬卷樓圖書公司，2014年），頁168-170。

第十一講
淺釋易經頤卦

一　前言

記得小時候住在鄉下地方，家中偶爾會有相士登門造訪，當時他們口中都是唸唸有詞，其內容大致為：「抽靈籤、卜聖卦，卜卦兼算命」。以卜卦算命謀生，這是民間習見的一種傳統社會現象；據說卜卦算命師這一行業，他們都是尊奉文王為八卦祖師爺。在上古時代，周文王以精研八卦及龜卜之術而聞名於世，依《史記・周本紀》之記載：「西伯蓋即位五十年，其囚羑里，蓋益易之八卦為六十四卦。」在古典小說《封神演義》第二十回之故事中，記載姬伯知悉伯邑考遇害之事；因此他不覺流淚而自言自語道：「我兒不聽父言，遭此碎身之禍！今日如不食子肉，難逃殺身之禍；如食子肉，其心何忍？使我心如刀絞，不敢悲啼，如泄此機，我身亦自難保。」[1]姬伯只得含悲忍淚，不敢出聲。姬伯，就是周文王，包括史書記載及民間傳說，他是一位善於卜卦並斷吉凶禍福的聖人。後來，他因故遭忌而被紂王囚禁於羑里，但是他也因積善累德而諸侯皆向之，最後才由其次子武王，順利完成興周滅紂之歷史使命。世上流傳頗多關於周文王的一生際遇及歷史典故，其中古典小說描寫周文王「我心如刀絞，不敢悲啼」之句，正是經文「拂經」一詞的最佳寫照。事實上，在《易經》六十四卦之

經文內容中，還有一些有關文王故事之記載；其中「頤」卦之卦爻辭，就是一個很明顯的例子。

俗話常說：「病從口入，禍從口出」；這是一句警世格言，它讓我們了解一個人的嘴巴，是具有相當重要地位的器官。事實上，嘴巴除了用來吃飯、喝水與說話之外，同時也是為人帶來禍害的途徑之一。我們利用嘴巴吃飯、喝水，這是人類獲取身體養分的基本管道，也利用嘴巴說話與他人進行溝通，因此有關於吃東西與說話的種種課題，就很值得大家的重視。在吃的方面，例如選擇吃的食物種類，如何取得吃的供應來源，以及訓練吃的方式禮儀等等；這些都需要經過我們日積月累的學習與訓練。有人說，吃東西之學問大，因為它牽涉到人們的吃相，或吃的藝術，或吃的哲學等等細節之上，而且也會反映在一個人的臉部表情。事實上，人們以口吃東西的動作，與他顯露在臉部上面的酸甜苦辣之表情，都是幫助我們觀察與了解、一個人內心世界的關鍵所在。《易經》之「頤」卦，其經文主題與吃東西有關；而古漢語「頤」字，與「頷」字義同，皆表示以口吃東西，也含有養生之義。再從廣議論之，卦名「頤」字，含有名詞「食物」、「下顎」，及動詞「進食」、「養育」之義，並可引申為養身、養性，及養德等多層意義。事實上，能夠兼備「三養」之人，他在修身養性方面，一定是已經達到最高境界之聖人。「頤」卦經文之物象，當以周文王為主，而爻辭「舍爾靈龜」一詞，就與聖人文王之身分背景及歷史故事，最為相似。本文試以語言文字及歷史文獻之研究方法，探索「頤」卦經文之意象，並依照卦爻辭之解釋、關鍵字辭之解釋、六十四卦之聯通，三個段落順序，分別撰述個人鄙見，並就教於方家。

二　卦、爻辭之解釋

卦辭：頤：貞吉，觀頤，自求口實。

譯文：論述頤養之卦，吃東西要有智慧，這樣才能得到平安吉祥；要用心觀察盤中的佳餚美食，要知道口中食物之來源；接受他人供養食物時，還要能自圓其說，並避免落人口實。

初九：舍爾靈龜，觀我朵頤，凶。

譯文：捨棄你的神靈龜兆而不用，卻盯著我的美味好吃食物，這是一個凶厄之兆。

六二：顛頤，拂經，于丘頤，征凶。

譯文：能吞食不該吃下的食物，也能消除內心遭受煎熬之痛苦表情；你在進食大餐時候，雖有身不由己之委屈，但如有衝動，就會有凶厄之兆。

六三：拂頤，貞凶，十年勿用，無攸利。

譯文：能把食物吃光，雖是聰明之舉，但也有凶厄之兆；在十年之內，你不能貿然採取行動，因為這樣做，對你並無好處可言。

六四：顛頤，吉，虎視眈眈，其欲逐逐，無咎。

譯文：把不該吃的食物都吃下去了，這樣才能夠得到平安吉祥；旁邊有人以虎視眈眈之眼光，正在偷偷監視著你的吃相；看他有探頭探腦之動作，還有心懷不正之欲望，但最後並沒有發生什麼禍害之事。

六五：拂經，居貞吉，不可涉大川。

譯文：很冷靜地拂拭心中之絞痛心情，就把它存放在心中而不要發洩
　　　出來，這樣才是具有聰明智慧之表現，而且還可讓你得到一個
　　　平安吉祥；此時不利於遠渡大地山河，你不要急著想要脫離困
　　　境。

上九：由頤，厲吉，利涉大川。

譯文：由於有這些飲宴與食物供給之機會，雖然吃的過程顯得有點危
　　　厲，卻也能讓你得到平安吉祥；這樣的結局，會有利於遠渡大
　　　地山河，並助你脫離困境。

三　關鍵字辭之解釋

　　卦辭：「頤：貞吉，觀頤，自求口實。」「頤」字之音義，據《康
熙字典》引用各種字書之訓解，《唐韻》曰：與之切；《集韻》、《韻
會》曰：盈之切；《正韻》曰：延知切，从音移。又，《說文解字》本
作𦣝；𦣝，顄也；《說文解字》曰：顄也，顄也。事實上，「頤」字，
或作𦣝；「顄」字，或作𦣝；《唐韻》曰：胡男切；《集韻》曰：胡
南切，从音含。又，「顄」字，頤也，从頁圅聲；《說文解字》曰：
頤也；《集韻》曰：戶感切，音頷，義同。據此可知，頤、𦣝、顄、
𦣝、頷，諸字之義，皆大致相同，音亦可互通。臺灣話「頷」（AM$_7$）
字，做動詞解，食也、咬也（英文為 Bite）。北宋理學家程伊川（1033-
1107），名頤、字正叔；伊川先生，因其本名為「頤」，因此他對於卦名
「頤」字，就有一段特別的感觸與詮釋。在《易程傳》一書中，對於
「頤」卦之旨意，伊川先生曾說出如下之言語：

> 頤、養也，人口所以飲食，養人之身，故名為頤，聖人設卦推
> 養之義，大至於天地養育萬物，聖人養賢，以及萬民與人之養
> 生、養形、養德、養人，皆頤養之道也。動息節宣，以養生
> 也；飲食衣服，以養形也；威儀行義，以養德也，推己及物，
> 以養人也。

因為本名與卦名相同之緣故，所以伊川先生就針對「頤」字，提出他個人之精闢見解。事實上，本卦之「頤」字，含有一字多義之特色，作名詞解為「食物」（Foods），作動詞解為「進食」（Eating）；在卦、爻辭中，分別有觀頤、朵頤、顛頤、丘頤、拂頤、由頤，共六個含有「頤」字之詞。事實上，「頤」字之義，尚可引申為養身、養性、養德；人能兼備「三養」者，他一定是屬於品德高尚，具有崇高修心養性之聖人。在卦辭中，「貞吉」兩字，表示吃東西要特別小心，而且你要運用你的最高智慧，這樣才能得到平安吉祥。俗話說：「會無好會、宴無好宴」，現代人也常說：「天下沒有白吃的午餐」；在現實生活中，有一些邀宴是不能隨便赴會的，例如競爭對手的「鴻門宴」，利害關係人的「鮑魚宴」。另外，如果體質是屬於高血壓、高血糖、高血脂，帶有所謂「三高」之病人，其醫藥及飲食更要遵照醫師指示而忌口。卦辭「觀頤」兩字，表示要用心觀察吃的食物；「口實」兩字，意指口中之食物或說詞，「自求口實」一詞，表示接受他人供養食物時，就要先弄清楚口中食物之來源與供食之目的；你還要能自圓其說，以避免落人攻擊之口實。事實上，當我們有東西吃的時候，對於口中所吃的食物，最好能夠說出一套理由與道理；為了避免災禍發生，最好能夠自圓其說，這樣更能令人心服口服。茲依爻辭之先後順序，分別詮釋各個關鍵字辭如下：

朵頤

　　初九爻辭：「舍爾靈龜，觀我朵頤，凶。」意指捨棄你的神靈龜兆而不用，卻盯著我的美味好吃食物，這是一個凶厄之兆。「舍」字，《集韻》、《韻會》、《正韻》曰：式夜切，从音赦；《說文解字》曰：市居曰舍。又，「舍」字引申之義，廢也，罷也，除也，置也，止也。對於有人不顧顏面，其言行表現頗令家人感到丟臉者，臺灣話形容此人之言行表現，曰「舍面子」（SIA₂ BIN₇ TSU₂）。《釋文》曰：舍，音捨；臺灣話「舍」（SIA₂），與捨同音同義。「靈龜」兩字，是指古人用來稽疑大事的靈驗龜兆，「舍爾靈龜」一詞，則表示你竟然捨棄不用神龜了，或表示龜兆已經不再靈驗可信了。事實上，有人原本很擅長於龜卜巫術，而且他也常依龜兆作為預測吉凶未來，但此時卻突然不用，或不再相信神龜之靈兆了。經文概以「女」字，代表「你」；「爾」字，則代表「你的」之義。「朵」字，動也；「朵頤」一詞，表示口中正在嚼食東西之狀態。從「舍爾靈龜」與「觀我朵頤」中，可以看出：「舍爾」v.s.「觀我」，兩個爻辭剛好形成一個對比角色。另一方面，作者藉「靈龜」與「朵頤」兩種不同物象與意象，形容事態很嚴重，且因心中已有疑竇，所以這是凶厄之兆。

顛頤

　　本卦在六二爻及六四爻，各出現一個「顛頤」之詞，六二爻辭：「顛頤，拂經，于丘頤，征凶。」意指你已吃了不該吃下的食物，還要消除自己硬撐的不愉快表情；在進食大餐之場合，如有衝動反應，這樣就會有凶厄之兆。「顛」字，倒過來之義，含有逆向操作之意思；

「顛頤」一詞，比喻有不該吃的食物，或指故意吃下不該吃的食物，例如傳說中的周文王，他曾經在囚牢中「含悲忍淚、吞食子肉」為是。「拂」字之音義，《唐韻》、《集韻》、《韻會》、《正韻》曰：从敷勿切，音髴。《說文解字》曰：過擊也；《徐鍇曰》：擊而過之也。又《韻會》曰：从符勿切，音佛，與咈通；違也，戾也。《廣韻》曰：去也，拭也，除也；有拂拭、違悖之義。「經」字之音，《唐韻》、《廣韻》曰：古靈切，《集韻》、《韻會》、《正韻》曰：堅靈切，从音涇。「經」有一字多義之特色，包括常也，絞也，徑也：常，意指正常；絞，意指肌肉繃得緊緊的；徑，意指表面上的筋絡狀態。「拂經」一詞，表示能夠把內心受到煎熬的表情，從面部表情中拂拭而去；表示一個人的內心絞痛，雖已達到相當痛苦難忍之地步，卻還要假裝沒事而硬撐下去的樣子。事實上，一個人能夠控制他的內心感受與臉部表情，表裡表現不相一致，確屬非一般常人所能做得到。「征」字，《爾雅・釋言》曰：行也，有舉動之義；「征凶」一詞，表示若有衝動之行為，就會有凶厄之兆。爻辭「顛頤」與「拂經」，一方面表示能逆來順受，一方面表示能忍受內心之悲痛；這兩種行為都有違反常理之現象，也只有聖人才能表現得出來。

　　又，六四爻辭：「顛頤，吉，虎視眈眈，其欲逐逐，無咎。」意指把不該吃的食物都吃下去了，只有這樣才能得到平安吉祥；身邊有人以虎視眈眈之眼光，正在偷偷監視著你的吃相；看他有探頭探腦之動作，還有心懷不正之欲望，但最後並沒有對你造成禍害。六四爻之「顛頤」一詞，表示有人要忍痛吃下不該吃的食物，因為如此他才能有趨吉避凶之結果。不該吃的食物，可能是指仍在囚牢中的周文王，不得不要吞食由紂王派人送來的肉羹；事實上，這些肉羹卻是以伯邑考之身肉做成的。爻辭「其欲逐逐」之「欲」字，通慾，是指欲求、欲望之意思。「逐」字，《說文解字》曰：追也；「逐逐」，意指正在追

尋某種真相之模樣。根據史書之記載，《史記・管蔡世家》曰：「武王同母兄弟十人，母曰太姒，文王正妃也。其長子曰伯邑考，次曰武王發，次曰管叔鮮，次曰周公旦，次曰蔡叔度，次曰曹叔振鐸，次曰成叔武，次曰霍叔處，次曰康叔封，次曰冉季載；冉季載最少。」又，晉人皇甫謐（215-282）之《帝王世紀・第五》曰：「紂既囚文王，文王之長子曰伯邑考，質於殷，為紂御。紂烹以為羹，賜文王，曰：『聖人當不食其子羹。』文王得而食之。紂曰：「誰謂西伯聖者？食其子羹，尚不知也！」²文獻記載文王之長子曰伯邑考，他為了營救父親周文王，卻不幸被紂王所害，並將他做成肉羹再送給文王吃，其目的就是要考驗與測試文王之聖人德行與神龜之靈性。

拂頤

　　六三爻辭：「拂頤，貞凶，十年勿用，無攸利。」意指能把食物吃光，雖是聰明之舉，但也有凶厄之險；在十年之內，你不能貿然採取行動，因為這樣做，對你並無好處可言。人能容忍十年而不輕率冒進，確屬相當不容易，就算你想採取抵抗或報復行動，也不會有任何好處可言。依據歷史記載，周文王於帝辛二十三年，他因故被紂王囚禁於殷商羑里長達七年，經過周族眾人運用聰明智慧及各種營救方法，最後才能化解困厄；文王終於被釋放，並且平安回到西岐。後來在帝辛三十三年，紂王賜命西伯得專征伐；西伯姬昌從帝辛二十三年被囚禁，到帝辛三十三年得到賜命，前後時間約有十年之久。³「拂」字，含有清光、拂拭、消滅、違悖之義；「拂頤」一詞，表示擺在面前之食物，本屬不該吃的東西，卻要違反常理而硬吞下去。事實上，爻辭「十年勿用，無攸利」，對照上述周文王之十年命運，即可看出兩者之故事背景，確實相當近似。

拂經

六五爻辭：「拂經，居貞吉，不可涉大川。」意指很冷靜地拂拭心中之絞痛心情，就把它存放在心中而不要發洩出來，這樣才是具有聰明智慧之表現，而且還可讓你得到一個平安吉祥；此時不利於遠渡大地山河，你就不要急著想要脫離困境了。「經」字，一義為「絞」；在古典小說《封神演義》第二十回中，就有一段描寫周文王：「我心如刀絞，不敢悲啼」之句；小說中的「心如刀絞」一詞，與爻辭「拂經」之詞，兩者所敘說之心情與意境，皆頗為相似。

由頤

上九爻辭：「由頤，厲吉，利涉大川。」意指由於經歷過有關被迫吃食的考驗，其過程雖然顯得危厲，卻也能夠讓你得到平安吉祥；這樣的結局，會有利於遠渡大地山河，並助你脫離困境。「由」字之音，《集韻》、《韻會》曰：夷周切，《正韻》曰：于求切，音猷；臺灣話「由」（IU₅）字，與尤、油、游同音。「由」字之義，《爾雅·釋詁》曰：自也；《廣韻》曰：從也；《韻會》曰：因也。《論語·為政》曰：觀其所由；《註》曰：經也，言所經從。「由頤」一詞，有「由之以頤」之義，也就是說：因為能夠得到邀宴或有人提供食物之意思。依歷史文獻之記載，如《史記·殷本紀》曰：「紂囚西伯羑里。西伯之臣閎夭之徒，求美女奇物善馬以獻紂，紂乃赦西伯。」又，《帝王世紀·第五》曰：「紂既囚文王，文王之長子曰伯邑考，質於殷，為紂御。紂烹以為羹，賜文王，曰：『聖人當不食其子羹。』文王得而食之。」以上所描述的史料，似乎都是針對周文王身陷羑里時候，由於他能忍痛吃下以

長子伯邑考身肉做成的「羹」，所以才有機會化解紂王對他的疑心；再經閎夭等人施計營救，因此最後才能有「紂乃赦西伯」之好結局。再以「鴻門宴」之歷史故事為例，如《史記‧項羽本紀》曰：「聞沛公已破咸陽，項羽大怒，使當陽君等擊關。項羽遂入，至于戲西。沛公軍霸上，未得與項羽相見。沛公左司馬曹無傷，使人言於項羽曰：『沛公欲王關中，使子嬰為相，珍寶盡有之。』項羽大怒，曰：『旦日饗士卒，為擊破沛公軍！』當是時，項羽兵四十萬，在新豐鴻門，沛公兵十萬，在霸上。」後來就發生了「項王即日因留沛公與飲」之故事，並演變成「鴻門宴」這一聞名於世的歷史公案。事實上，當初項羽設宴於鴻門，並想藉機殺害赴會之劉邦，所幸劉邦一行人發現情勢不妙，又能有部將張良、樊噲等人的機智獻計與英勇表現，最後才能平安順利脫險；而且還能發揮以寡擊眾並打垮項王，最後稱帝並建立大漢王朝。爻辭「由頤」是造因，「利涉大川」是結果；表示人若能有機會獲得食物並通過嚴酷考驗，這樣才有機會化解危機並突破困境而脫險。事實上，隨時隨地我們都要具有智慧之眼光，同時也要懷有感恩之心情；凡事遇險而不亂，這樣才可以幫助我們走出困境，並且順利邁向成功與光明之大道。

四　六十四卦之聯通

《周易》六十四卦之經文內容，當以敘述殷末周初之歷史與人物故事為最多，例如屯卦、蒙卦、需卦、訟卦、師卦、比卦、泰卦、同人卦、大有卦、謙卦、隨卦、觀卦、復卦、大畜卦、頤卦、晉卦、明夷卦、蹇卦、解卦、損卦、益卦、豐卦等等皆有之；其中，屯卦、隨卦、頤卦、及晉卦，更以開族周國之先公、先妣等歷史人物作為核心內容。據有關歷史文獻之記載，古代周族之興起，應與周族開國三

公、三妣之奮鬥與夫妻相隨最具密切關係。周國三位先公，就是指古
公亶父、季歷、姬昌祖孫三代；三位先妣，就是指這三位先公的妻
子，太姜、太任、太姒三人而言。其中姬昌與太姒二人，就是完成翦
商滅紂偉大使命、周武王姬發的父母親；而周文王姬昌，更在頤卦之
經文中，扮演一個很關鍵性之角色。有關《易經》六十四卦之經文內
容，彼此具有聯通關係者，茲簡要舉例說明如下：

十年

　　《易經》六十四卦經文中，「十年」一詞，共有三見，包括：屯卦
「十年乃字」，復卦「十年不克征」，及頤卦「十年勿用」。從光陰之長
短論之，「十年」雖不算很長，卻也不能說它短；對一個人之命運際遇
而言，如果要經歷「十年」之嚴酷考驗，確屬相當不容易。依據《竹
書紀年》書內之年表，及相關古典文獻之記載，「十年乃字」、「十年不
克征」、「十年勿用」，這三個爻辭，似乎都與周文王之一生際遇與周族
之興起有所關聯。「十年乃字」一詞，說明文王因為早婚，所以等到婚
後十年才生育長子伯邑考。「十年不克征」一詞，是指文王過世後、武
王繼位領導周族；再經過十年，亦即在周武王十年，周師才首次東渡
孟津，從此展開討伐暴君殷紂之軍事行動。「十年勿用」一詞，是指周
文王姬昌，從帝辛二十三年被殷紂囚禁於羑里起，到帝辛三十三年又
重新得到紂王賜命；從受困坐牢到受命復起，他無法作為之時間，長
達十年之久。[4]

征凶

　　在《易經》六十四卦之卦爻辭中，「征凶」一詞共有十見，包括小

畜掛、頤卦、大壯卦、損卦、困卦、革卦（2）、震卦、歸妹卦、未濟卦。「征凶」之相對詞為「征吉」，在六十四卦經文中，「征吉」一詞共有五見，包括泰卦、升卦、困卦、革卦、歸妹卦。「征」字之義，衝突、衝動、行動、征伐也，表示對立之一方或各方，有人採取軍事動武之行動，或有人暴發言詞衝突之行為。「征凶」一詞，表示因有衝突或征伐狀況，其結果就會有凶厄之兆；反之，如果是名正理直者，或獲有先天好條件時，因有適時採取必要的軍事征伐行動，所以能夠制止動亂並得到平安吉祥之好結果。事實上，古有「吉禮、凶禮、賓禮、軍禮、嘉禮」等五種國家禮儀，在某些情況下，「征凶」一詞，也可以作為軍禮與凶禮之代稱。另外，爻辭因有「征吉」、「征凶」之區別，所以當事人對於時間、地點，就必須掌控得宜；而對於智慧、勇氣，也必須及時發揮。

涉大川

在《易經》六十四卦經文中，「涉大川」一詞，共有十二見，其中前面加上「利」字者有九見，冠上「不利」或「不可」兩字者，各有一見，冠上「用」字者亦有一見。「涉大川」一詞，表示天下有道時，人民都可以自由往來各地旅行或營商之意思。在「頤」卦之爻辭中，同時出現六五爻「不可涉大川」，及上九爻「利涉大川」之不同結果。事實上，當你身處逆境之時候，就必須很冷靜並拂拭心中之絞痛心情；能夠把所有委屈存放心中而不能發洩出來，同時還要有警覺性，並以「不可涉大川」為宜。俗話也說：危機就是轉機，你能夠安然度過一個危厲之困境考驗，最終也可以得到平安吉祥之結局，此時正是讓你走向「利涉大川」之良機。

五　結論

　　卦名「頤」字，具有一字多義之特色，它含有名詞「食物」、「下顎」，及動詞「進食」、「養育」之義，並可引申為養身、養性，及養德等多層意義。事實上，世上能夠兼備「三養」之人，表示他在修身養性方面，都已達到最高境界之聖人。觀「頤」卦經文之內容，當以周文王作為主要物象；其中初六爻「舍爾靈龜」，六三爻「十年勿用」，及上九爻「利涉大川」，從這三個爻辭之物象及其意象，可以印證周文王在歷史中的身分背景及人生閱歷。經文可以佐證歷史，解讀「頤」卦之經文內容，確實可以幫助我們認識周文王父子之間，他們在過去所表現出來的人格特質，並藉此印證他們在歷史文獻或民間傳說中的動人故事與偉大事迹。

　　俗話說：「會無好會、宴無好宴」，社會上或有居心不良者，他們恐會利用邀宴飲食之機會，企圖陷害他人之性命。另一方面，有人不幸處在身不由己之環境下，此時就要發揮他的最高智慧；他一定要冷靜以對，這樣才能趨吉避凶，並且平安脫離險境。俗話也說：「兩害相權取其輕」，當我們面臨困境而必須做出痛苦抉擇時，當以損害降至最小做為衡量標準。在「頤」卦經文中，卦辭「貞吉」一詞，及六四、六五、上九爻辭之「吉」、「居貞吉」、「厲吉」，都表示人雖處於困境，卻能以智慧與冷靜態度去化解考驗，因此最終都能得到吉祥或無咎之好結局。

　　考「頤」卦之經文內容，其卦辭曰：「頤：貞吉，觀頤，自求口實。」這是論述以食物頤養生命，及與吃東西有關之人生哲理；作者首先揭示人吃東西時，一定要具有智慧，因為這樣才能得到平安吉祥。還有，你要用心觀察盤中的佳餚美食，要知道口中食物之來源；

接受他人供養食物時，還要能夠自圓其說，並避免落人攻擊之口實。在各爻辭之文字中，「顛頤」一詞，同時出現在六二及六四兩爻，表示眼前突然擺有一道不該吃下的食物，這時你就要發揮你的智慧與控制心中之不舒服情緒；萬一讓事跡敗露了，那樣就會造成難堪與滋生凶厄。在用詞上，六個爻辭似已具有規律性；其中前五爻呈現物象的相對性，最後一爻則是用來說明事件的因果關係。在「頤」卦初爻是人物，代表你和我；二爻是狀況，表示被人設局與自己硬撐；三爻是心態，表示應該做與不可以做；四爻是動作，表示吃相與窺探；五爻是決策，表示可以忍受與不可以行動；第六爻則是乘勢與脫困，表示起因與結果之緊密關聯性。事實上，上九爻「由頤，厲吉，利涉大川」之意涵，在於說明因為有人設局請吃東西，其過程雖然顯得很危厲嚴峻，但最後卻能創造出一個幸運好結果。

注釋

1 參閱《封神演義》第二十回。《封神演義》是一部中國神怪小說，又名
　《封神榜》或《商周列國全傳》；有關該書之作者，有一說是明朝的許仲
　琳，也有人認為它是明代陸西星之小說著作。

2 〔晉〕皇甫謐撰，陸吉點校：《帝王世紀、世本、逸周書、古本竹書記年》
　（濟南市：齊魯書社，2011年），《帝王世紀》，頁40。

3 沈約注：《竹書紀年》（臺北市：臺灣商務印書館，1956年），頁36。

4 廖慶六：《歸○解易十六講》（臺北市：萬卷樓圖書公司，2013年），頁
　51。

第十二講
淺釋易經大過卦

一　前言

　　「姜太公釣魚，離水面三寸，願者上鉤」，這是一句流傳相當廣泛的民間傳說故事；其中指涉人物，就是商末周初的周文王與姜太公，而故事內容正是有關兩位歷史人物相知相遇的過程。周文王，姓姬、名昌，他也是完成翦商滅紂大業、周武王的父親。周武王的夫人，名邑姜，她正是姜太公之女兒。姜太公，名尚、字子牙，又稱呂尚，太公望。晚商末年，此時姜子牙已是白髮蒼蒼，年逾七十的老頭子。姜太公一生不得志，晚年遂遷居渭水河畔，並終日以垂釣為樂。根據傳說，姜太公獨特之釣魚方式，竟然是不用魚鉤，而且還要離水面三寸；原因說是：「寧在直中取，不在曲中求；非為錦鱗，只釣王侯」。[1]異哉斯言，這個故事說明周文王與姜太公「渭水聘賢」這一歷史典故之由來，相傳姜太公見周文王親自來到渭水河邊，就是為了恭請姜太公相謀伐商之計策。相傳當時姜太公對周文王說：大王若真有誠意相請，就請親自拉轎護我進京。周文王為了興師討伐暴君紂王，因此決心廣招賢能；他一聽姜太公有此條件，卻也高興答應下來，並屈身扶起姜太公上轎，且親自拉轎回到京城去了。

　　古字「大」，與「太」字之音義相通。《說文解字》曰：天大，地

大，人亦大，故大象人形；《徐曰》本古文人字；一曰：他達切，經史大、太、泰通。卦名「大過」，亦即「太過」，含有太過分、太神奇、太誇張之義；這是用以形容一個人的行為表現，確實已經超乎尋常之狀態。在本卦之卦、爻辭中，似以老翁姜太公之獨特表現作為主要物象，從經文中還隱約可以窺見，當年姜太公在渭水之濱釣魚，以及他晚年幸得一女兒，並達成嫁作周武王妻子之夢想。事實上，高齡姜太公的神奇行為，這些都含有「超乎尋常」之事實，也頗符合「大過」卦之意涵。在忙碌與緊張的現代人生活中，「釣魚」確實是一種陶冶心性的高尚樂趣與享受；手持釣竿在湖邊溪旁釣魚是一種休閒娛樂，而看到浮標在水中載浮載沉，以及釣竿因受重力拉扯而彎曲之狀況，心中更會浮起一股成就美感來。在「大過」卦經文中，「棟橈」與「棟隆」二詞，似已反映出釣竿及浮標在水面上彎曲與起伏之狀態。另外，包括「枯楊生稊」、「枯楊生華」、「過涉滅頂」三個爻辭，也都能具體敘說「大過」之意涵。本文試以語言文字、傳說故事及歷史文獻之研究方法，探索「大過」卦經文之意象，並依照卦爻辭之解釋、關鍵字辭之解釋、六十四卦之聯通，三個段落順序，分別撰述個人鄙見，並就教於方家。

二　卦、爻辭之解釋

卦辭：大過：棟橈，利有攸往，亨。

譯文：論述大過之卦：像釣魚竿受到重力拉扯而變成彎曲之狀態，身處終極亂世而能求得一位忍辱負重之王侯；這樣將有利於居家生活與出外旅行，大家都可以得到護佑。

初六：藉用白茅，無咎。

譯文：舉行祭拜儀式時，將白茅草鋪地以作消受祭酒之用；只要具有
虔誠敬謹之心，這種動作是不會有過錯或災禍的。

九二：枯楊生稊，老夫得其女妻，無不利。
譯文：看似已經乾枯之楊樹，卻又新生嫩芽來；年紀已高之老翁，他
還想能生得一女並將她嫁作人妻，因為這樣做將會無往而不利。

九三：棟橈，凶。
譯文：因為有魚兒上鉤而使手中釣竿變得很彎曲，這是魚兒遇上凶厄
之徵兆。

九四：棟隆，吉；有它，吝。
譯文：將手中一枝長長的釣魚竿舉起來，這是得到平安吉祥之徵兆；
因為在釣客心中已經另有盤算，他的這種心胸態度與做法，確
實有點小瑕疵之感覺。

九五：枯楊生華，老婦得其士夫；無咎，無譽。
譯文：看似已經乾枯之楊樹，卻又開出花朵來；年紀已經老邁之婦
人，她還想得到一位年輕力壯之丈夫；她的行為雖然無可責備
之處，卻也不會讓她獲得一個好名聲。

上六：過涉滅頂，凶，無咎。
譯文：不懼危險而硬要強渡較深河道，他因此不幸遭到滅頂了，這是
凶厄之兆；其行為表現雖已超乎尋常，但我們不能對他有所責
難。

三　關鍵字辭之解釋

　　卦辭：「大過：棟橈，利有攸往，亨。」卦辭之內容，意指釣魚竿因受到重力拉扯而變成彎曲之狀態，身處終極亂世而能求得一位忍辱負重之王侯；這樣將有利於居家生活與出外旅行，大家都可以得到護佑。古字「大」，與「太」字之音義相通；卦名「大過」，亦即「太過」，含有太過分（Too Much）、太神奇（Miracle）、太誇張（Extraordinary）之義。在人格特質中，屬於特立獨行，臨死不懼，深算遠謀，或明知不可為而為之類型者，其行為態度就比較會有「大過」之現象。考「棟」字之音義，《集韻》、《韻會》、《正韻》曰：多貢切，音凍。又《轉註古音》曰：德紅切，音東，木名。《說文解字》曰：極也；段玉裁註曰：極者，謂屋至高之處。又《爾雅・釋宮》曰：棟謂之桴；編竹木代舟也；大曰筏，小曰桴。考「桴」字之音義，《唐韻》曰：縛謀切；《集韻》、《韻會》、《正韻》曰：房尤切，從音浮。又宋代陸游《老學庵筆記》曰：「浮炭者，謂投之水中而浮，今人謂之桴炭。」從以上辭書之註解中，包括「棟謂之桴」及「小曰桴」；可以認定爻辭「棟」字之本義，宜作形狀細長的「釣魚竿」解釋，不可以當成是外觀粗壯的屋頂「棟樑」。事實上，人在湖邊、溪畔垂釣所用的釣魚竿，一直都是以細長的竹木條做成的；準此可以理解，古人釣魚所用的釣竿，應可通稱為「桴」，或以「棟」字代之。臺灣話之「棟」字，至少有三種不同之發音，包括：「棟」（TONG₃），如凍、檔；「棟」（TANG₃），如凍、當；「棟」（TIONG₃），如脹、漲。其中「凍」字有二音之別，一為凍結財產之「凍」（TONG₃），一為形容冰很凍之「凍」（TANG₃）。又，釣魚竿上之浮標或浮子，臺灣人俗稱它為「浮動」（PHU₅ TANG₇），這是指當水中有魚兒上鉤時，釣

竿上之浮標，就會一沉一浮地震動。[2]「桴」、「浮」兩字，音義相同；古代漢語的「桴」（PHU₅）字，或「桴動」（PHU₅ TANG₇）、「桴楝」（PHU₅ TANG₃）之詞，與現今臺灣俗話「浮動」一詞，在音義上似有相通之處。茲依爻辭之先後順序，分別詮釋各個關鍵字辭如下：

藉用白茅

　　初六爻辭：「藉用白茅，無咎。」意指舉行祭祀儀式時，可將白茅草鋪地以作消受祭酒之用；只要具有虔誠敬謹之心，這種動作是不會有過錯或災禍的。「藉」字之義，助也、借也、憑也，《說文解字》曰：祭藉也；「藉用」一詞，表示祭祀儀式最重虔誠敬謹之心意，而過程與作法似可稍作融通改變，例如用白茅草鋪地，以作消受祭酒之用。古人依禮舉行祭祀祖先神明，當進行獻酒禮時，主祭者即將獻酒灌沃於鋪在地上的白茅草；此時祭酒就會滲流下去，藉此象徵神明已經飲酒了。「無咎」一詞，說明儀式過程雖有變通做法，但也不會有過錯或災禍可言。

枯楊生稊

　　九二爻辭：「枯楊生稊，老夫得其女妻，無不利。」意指看似已經乾枯之楊樹，卻又新生出嫩芽來；而年紀已高之老翁，他還想能生得一女並將她嫁作人妻，因為這樣做將會是無往而不利。「得」字，得到、得以之義，表示有可能（Possible），或有美夢得以成真（Dreams come true.）之意思。臺灣話「得」字，它有多種不同發音，其中一音為「得」（TIT₄）；而「我有得想」（GUA₂ U₇ TIT₄ SIUNN₇）一語，就表示心中存有一個理想或夢想（I have a dream.）之意思。經文「女」

字，例作「你」解。「女妻」一詞，表示她是你的妻子之意思；「得其女妻」，意指老翁夢想將她的寶貝女兒，能夠嫁作文王兒子、周武王之妻子。事實上，周武王之后、邑姜，姜姓，正是齊太公呂尚之女兒。齊太公呂尚，就是指姜太公其人，他晚年得女，且年逾七、八十始遇周文王。姜太公自己決心輔佐文王，又希望能夠與周文王結成兒女親家，這樣就會形成一舉雙得的好事。據歷史文獻對姜太公生卒之記載，《今本竹書紀年》曰：「西伯治兵于畢，得呂尚以為師」；《古本竹書紀年》曰：「康王六年，齊太公望卒。」另《史記‧齊太公世家》曰：「蓋太公之卒百有餘年，子丁公呂伋立。」據《史記‧齊太公世家》之記載，其內容如下：

> 太公望呂尚者，東海上人。其先祖嘗為四嶽，佐禹平水土甚有功。虞夏之際封於呂，或封於申，姓姜氏。夏商之時，申、呂或封枝庶子孫，或為庶人，尚其後苗裔也。本姓姜氏，從其封姓，故曰呂尚。呂尚蓋嘗窮困，年老矣，以漁釣奸周西伯。西伯將出獵，卜之，曰：「所獲非龍非彲非虎非羆；所獲霸王之輔」。於是周西伯獵，果遇太公於渭之陽，與語大說，曰：「自吾先君太公曰『當有聖人適周，周以興』。子真是邪？吾太公望子久矣。」故號之曰「太公望」，載與俱歸，立為師。或曰，太公博聞，嘗事紂。紂無道，去之。游說諸侯，無所遇，而卒西歸周西伯。或曰，呂尚處士，隱海濱。周西伯拘羑里，散宜生、閎夭素知而招呂尚。呂尚亦曰「吾聞西伯賢，又善養老，盍往焉」。三人者為西伯求美女奇物，獻之於紂，以贖西伯。西伯得以出，反國。言呂尚所以事周雖異，然要之為文武師。周西伯昌之脫羑里歸，與呂尚陰謀修德以傾商政，其事多兵權與奇計，故後世之言兵及周之陰權皆宗太公為本謀。周西伯政

平，及斷虞芮之訟，而詩人稱西伯受命曰文王。伐崇、密須、犬夷，大作豐邑。天下三分，其二歸周者，太公之謀計居多。文王崩，武王即位……。於是武王已平商而王天下，封師尚父於齊營丘……。蓋太公之卒百有餘年，子丁公呂伋立。

史料記載姜太公生在殷末之亂世中，卻於高齡才能遇到周文王；並藉此良機，讓他一方面輔佐文王興周，一方面又將他的女兒嫁作周武王為妻。對姜太公而言，這就是美夢成真的一幕；於公於私，他算是一位擁有一舉雙得之最幸運老翁。

棟橈

　　九三爻辭：「棟橈，凶。」意指因為有魚兒上鉤而使手中釣竿變得很彎曲，這是魚兒遭遇凶厄之徵兆。「橈」字之音義，《集韻》、《韻會》、《正韻》曰：從女教切，音鬧。《說文解字》曰：曲木；又摧折也。又《集韻》曰：爾紹切，音獶；亦曲木。又《唐韻》、《集韻》、《韻會》曰：從如招切，音饒；楫也。又《集韻》曰：尼交切，音鐃；曲也。又《集韻》、《韻會》、《正韻》曰：從女巧切，音撓；亂也。卦、爻辭之「棟橈」一詞，均作外觀細長的「釣魚竿」之解釋，又因為有魚兒上鉤，釣竿才會變成彎曲之樣子。「棟」字，應不當作外觀粗壯的屋頂「棟樑」解釋，因為屋頂「棟樑」，均選自質地堅硬之上等木材，而且都有經過浸水與定型之處理；萬一受到重力壓迫時，只會出現直接斷裂之可能，它不致於發生彎曲變形之情況。

棟隆

　　九四爻辭：「棟隆，吉；有它，吝。」意指將手中一枝長長的釣魚竿舉起來，這是得到平安吉祥之徵兆；因為在釣客心中已經另有盤算，他的這種態度與做法，確實有點令人感到美中不足之遺憾。「隆」字，豐也、長也；「棟隆」一詞，表示有一枝長長的釣魚竿，卻故意讓它保持平直之狀態，這是為了避免它受到魚兒拉扯而變彎曲之心態。「有它」一詞，表示一個人的內心想法與動作表現，似乎另有盤算，別有其他意圖，或心中早有算計而言。作者藉「棟隆」、「有它」之詞，形容「釣翁之意不在魚」之獨特釣魚哲學。據此推論，這一爻辭內容之意境，剛好與「姜太公釣魚，離水面三寸（尺），願者上鉤」之傳說故事，似有不謀而合之神妙。有它吝之「它」字，在上古時代，本義是「虫」。古字「虫」，今字或作「蟲」。據《說文解字》曰：虫也，本作它，从虫而長。《玉篇》曰：古文佗字。佗，蛇也。上古艸居，慮它，故相問無它乎？又《玉篇》曰：非也，異也。《韻會》曰：蛇，本作它，湯河切。《說文解字》曰：它，从虫而長，象冤曲垂尾形。上古草居患它，故相問無它乎？臣鉉等曰：今俗作食遮切。依此定義，經文中之「有它」一詞，應以「有異」、「有改變」或「有成就」之解釋為佳。很多臺灣話之用字發音，正是上古漢語的活化石；在現行臺灣話中，對於他人想改變或準備改變之一種情境，常會順口說出「無確它」（BUO₅ KHAK₄ ZUA₅）這三個字。「無確它」之「它」，發音如同「蛇」（ZUA₅）。按，「蛇」本作「它」，而「蛇」之古音，《唐韻》注曰：食遮切。[3] 又，有它吝之「吝」字，據《唐韻》、《集韻》、《韻會》、《正韻》曰：良刃切，音藺；《說文解字》曰：惜也、恨也，意指惋惜、遺憾，表示有美中不足之處。一個人為了達到目的，其動機、

態度或手段，若存有私心的話，即有美中不足之遺憾了。屈萬里教授（1907-1979）曰：吝，小疵也。[4]又臺灣話常以「吝」（LIM₇）字，表示「差那麼一點點」就可以辦到了，藉此表達心中有點惋惜之意思。[5]

枯楊生華

九五爻辭：「枯楊生華，老婦得其士夫；無咎，無譽。」意指看似已經乾枯之楊樹，卻又開出花朵來；年紀雖已老邁之婦人，她還想得到一位年輕力壯之丈夫；她的行為雖然無可責備之處，卻也不會讓她獲得一個好名聲。「生華」一詞，具有一語雙關之效果：一表老樹居然可以開出花朵來；一表老婦心中懷有奢華之慾念。臺灣話之「花」（HUA₁）、「華」（HUA₁），兩字同音通用；「奢華」（CHIA₁ HUA₁）一詞，可以用來形容具有愛美、浪漫、虛浮等個性之女性。根據古典小說之記載，在傳說故事內容中，就有「當年馬氏笑子牙不能成其大事，竟棄子牙而他適」之一段描述。[6]事實上，姜太公只有當過小官，他一生都很困頓貧窮；在他未遇到周文王之前，其元配馬氏卻早已棄他而去，並且改嫁給一位農夫了。

過涉滅頂

上六爻辭：「過涉滅頂，凶，無咎。」意指不懂危險而硬要強渡較深河道，他因此就不幸遭到滅頂了，這是凶厄之徵兆；其行為表現雖已超乎尋常，但我們不能對他有所責難。西漢焦贛撰《焦氏易林》曰：「水深無桴，蹇難何游。商伯失利，庶人愁憂。」「過涉」一詞，表示涉入較深的水道；「過涉滅頂」一語，則形容一個人的思想態度與行為表現非常獨特；他的決定與動作顯已超越了禮法或常理，因此他

就不幸成為犧牲性命者。以商朝末年之歷史名人故事為例，首先有周國王子伯邑考，他為了營救被囚於羑里的父親姬昌，毅然決然、隻身前往朝歌去求見紂王，結果反而被紂王殺害了。再如殷商老臣比干，他一直是極力諫阻紂王施行暴政之人，結果反而遭到紂王殺害了。這兩位歷史名人，青年伯邑考是為周國前途，而老臣比干是為殷商王朝；他們大公無私之精神，卻先後犧牲掉自己寶貴之性命，這都是屬於「過涉滅頂」之悽慘案例。總而言之，作者藉爻辭「過涉滅頂，凶，無咎」，突顯商末紂王暴虐無道時，其政治環境正處於最險峻之時期；個人行為表現如有超越「紅線」者，他一定會成為慘遭犧牲滅口之對象。另一方面，人格特質中具有「特立獨行，臨死不懼」者，他也會成為歷史中的英雄或壯士。事實上，伯邑考與比干兩位先哲，他們都能懷有超乎尋常的特異表現；他們不但沒有受到批判與責難，反而是受到史家與後人的好評與景仰。

四　六十四卦之聯通

在《易經》六十四卦中，卦名含有「大」字者，共有四卦：大有、大畜、大過、大壯；另有「小畜」與「小過」兩卦，分別與「大畜」與「大過」形成明顯之對比。古字「大」，與「太」字之音義相通；在文字內容中冠上「大」或「小」字者，可以用它來說明或形容人物與事物之差異，包括行為、態度、地位、氣勢、財富、體積、數量……，等等。在《易經》六十四卦中，師卦與大過卦之主要物象，似與姜太公之特殊身分背景有關；而師卦之意象，在於表彰姜太公之治軍謀略，而大過卦之意象，在於表彰姜太公之釣魚哲學。經文「茅」字，共有三見，包括：泰卦初九爻「拔茅，茹以其彙，征吉」；否卦初六爻「拔茅，茹以其彙，貞吉，亨」；大過卦初六爻「藉用白茅，無

咎」。事實上，三卦同屬於初爻，且使用之人，皆能得到吉、亨或無咎之好結果。「茅」或「白茅」，就是指「白茅草」而言；白茅易生快長，草從頭到尾，整枝都具有效用，是各地鄉間比較常見到的多年生草本科植物。經文藉用「茅」或「白茅」之物象，從此可以窺探出，聖人闡述「窮則變、變則通」之智慧與人生哲理。有關各卦之經文具有聯通關係者，茲簡要舉例說明如下：

得

在《易經》六十四卦中，「得」字共二十七見，包括：坤（2）、泰、豫、隨、噬嗑（2）、剝、無妄、大過（2）、坎（2）、晉、明夷、解、損（2）、井、鼎、震、漸、豐、旅（2）、有孚、既濟，等二十一卦。考「得」字之音義，《唐韻》、《正韻》曰：多則切；《集韻》、《韻會》曰：的則切，音德。《說文解字》曰：行有所得也；《玉篇》曰：獲也；《韻會》曰：凡有求而獲，皆曰得。經文「得」字，表示得到、得以之義；臺灣話「得」（TIT$_4$）字，還可表示有可能（Possible），或有美夢得以成真（Dreams come true）之意思。

無咎

在《易經》六十四卦中，「咎」字共有一百見，其中「無咎」一詞共九十三見；另外還有「何其咎」，「無大咎」（2），「匪咎」，「何咎」（2），「為咎」之字詞。「咎」字之音義，《唐韻》曰：其九切；《集韻》、《韻會》、《正韻》曰：巨九切，音舅。《說文解字》曰：災也；從人从各；各者，相違也。又《廣韻》曰：古勞切；《集韻》、《韻會》曰：居勞切；《正韻》曰：姑勞切，音高。「咎」字作動詞，降災、為

害也；[7]經文常以「咎」或「無咎」，作為評論一個人之行為功過，或作為歸咎與責備之依據。事實上，經文「無咎」一詞，表示一個人之善行，足以彌補過錯；他並沒有為害他人，也沒有製造災禍（Trouble Maker），因此我們不能再去怪罪或責備他了。

五　結論

　　古字「大」，與「太」字，音義相通；卦名「大過」，亦即「太過」之義。「大過」卦之內容，含有太過分（Too Much）、太神奇（Miracle）、太誇張（Extraordinary）之意涵；它可以用來形容人的想法行為或態度表現，確已超乎尋常人所能作為之特殊狀態。在本卦之卦、爻辭中，似以老翁姜太公之獨特表現作為主要物象；從經文中，隱約可以見到當年姜太公深居於渭水之濱，但他假垂釣之名而欲得聖王之駕臨，更以垂暮之年，仍心想能得到一位乘龍快婿。事實上，最終他也很幸運得以心想事成，並一一實現他一生中的最大夢想。卦辭「大過：棟橈，利有攸往，亨。」其中「棟橈」一詞，意指因為有魚兒上鉤了，所以才使釣竿變得很彎曲；它與傳說故事：「姜太公釣魚，離水面三寸，願者上鉤」所描寫之意境，頗為相似。事實上，「願者上鉤」者，意指明君聖賢已經應世而出；處於終極亂世之中，能有這種好現象出現，這樣才有利於居家生活與出外旅行，人人也都能得到最好的護佑。

　　考「棟」字之義，《爾雅·釋宮》曰：棟謂之桴；編竹木代舟也；大曰筏，小曰桴。事實上，人在湖邊、溪畔垂釣所用的釣魚竿，過去都是用較為細長的竹木條做成的。據此可以理解，古人所用的釣魚竿，應可通稱為「桴」，或以「棟」字名之。在歷史文獻或古典小說中，很多關於商末、周初姜太公其人其事者，總是與他手不離釣竿

之形象有所關聯。總之，「大過」卦之「棟」字，宜作「釣魚竿」解釋；因為「釣魚竿」之形狀細長，它具有柔軟彈性與承受重力拉扯之特性，它雖然可以彎曲卻不易斷折。本卦之卦、爻辭中，先後各有一個「棟橈」之詞：卦辭之「棟橈」，表示釣竿受到魚兒拉扯而變成彎曲之狀，象徵身處終極亂世而有英明王侯忍辱負重一般，作者藉漁夫享有「魚兒上鉤」之福，比喻姜太公享有「釣到王侯」之樂。另外，九三爻「棟橈，凶」之辭，則與九四爻「棟隆，吉」之句，形成一個強烈對比：釣竿受到魚兒拉扯而變成彎曲之狀，表示這是魚兒遭到凶厄之兆；釣客平舉釣竿且不放置魚餌，這樣水中魚兒因無誘惑而能得到平安吉祥。

　　人生必須要懂得變通之哲理，在本卦之六個爻辭中，初六、九三、九四，這三個爻辭是透過象徵手法，比喻「神明納酒」及「願者上鉤」之意境；九二、九五、上六，這三個爻辭則以具體物象，詮釋具有「大過」特質者之表現與下場。初六爻「藉用白茅」一詞，表示祭祀時可用白茅草鋪地；以它作為消受沃酒，藉此比喻神明已來飲酒之狀況。九三「棟橈」、九四「棟隆」二個爻辭，是以釣竿之彎曲變化或平直舉起之不同狀況作為比喻，並藉此說明周文王與姜太公「渭水聘賢」這一典故之由來。事實上，「棟橈」、「棟隆」二個爻辭內容之物象，與小說描述姜太公釣魚哲學：「寧在直中取，不在曲中求；非為錦鱗，只釣王侯」之意象，頗為貼切。另外，包括九二「枯楊生稊」、九五「枯楊生華」、上六「過涉滅頂」三個爻辭，其物象分別是：「老夫」、「老婦」，及「滅頂」者，他們均含有「大過」之人格特質。事實上，經文中之「老夫」、「老婦」，可以用來形容姜太公與前妻馬氏；而他們的人生結局，竟然是「神算老翁變國師，花心老嫗成農婦」之景況。古典小說記載，姜太公最終得以拜相封侯，而前妻馬氏則含羞而死；這二位老人所面對的不同命運，真是天壤有別。

注釋

1　參閱〔明〕陸西星著，古典小說《封神榜》第二十三、二十四回之故事內容。

2　董忠司總編纂：《臺灣閩南語辭典》（臺北市：五南圖書出版公司，2003年），頁1107。

3　廖慶六：《歸○解易十六講》，第二集（臺北市：萬卷樓圖書公司，2014年），頁247-248。

4　屈萬里：《讀易三種》（臺北市：聯經出版公司，1983年），頁45。

5　廖慶六：《歸○解易十六講》，第二集（臺北市：萬卷樓圖書公司，2014年）頁155。

6　參閱〔明〕陸西星著，古典小說《封神榜》第九十八回之故事內容。

7　劉興隆：《新編甲骨文字典》（臺北市：文史哲出版社，1997年），頁493。

第十三講
淺釋易經咸卦

一　前言

　　很久很久以來，臺灣人習慣稱呼配偶為「牽手」；在夫妻兩人間，他們可以藉「牽手」一詞，表達雙方既溫馨又親熱之情懷，而且還可藉此表露出，兩人之間確實已經沒有關於感情與身體上之距離了。事實上，零距離（Zero Distance）才是拉近感情的重要關鍵，沒有距離才是真正結合的開始。在另一方面，動物為了爭取地盤或交配權而互相打鬥；當兩者面對面開始起爭執時，最先牠們都會保持一定的安全距離，以免輕易就被對方打到身體。這兩隻野獸動物，經過初步打量對手之身高、體重等強弱狀況後，萬一沒有任何一方表示退縮或讓步時，緊接著就是正式展開肢體打鬥之慘烈動作了。當我們觀看動物爭鬥之動作時，一般情況都是看到牠們先出前肢或以拳頭相向，接著才是伸出手臂與使用肩膀，再經過一陣扭打與進退推擠之後，勝負就會逐漸分明了。人類之社會生活亦與其他動物一樣，表現和善者能夠聚合，不和者就要互相排斥，而關鍵因素就在彼此的互相感受與距離之遠近。人類和善情誼的建立，都與身體肢體及內心感情的距離有關，尤其是男女感情的結合，更須經過雙方的認識、交往與理智分析等必要程序。以青年男女之交往與結合為例，在身體之接觸上，他們是從

分離的兩個點開始的，經過一些時日交往之後，兩人距離就會逐漸拉近。行動幫助縮短距離，加上有內心的良好感受與個人的智慧判斷，最後就能共組一個溫馨與幸福的家庭，並開展一生一世的「牽手」之情緣。感情的事情看來很抽象，但憑身體距離的逐漸拉近，確實能幫助兩個原不熟識的異性，慢慢培養與建立一個良好的感情生活。

　　西方金融界有一知名廣告，其內容是：Life is better when you are connected。沒錯，人與人如果能夠相互連結在一起的話，就表示他們已經拉近感情與身體之距離，因此他們的人際關係或家庭生活，也都會變得更充實與更美滿了。以人際交往的距離演變來說，一旦要進入身體接觸（Body Touch）階段，在程序或禮貌上，都是先從雙手之接觸開始的。事實上，人類天生就有四肢，包括上肢一雙手、下肢一雙腿；兩者之外觀形狀頗為類似，而其部位名稱也很對稱與相仿，但其功能卻有很大之差別。事實上，人類之下肢主要是用來支撐身體及走路，而上肢則用來拿東西、指揮，或與他人進行接觸、交誼。在實務上，當人們要進行接觸、交誼時，必先經過初步之握手寒暄與問好，然後就慢慢有觸摸手臂之動作；雙方交往且能得到好感受之後，兩人之關係也就慢慢變得親熱起來，爾後自然就會有互拍肩膀之現象。「咸」卦之前三爻，分別是「咸其拇」、「咸其腓」、「咸其股」，這就是以人的上半身肢體之手掌、手臂、肩膀，三個前後段落與部位，表示雙方交往與感應之距離遠近與發展順序關係。大家都知道，內心懷有仇恨、悔恨者，這正是製造人與人相處距離的鴻溝；若要拉近人與人之間的距離，就必須懂得化解心中之仇恨或悔恨的重要性。「咸」卦經文中之「悔亡」、「無悔」兩個爻詞，作者希望藉此強調：要讓對方有一個好感受，就必須先捨棄心中「悔恨」之念頭，這樣雙方之感情才能順利發展下去，也才能真正達成完美結合的好結局。本文試以語言文字及歷史文獻之研究方法，探索「咸」卦經文之意象，並依照卦爻

辭之解釋、關鍵字辭之解釋、六十四卦之聯通，三個段落順序，分別
撰述個人鄙見，並就教於方家。

二　卦、爻辭之解釋

卦辭：咸：亨，利，貞；取女，吉。
譯文：論咸之卦：可以得到護佑，有時空優勢之利，也有聰明智慧；
　　　　能感應到你有可取之處，這是獲得平安吉祥之徵兆。

初六：咸其拇。
譯文：從觸摸到你的手掌大拇指而開始得到感應。

六二：咸其腓，凶；居吉。
譯文：因觸摸到你的小手臂肌肉而得到感應，這是凶厄之徵兆；要有
　　　　鎮定與冷靜之態度，這樣才能得到平安吉祥。

九三：咸其股，執其隨往，吝。
譯文：能觸摸到你的肩膀骨骼而得到感應；此時卻執意要隨他而去，
　　　　這種表現恐有美中不足之遺憾。

九四：貞吉，悔亡；憧憧往來，朋從爾思。
譯文：人要有聰明智慧，這樣才能得到平安吉祥，才能忘掉悔恨之
　　　　心；因為有往來不絕之交往過程，所以對方才決定要接受與順
　　　　從你的想法與安排。

九五：咸其脢，無悔。

譯文：已接觸到下體私處而得到特殊感應；從此不能再有後悔之心了。

上六：咸其輔、頰、舌。

譯文：可以觸摸到你的頭部、臉頰與舌頭而得到感應了。

三　關鍵字辭之解釋

　　卦辭：「咸：亨，利，貞；取女，吉。」本卦辭之內容，意指兩人能有好感應，因此可以得到護佑，可以得到時空優勢之利，也有聰明智慧可以做判斷。另一方面，能夠感應到你有可取之處，這正是幫助兩人結合並獲得平安吉祥之徵兆。考「咸」字之音，《唐韻》曰：胡監切；《集韻》、《韻會》曰：胡讒切；《正韻》曰：胡畕切，从音誠；《釋文》曰：咸，本亦作感，戶暗反。「咸」字雖列為《廣韻》二○六韻之一，但其音為「胡讒切」，今日國音讀「ㄒㄧㄢˊ第二聲」，因古音無「ㄒ」，要以舌根音「ㄎ」代之。事實上，咸、感，不但字義相通，連古音也可相通；考古字「咸」之發音，一如臺灣話「感」（KAM_2），一如臺灣話「幹」（KAN_3）。據語言學家姜亮夫（1902-1995）引用章太炎（1869-1936）〈古雙聲〉一文，他特別提醒吾人探求古聲，喉、牙為百音之母；夫喉、牙二音，互有蛻化；「咸聲為感」，即是牙音為喉音之一例也。[1]「咸」字之義，感也，同也，皆也，悉也；《說文解字》曰：皆也，悉也，从口从戌；戌，悉也。「咸」字之甲骨文字形，像是旗下有一口，表示大家共處於同一支旗幟底下，就要有同口同心之態度。古字「咸」，與「感」字之音義相通，具有「感」字之義者，包括感動、感覺、感受、感情、感念等字詞；其引申之義，則有親近、來電、投緣、接觸、對味等用詞。「取」字之音義，《唐韻》曰：七庾切；《集韻》、《韻會》、《正韻》曰：此主切，从娶上

聲。《說文解字》曰：捕取也，从又耳；《玉篇》曰：資也，收也；《廣韻》曰：受也；《增韻》曰：索也。又《古文奇字》有朱謀瑋曰：古文取，疑當从与聲；人與而我取也。爻辭「取女」一詞，似有一語雙關之義：一表追你、娶你之意思，例如男追女，女追男之戀愛過程，英文可以譯成 Close to you 或是 Marry you；一表已經可以感應到你有可取之好處，這也是促進雙人繼續交往，最後並且結合在一起的關鍵因素。茲依爻辭之先後順序，分別詮釋本卦各個關鍵字辭如下：

咸其拇

初六爻辭：「咸其拇。」意指從觸摸到你的手掌大拇指而開始得到感應。「拇」字之音，《唐韻》、《集韻》、《韻會》曰：莫厚切；《玉篇》曰：莫口切，从音某；《正韻》曰：莫補切，音姥。據《康熙字典》所引字書，「拇」字具有多種不同之發音：一曰「莫厚切」；一曰「莫口切」；一曰「莫補切」。「拇」字之義，可作手掌之大拇指或腳掌之大拇指解釋，《廣韻》曰：或作𣭈。以臺灣話大拇指之「拇」字為例，若從其音、義觀之，至少也有三種狀況與雙手之動作有關，包括：一、「拇」（BOA（ŋ）₁），伸手搭放在另一人之肩膀上，表示兩人很親密的樣子，有化敵為友之意思表示；二、「拇」（MOU₂），以手抱住他人（Hug, Hold in one's arms），表示把人擁抱在自己懷中，藉此表達友善之意思；三、「拇」（BO₂），比出大拇指之動作（Say yeah!），表示讚許他人看法之意思。在西方人之禮節中，通常會以雙手動作表示忠誠與善意，例如舉手敬禮及握手問候，這些都是表達至誠的最佳方式。另據宋代程伊川《周易程傳》之註釋：拇，茂后反；[2] 它與臺灣話「拇」（BOA（ŋ）₁）之音訓相同。[3] 在爻辭「咸其拇」中，其發音應以「拇」（BO₂）為是，意指上肢手掌之大拇指而言。「拇」字之義，《說文解字》

曰：將指也；《急就篇》曰：捲捥節瓜拇指手。又《莊子・騈拇》有
曰：「拇枝指，出乎性哉。」「騈」，合也；「拇枝指」，形容重疊並連
的物體，就像兩個人相互握手之狀，藉此表示寒暄問好，以及表達真
誠性情的樣子。觀察動物之社交行為與反射動作，確實有很多種動物
例如貓、虎、袋鼠等等，當牠們要進行交往或爭執打鬥時，絕大多數
是先伸出前肢以作交鋒之用。事實上，人類也是先以握手表示寒暄問
好，這是雙方初次接觸與展開交往之第一動作，同時也是爻辭「咸其
拇」一詞所要表達的真正意涵。

咸其腓

　　六二爻辭：「咸其腓，凶。居吉。」意指因觸摸到你的小手臂肌肉
而得到感應，這是凶厄之徵兆；要有鎮定與冷靜之態度，這樣才能得
到平安吉祥。「凶」字之義，凶厄也，災難也。經文從初爻之「咸其
拇」，發展到二爻之「咸其腓，凶」，表示觸摸動作已有得寸進尺之企
圖。事實上，肢體觸摸動作太過魯莽激動，或出現因害羞而抗拒之反
應，即有造成身心受到傷害之虞，結果就會是「凶」兆無疑了。「腓」
字之音，《唐韻》曰：符飛切；《韻會》曰：符非切，从音肥。臺灣話
之「腓」（HUI₅）字，發音與肥、磁相同。[4]「腓」字之義，《說文解
字》曰：脛腨也；《廣韻》曰：腳腨腸也；《博雅》曰：腓，腨也；《正
字通》曰：脛後肉，腓腸也。在《莊子・天下篇》有曰：「禹親自操橐
耜，而九雜天下之川，腓無胈，脛無毛」；而「腓腸」者，係指手脛內
的條狀肌肉而言，也就是臺灣話所稱的「手肚仁」，通常這個部位之皮
膚，是不會長毛的。「居」字之音，《集韻》、《韻會》、《正韻》曰：斤
於切，从音車。「居」字之義，當也，處也，安也，蹲也，止也。《說
文解字》曰：居，一訓蹲；《長箋》曰：以凥為凥處，居為蹲踞；《正

字通》曰：蹲踞通作倨，居止，居處，與蹲踞，貴倨，從經史分見可也。「居」字之臺灣話，它有兩種不同之發音：一曰「居」（KU1），含有蹲下之意；一曰「居」（KI1），例如安居之居。爻辭「居吉」兩字，表示男女雙方，若是有人想作出進一步的觸摸動作，就必須要有鎮定與冷靜之心理準備，這樣才能避免有人受到傷害，並且可以得到平安吉祥之好結果。

咸其股

九三爻辭：「咸其股，執其隨往，吝。」意指能觸摸到你的肩膀骨骼而得到感應；此時卻執意要隨他而去，這種表現恐有美中不足之遺憾。「股」字之音義，《唐韻》曰：公戶切，《韻會》曰：果五切，從音古；《說文解字》曰：髀也，《韻會》曰：脛本曰股，輔下體者。在臺灣話「股」（KOO2）字之用法中，就有所謂「手股頭」（CHIU2 KOO2 THAU5）之用詞；[5]這是指人體的肩膀骨骼而言，而「手股頭真硬」一詞，更是表示此人之手臂肩膀，確實長得很粗壯之意思。「隨」字，表示跟隨之意思，而「執其隨往」一詞，則表示感覺對方之手臂肩膀很強壯可靠之故，所以他才執意要跟隨對方而去。「吝」字，據《唐韻》、《集韻》、《韻會》、《正韻》曰：良刃切，音藺；《說文解字》曰：惜也、恨也，意指惋惜、遺憾，表示有美中不足之處。據屈萬里教授（1907-1979）研究指出：吝，小疵也。[6]臺灣人以「吝」（LIM7）字，用它來表示就差一點點之意思，或表達有一些婉惜或美中不足之遺憾。

憧憧往來

　　九四爻辭：「貞吉，悔亡；憧憧往來，朋從爾思。」意指人要有聰明智慧，這樣才能得到平安吉祥，才能忘掉悔恨之心；因為有往來不絕之交往過程，所以對方才決定要接受與順從你的想法與安排。「亡」字，表示消失之義，「悔亡」一詞，意指要把心中的悔恨全部忘掉。「憧憧」一詞，表示雙方有往來不絕之貌。臺灣話「朋」（PIN（ŋ）₅）字，含有一半的意思，在現代臺灣人之婚禮中，尚存有一項「豬朋」或「豬平」之禮；意指男方要準備半隻豬肉之禮物，這是要呈獻給女方作為祭祀祖先之祭品用的。據字書之解釋，「朋」或「平」，具有對半而分之意思，例如「朋分」或「平分」。朋從爾思之「朋」字，可以指向正在交往的一方，例如正在戀愛交往中的男、女朋友。

咸其脢

　　九五爻辭：「咸其脢，無悔。」意指已接觸到下體私處而得到特殊感應；從此不能再有後悔之心了。根據多種字書之訓註，「脢」字之音，《唐韻》曰：莫杯切；《集韻》、《正韻》曰：謨杯切；《韻會》曰：謀桮切，从音枚。又《集韻》曰：莫代切；《正韻》曰：莫賄切，从音穤；《類篇》曰：茫歸切；《五音集韻》曰：無非切，从音微；《五音集韻》曰：呼恢切，从音灰。另外，《廣韻・上平聲・灰・枚》載有：「莫杯」、「亡代」之反切；《廣韻・去聲・隊・妹》載有：「莫佩」、「莫杯」之反切。另考「眉」一字之音，《廣韻》曰：詰利切，《集韻》曰：詰計切，从音器；又《玉篇》曰：口奚切，《集韻曰：牽奚切，从音谿。據臺語專家陳冠學先生（1934-2011）之研究，他認

為「屄」字，疑即臺語TSI₁，它是女陰的意思。[7]另有方言以「戾」代「屄」，考「戾」字之音義，《正字通》曰：布非切，音畁，女子陰。「咸其脢」一詞，表示有接觸到對方身體私處而產生特殊感應，隱喻男女雙方已有情慾上的限制級動作了。事實上，臺灣話「脢」字發音如BAI₁，而「女陰」之臺灣話，在一般口語上，都以TSI₁ BAI₁稱之；因此「女陰」之上古漢字淵源，當以「屄脢」（TSI₁ BAI₁）兩字為是。「無悔」一詞，表示決定要以身相許者，就不要為將來之幸福生活起疑心；而已經完成終身大事者，以後更不應該有後悔之心了。爻辭「咸其脢，無悔」，置於爻辭「貞吉，悔亡」之後；作者藉此表示「咸其脢」這一限制級動作，必須是發生在因為「貞吉」而結合在一起以後的大事。

咸其輔

　　上六爻辭：「咸其輔、頰、舌。」意指可以觸摸到你的頭部、臉頰與舌頭而得到感應，這是因為雙方之身心已經互相結合在一起了，他們可以時時刻刻觸摸對方的頭部、臉頰與舌頭，這樣更方便彼此的溝通說話與表達真心關愛之情。「輔」字之音義，《廣韻》曰：從雨切；《五音集韻》曰：父雨切，從音釜。《說文解字》曰：人頰骨也。「頰」字之音義，《廣韻》、《正韻》曰：古協切；《集韻》、《韻會》曰：吉協切，從音筴；《說文解字》曰：面旁也；《博雅》曰：輔謂之頰。又《釋名》曰：頰，夾也，兩旁稱也；亦取夾斂食物也。以老虎、獅子之行為為例，當牠們完成交配之後，雄雌雙方都會互舔對方之頭部、臉部，藉此動作表達彼此的溫愛與憐惜之情。

四　六十四卦之聯通

　　在《易經》六十四卦經文中，咸、姤兩卦，是以人與人之相遇、相處或交往，作為該卦之主要內容；咸卦論述青年男女之交往過程與應有的態度，而姤卦論述祖先名人之外出遭遇與學到的教訓。在咸、姤兩卦之卦辭中，各有「取女」一詞，表示因為你的行為表現很成熟與正確，如此才有可供我們稱讚與學習之價值。咸卦曰：「咸：亨，利，貞；取女，吉」，表示令人有好感，因此可以得到護佑，可以得到時空優勢之利益，也有聰明智慧可以做正確之判斷，這也是最值得他人讚許與繼續交往的主要因素。姤卦曰：「姤：女壯，勿用，取女」，卦辭係針對表現較為強勢與傲慢者，提出善意之批評與警告；「女壯」一詞，意指你很勇壯，但因有這樣的粗魯行為，就是相當不可取的壞榜樣。在爻辭經文中，咸、姤兩卦均有「貞」、「吉」、「凶」、「吝」之用字。在兩卦之發展過程中，雖有「凶」、「吝」之弊，但咸卦特別強調要發揮「貞」，並表現「悔亡」、「無悔」之胸襟，姤卦也強調要發揮「貞」，但以尋求「無咎」為目的。

　　現行通行本之《易經》，其六十四卦之經文內容，共分成上經、下經兩個部分；上經三十卦，是以乾、坤兩卦為起首，下經三十四卦，則以咸、恆兩卦為開端。乾、坤兩卦之經文，似以宇宙星球之運轉作為主要內容，咸、恆兩卦之經文，則以人類關係之互動作為主要內容。事實上，宇宙星球之運轉，就是要剖析與認識星空之自然現象；其中乾卦以恆星為主角，坤卦以月亮為中心。有關世人之互動，則在論述與表彰人類之行為品行；其中咸卦以年輕男女為主題，恆卦以成年夫妻為核心。在四卦之卦辭中，乾、坤兩卦，各有「元、亨、利、貞」之優勢與意境；而咸、恆兩卦，僅得「亨、利、貞」之效果與意

涵。另外，在六十四卦之經文內容中，咸、解兩卦均有「拇、朋」兩字；咸卦初六爻辭：「咸其拇」，意指人從觸摸對方手掌大拇指而開始得到感應；九四爻辭：「憧憧往來，朋從爾思」，表示雙方因為有往來不絕之交往過程，所以對方才會決定順從你的想法與安排。另外，解卦九四爻辭：「解而拇朋，至斯孚」，意指在上古時代之解放戰爭中，突然出現敵方倒兵以戰之現象；敵我雙方忽然視如朋友並且並肩作戰，因為他們要一起來對付暴君，這是展現彼此互信的最佳狀況。

　　在《易經》六十四卦經文中，「悔」字，共三十四見；其中「悔亡」十九見；「無悔」六見，「有悔」四見，其他屬單字「悔」者，有五見。「悔」字之音義，《唐韻》曰：荒內切；《集韻》、《韻會》曰：呼內切；《正韻》曰：呼對切，从音誨。《說文解字》曰：悔，恨也。臺灣話「悔」（HUE₂）字，亦表示懊惱、悔恨之義，例如「反悔」（HUAN₂ HUE₂）一詞，即表示有所悔悟之意思。俗話常說：「人非聖賢，孰能無過」。另一方面，「知錯能改，善莫大焉」；做錯事會令人懊惱不已，如能預防出錯，也就不會有悔恨之遺憾了。事實上，人之有懊惱或發生悔恨之事，應有事前與事後之區別；忘掉過去已經發生者，曰「悔亡」；避免未來會發生者，曰「無悔」。以「咸」卦經文為例，在九四爻為「貞吉，悔亡」，表示人有聰明智慧者，才可以得到平安吉祥，也可以把過去的悔恨之心，通通給忘掉了。另外，在九五爻為「咸其脢，無悔」，則表示男女兩人已決定相處在一起了；年輕人能以身相許者，事後就不應該有後悔之心了。事實上，「亡」、「無」兩字，皆可做「沒有」解釋；做人沒有懊惱、悔恨之心，生活才會過得美滿幸福，社會相處也會更加和諧無爭。

五　結論

臺灣閩南語，通稱為臺灣話，或簡稱臺語。臺灣話確實是上古漢語之活化石，透過臺灣話之探索，應該可以發明不少古經著作之語言特色。郭沫若先生（1892-1978）及法國馬伯樂教授（Henri Maspero, 1883-1945），他們都很強調中國的訓詁之學，其實就是要注意「說的字」，而不是「寫的字」。過去傳統《易經》之注釋，都侷限於「寫的字」；而「咸」卦經文內容之詮釋，就能借助於臺灣話「說的字」之佐證，例如「咸」（KAM₂或KAN₃）、「腓」（HUI₅）、「股」（KOO₂）、「脢」（BAI₁），等字皆屬之。事實上，以臺灣話考證本卦經文之音義，確實可以收到正確判斷古人對於身體部位與名稱之好效果。

臺灣人習慣稱呼配偶為「牽手」（KHAN₁ TSHIU₂）；在夫妻兩人間，他們可以藉口語「牽手」一詞，表達雙方既溫馨又親熱之情懷，而且還可藉此表露出，兩人之間確實已經沒有關於感情與身體上之距離了。零距離（Zero Distance）正是拉近兩人感情的重要關鍵，沒有距離才是兩人真正結合的開始。以「咸」卦之前三爻為例，這是描述拉近感情與身體距離之動作發展過程。事實上，「咸其拇」、「咸其腓」、「咸其股」這三個爻辭，正是代表人體上肢由外往內連結之三個部位；作者似以「手掌、手臂、肩膀」作為經文之物象，並藉它表示男女雙方之交往距離，含有三段漸進發展之意涵。

在「咸」卦六個爻辭中，九四爻辭：「貞吉，悔亡；憧憧往來，朋從爾思」，可以視為年輕人感情交往與發展之分水嶺；前三爻敘述兩人距離逐漸靠近之發展過程，以及可能會出現「凶」、「吉」、「吝」之不同反應與結果，而最後兩爻則是敘述兩人已經進入「零距離」與「無悔」之幸福美滿境界。在另外一方面，人心若是懷有仇恨、悔恨者，

就會塑造出人與人相處距離的鴻溝；若要拉近人與人之間的感情與身體之距離，就必須懂得化解心中之仇恨或悔恨的重要性。「咸」卦同時含有「悔亡」與「無悔」這兩個爻辭，目的就是要藉此強調：要先讓對方有一個好感受，就必須捐棄「悔恨」之心理疙瘩，然後還要有「無悔」之心理準備，這樣雙方之感情與愛情，才能順利發展與長久維持下去，這也是真正落實兩人幸福與完美結合的效果。

注釋

1　姜亮夫：《中國聲韻學》（臺北市：文史哲出版社，1971年），頁24-25。

2　黃忠天：《周易程傳註評》（高雄市：高雄復文圖書公司，2004年），頁351。

3　廖慶六：《歸○解易十六講》，第二集（臺北市：萬卷樓圖書公司，2014年），頁150-151。

4　徐金松：《最新臺語字音典》（臺北縣：開拓出版公司，1998年），頁161。

5　董忠司總編纂：《臺灣閩南語辭典》（臺北市：五南圖書出版公司，2003年），頁667。

6　屈萬里：《讀易三種》（臺北市：聯經出版公司，1983年），頁45。

7　陳冠學：《臺語之古老與古典》（高雄市：第一出版社，1984年），頁221。

第十四講
淺釋易經恆卦

一　前言

　　據法學家陳顧遠先生（1896-1981）之研究指出，中國自周朝以來，無論禮也，法也，於原則上皆係採一夫一妻制；雖有媵妾，非即為妻，所以他一向稱之為：「多妾制中之一夫一妻制」。[1]觀察眾多鳥類成對繁殖之現象，確實可以幫助我們理解動物從一而終之擇偶行為；根據英國鳥類學家拉克先生（David Lack, 1910-1973）在一九六〇年代所做的調查，他發現在上萬已知的鳥類物種中，以一雄一雌、單配繁殖的比率，就有超過百分之九十。[2]人為萬物之靈，對於擇偶結婚及生兒育女之觀念與行為，除了可以學習宇宙大自然之法則外，應該還要有更高的道德標準，以作為我們如何共同生活的依據。事實上，人類文明之進步與發展，就是建立在社會之穩定與家庭和諧之基礎上；而古人行一夫一妻之婚姻制度，可以說明人類之社會文明，確已向前邁進了一大步。

　　人類文明社會就是由無數的家庭建構而成的。在父系社會底下，每一個姓氏宗族的房支成員，也都是以一夫一妻作為家庭組織的基本單位；這樣不但可以發揮穩定社會和諧及建立倫理道德標準，同時在維護父權利益之前提下，也能夠恆久地保持宗族血脈之傳衍。事實

上，夫妻本應恩愛廝守一輩子，雙方要能互相容忍與寬恕，這才是保持恆久與幸福快樂生活的基石。夫妻之間必須保持恆久的愛心，這樣才可以減少家庭的不幸與避免社會的紛爭。「恆」卦九二爻辭曰「悔亡」，這是體現夫妻共同建立一個新家庭之後，從此不能懷有悔恨與私心，兩人還要能嚴守禮教而一起生活下去。「恆」卦六五爻辭曰「恆其德，貞；婦人吉，夫子凶」，這就是以「婦人」作為主要物象，強調保持恆久美德之利益，更突顯婦人之「恆其德」所扮演的重要角色與聰明智慧。本文試以語言文字、封建禮教及歷史文獻之研究方法，探索「恆」卦經文之意象，並依照卦爻辭之解釋、關鍵字辭之解釋、六十四卦之聯通，三個段落順序，分別撰述個人鄙見，並就教於方家。

二　卦、爻辭之解釋

卦辭：恆：亨，無咎；利，貞，利有攸往。

譯文： 論恆之卦：具有恆心之人，可以讓你得到護佑，不會有過錯或災禍，能有時空優勢之利，也有聰明智慧；這樣更有利於居家生活及出外旅行。

初六：浚恆，貞，凶，無攸利。

譯文： 為追求深遠長久生活而有硬撐之現象，這種行為看似很有智慧，卻有凶厄之徵兆，對於家庭生活並不會有什麼好處。

九二：悔亡。

譯文： 依禮結成夫妻者，從此要把悔恨之心拋棄掉。

九三：不恆其德，或承之羞；貞，吝。

譯文：沒有恆心去遵守美德的婦人，她的丈夫或許能夠容忍她的羞恥
　　　　行為；這種做法看似很有智慧，其實他的態度已有瑕疵之憾。

九四：田無禽。
譯文：因為田中沒有成熟可供啄食的農作物，所以才沒有見到鳥類飛
　　　　到這塊農地上來。

六五：恆其德，貞；婦人吉，夫子凶。
譯文：付出恆心並遵守婦人之美德，這才是表現聰明智慧之行為；婦
　　　　人之吉祥必須建立在終身不改；就算她的丈夫已經死了，她也
　　　　不會隨意改嫁他人。

上六：振恆，凶。
譯文：在殷商王朝之列祖列宗當中，有兩人名叫「振」與「恆」者，
　　　　他們曾因故而遭遇到最凶厄之命運。

三　關鍵字辭之解釋

　　卦辭：「恆：亨，無咎；利，貞；利有攸往。」本卦辭之內容，意
指具有恆心之人，可以讓你得到護佑，不會有過錯或災禍，能有時空
優勢之利，也有聰明智慧；這樣更有利於居家生活及出外旅行。長久
不變之美德為「恆」，「恆」字，常也，久也；本義作「常」解，乃習
以為常和守之如常之意。[3]考「恆」字之音義，《集韻》、《韻會》曰：
從胡登切，音峘；臺灣話發音為 HENG5，與行、形、刑、型等字之發
音相同。又《轉注古音》曰：古鄧切，音亙；「亙」字之音義，《正
字通》曰：同亘，月弦也；古文作𣍃，從二從舟；二部，𢛸，常也。

又，从心从舟，在二之間；《詩經‧小雅》曰：如月之恆。據日本漢字專家白川靜先生（1910-2006）之詮釋，「恆」用來表示永恆、恆久之義，「恆」義指弦月之狀，月亮上的女神稱「恆娥」〔常娥〕；想來，月亮由盈至虧、由虧至盈，無限循環，雖變化不停，但永世長存，故名「恆」。[4]「恆」字，一音「亙」，而「亙」字之甲骨文字形如下：

據甲骨文學家李孝定先生（1918-1997）之考證，他認為「恆」之初字應為「亙」；卜辭中之「王亙」者，即史書記載殷之先祖「王恆」是也。[5]據此可以理解，「亙」、「恆」應為同源之字；「亙」為初文，「恆」為本義。另外，「亙」或「恆」亦作「竟」解；「亙」字可以表示從這頭到那頭，從以前到現在。[6]「恆」字之音義，依《轉注古音》曰：古鄧切，音亙；《詩經‧大雅》曰：恆之秬秠；《註》恆，古鄧反，徧種之也。事實上，「恆」有恆久之義，也含有行為硬撐之意思；「亙」或「恆」，當作硬撐或持久之解釋時，其臺灣話發音應為KENG3，其甲骨文字形似以石頭或木塊做支撐如一千斤頂狀。茲依爻辭之先後順序，分別詮釋本卦各個關鍵字辭如下：

浚恆

　　初六爻辭：「浚恆，貞，凶；無攸利。」意指為求深遠長久生活而有硬撐之現象者，這種行為看似很有智慧，卻有凶厄之徵兆，對於家庭共同生活並不會有什麼好處。「浚」字之音義，《唐韻》曰：私閏切；《集韻》、《韻會》、《正韻》曰：須閏切，从音峻。《說文解字》曰：抒也，《徐曰》抒取出之也。浚，深也；浚之則深。取，取出

積水之意；煎，以民之膏脂以實之。「浚恆」一詞，「浚」字具有抒發私慾情感之意涵，而「恆」字則表示含有硬撐之偏差行為。在現實世界中，有人會為了追求深遠表現而有硬撐之表現，例如參加馬拉松之長跑競賽，這是為了追求創造更遠、更快之記錄而硬撐跑下去，其勇氣與意志力確實值得敬佩；但如果不顧自己體力而有咬牙硬撐之狀況者，這樣對於身體健康恐有造成致命危險之虞。

悔亡

　　九二爻辭：「悔亡。」意指一對男女遵照家禮結成夫妻後，從此夫婦兩人就要共同生活並以家為重，還要將過去的過失、自私或憎恨之心，全部拋棄或遺忘掉。「悔」字之音，《唐韻》曰：荒內切；《集韻》、《韻會》曰：呼內切；《正韻》曰：呼對切，從音誨。「悔」字之義，過失也，憎恨也；《說文解字》曰：悔，恨也。臺灣話「悔」（HUE$_2$）字，亦表示懊惱、悔恨之義，例如「反悔」（HUAN$_2$ HUE$_2$）一詞，即表示有所悔悟之意思。俗話說：「人非聖賢，孰能無過」，因此人之行為或許犯有過失、內心或許存有憎恨之缺陷。「亡」字，消失也；因為悔者常不斷自罪自責，為了能有一個嶄新的家庭生活，大家都必須把咎責之心忘掉。「悔亡」一詞，作者藉此強調要給對方有一個好感受，因此必須先捐棄心中之「悔恨」或「私心」，這樣雙方之感情生活與家庭幸福，才能慢慢地培養起來並長長久久地維持下去。

不恆其德

　　九三爻辭：「不恆其德，或承之羞；貞，吝。」意指沒有恆心去遵守美德的婦人，她的丈夫或許能夠容忍她的羞恥行為；這種做法看似

很有智慧，其實他的態度已有瑕疵之遺憾。「德」字之音義，《唐韻》、《正韻》曰：多則切；《集韻》、《韻會》曰；的則切，从登入聲；福也，《廣韻》曰：德行也；《集韻》曰：德行之得也；《正韻》曰：凡言德者、善美、正大、光明、純懿之稱也。又《玉篇》曰：德，惠也。成語「三從四德」，這是中國封建時代女性必須遵從的一種道德規範；在父系社會環境下，據信它可穩定家庭發展與社會和諧，同時也可維護父權或夫權家庭之利益需要。「三從」一詞，最早見於古典文獻《儀禮・喪服・子夏傳》，其原文曰：「為父何以期也？婦人不貳斬也。婦人不貳斬者，何也？婦人有三從之義，無專用之道。故未嫁從父，既嫁從夫，夫死從子。」婦人「三從」之道德規範，應該是從喪服制度演化為人際之間的主宰服從關係。又「四德」一詞，最早見於《周禮・天官冢宰》，其原文曰：「九嬪：掌婦學之法，以教九御婦德、婦言、婦容、婦功，各帥其屬而以時御敘于王所」。事實上，「三從」是指未嫁從父，出嫁從夫，夫死從子；「四德」是指婦德、婦言、婦容、婦功。在傳統之禮制中，其中喪服之「斬」字，指的是「斬衰」之義；這是女子所穿的最上級別之喪服，其喪期定為三年。依據中國傳統家禮之規範，女子應該為誰服三年喪期的標準，並非依據自己和死者的關係而定，而是依據他人和死者的關係而定的喪服。事實上，女子只能服一次三年之喪，在出嫁前給父親服喪三年；出嫁後給丈夫服三年喪；而丈夫去世後，給其他親人服喪的時間由兒子定。

田無禽

九四爻辭：「田無禽。」意指因為田中沒有成熟可供啄食的農作物，所以才沒有見到鳥類飛到這塊農地上來。俗話說：「良禽擇木而棲，好女擇夫而嫁」。從歷史文獻觀之，「禽擇木而棲」一詞，最早係

源自於《左傳‧哀公十一》，文獻中記載仲尼曰：「鳥則擇木，木豈能擇鳥？」鳥類扮演主動者，這是比喻要由人們自己來選擇適合於他們的居留處所。後來在《三國演義》第三回中，也有記載說：「良禽擇木而棲，賢臣擇主而事。見機不早，悔之晚矣。」此故事說明好的鳥禽，也懂得要選擇良好的樹木築巢；藉此比喻懷有才幹的男人，他就應該選擇賢明的主人。如果引申到男女之婚姻上時，就是提醒我們要謹慎選擇終身伴侶；就如「好女擇夫而嫁」之說法，正是針對一個女人在其人生征程坦途中，能影響她一生幸福者，應以婚姻大事最為關鍵。俗話也說：「人為財死，鳥為食亡」，鳥類要為覓食育兒而忙碌，而女人想要終身得到幸福，就要找一個好對象而嫁之。另一方面，能結為夫妻者，男女雙方必須都要表現出最有利益之誘因，就好比田中要有成熟可供啄食的農作物，這樣才能吸引鳥類飛到這塊農地上來。能種善因之人，才能得到善果；一位辛勤能幹好丈夫，這樣才能娶得美人歸。爻辭「田無禽」之引申意義，應指一個男人如果沒有可取之品德與表現，他就沒有吸引異性跟他結婚，並共組一個幸福家庭之優勢了。

恆其德

六五爻辭：「恆其德，貞；婦人吉，夫子凶。」意指付出恆心並遵守婦人之美德，這才是表現聰明智慧之行為；婦人之吉祥必須建立在終身不改；就算她的丈夫已經死了，她也不會隨意改嫁他人。古代經書中之「夫妻」一詞，表示男女是要遵家禮成婚而結成一對夫婦；他們從此一生一世都要相隨不離，但做妻子的使命，更以服從丈夫為上。爻辭「婦人」一詞，是指已結婚的在家女主人，而「夫子」一詞，則是婦人對其丈夫之稱呼。《大戴禮記‧本命》有曰：「男者，任也；子者，孳也；男子者，言任天地之道，如長萬物之義也，故謂

之丈夫。丈者，長也；夫者，扶也；言長萬物也。知可為者，知不可
為者；知可言者，知不可言者；知可行者，知不可行者。是故，審倫
而明其別，謂之知，所以正夫德者。女者，如也；子者，孳也。女子
者，言如男子之教，而長其義理者也，故謂之婦人。婦人，伏於人
也；是故無專制之義，有三從之道：在家從父，適人從夫，夫死從
子，無所敢自遂也。」又《禮記‧昏義》曰：

> 夫禮始於冠，本於昏，重於喪、祭，尊於朝、聘，和於射、
> 鄉：此禮之大體也。夙興，婦沐浴以俟見；質明，贊見婦於舅
> 姑，執笄、棗、栗、段修以見，贊醴婦，婦祭脯醢，祭醴，
> 成婦禮也。舅姑入室，婦以特豚饋，明婦順也。厥明，舅姑共
> 饗婦以一獻之禮，奠酬。舅姑先降自西階，婦降自阼階，以著
> 代也。成婦禮，明婦順，又申之以著代，所以重責婦順焉也。
> 婦順者，順於舅姑，和於室人；而後當於夫，以成絲麻布帛之
> 事，以審守委積蓋藏。是故婦順備而後內和理；內和理而後家
> 可長久也；故聖王重之。是以古者婦人先嫁三月，祖禰未毀，
> 教于公宮，祖禰既毀，教于宗室，教以婦德、婦言、婦容、婦
> 功。教成祭之，牲用魚，芼之以蘋藻，所以成婦順也。

婚禮自古即屬大禮之一，而婚姻對婦人而言，其意義更顯得特別重
大；婦人除了要「成婦禮，明婦順」外，還要「教以婦德、婦言、婦
容、婦功。」又《禮記‧郊特牲》亦曰：

> 天地合而後萬物興焉。夫昏禮，萬世之始也。取於異姓，所以
> 附遠厚別也。幣必誠，辭無不腆。告之以直信；信，事人也；
> 信，婦德也。壹與之齊，終身不改。故夫死不嫁。男子親迎，
> 男先於女，剛柔之義也。天先乎地，君先乎臣，其義一也。執

> 摯以相見，敬章別也。男女有別，然後父子親，父子親然後
> 義生，義生然後禮作，禮作然後萬物安。無別無義，禽獸之道
> 也。婿親御授綏，親之也。親之也者，親之也。敬而親之，先
> 王之所以得天下也。出乎大門而先，男帥女，女從男，夫婦之
> 義由此始也。婦人，從人者也；幼從父兄，嫁從夫，夫死從
> 子。夫也者，夫也；夫也者，以知帥人者也。

古代封建社會之觀念，很顯然是比較重男輕女的，古人認為：妻子服
從丈夫就是一種天命；婦人之德，在於信守夫婦之道，故有「夫死不
嫁」之禮教約束。另一方面，在以男人為主體的傳統宗族文化當中，
自古即有「祖德宗功」之訓言，代表男人之品德與福分，是來自於歷
代祖先的厚德與留傳。事實上，自古也有「不孝有三，無後為大」之
家訓，因此男人要以承擔家族之血脈相傳為重任。

振恆

　　上六爻辭：「振恆，凶。」意指在眾多殷商王朝之列祖列宗當中，
有兩人名叫「振」與「恆」者，他們曾因故而遭遇到最凶厄之命運。
根據相關歷史文獻記載，在夏朝時代，商族有一先祖名叫王亥者；王
亥，子姓，名亥，或作垓、振，王恆之兄長，他是商族部落的第七任
首領。還有一位先祖名叫王恆者，卜辭作王亙，子姓，王亥之弟。
另有相關資料記載，王恆，王亥之弟，上甲微之父。因忌妒王亥而殺
之，然後登上王位，不久有易侯綿臣兵變，遂被殺。[7]爻辭「振恆」，
應作振、恆兩位兄弟之名稱解釋；「振」是殷之先公，契之第七世孫，
「恆」是「振」之弟弟。依《史記・殷本紀》記載曰：「契卒，子昭明
立。昭明卒，子相土立。相土卒，子昌若立。昌若卒，子曹圉立。曹

圉卒，子冥立。冥卒，子振立。振卒，子微立。微卒，子報丁立。報丁卒，子報乙立。報乙卒，子報丙立。報丙卒，子主壬立。主壬卒，子主癸立。主癸卒，子天乙立，是為成湯。」另依《竹書紀年》記載曰：「帝泄：十二年，殷侯子亥賓于有易，有易殺而放之。」南朝史學家沈約註曰：「殷侯子亥賓于有易而淫焉，有易之君緜臣殺而放之。」[8]又甲骨卜辭有曰：「侑于王亙」（合集一四七六二號），這是有關於祭祀王恆的一段歷史文獻。

「振」與「恆」是殷商之先公遠祖，關於「振」與「恆」之史略及兩人在有易國被殺之事件，已有學者根據多種史書及先秦文獻進行考證；他們所引用的相關史料及文獻，包括有：《史記·殷本紀》、《竹書紀年》、《國語·魯語上》、《呂氏春秋·勿躬篇》、《世本》、《山海經》、《楚辭·天問》、《三代世表》等等。學者之研究結論，大致有四點：一、王亥，冥之子，而亥、振、核、該、胲、冰，實係一名之異寫；二、王恆，冥之子，亥之弟，「振」與「恆」，當為兄弟；三、「振」與「恆」兩人，先後被有易國殺害身亡；四、王亥〔振〕、王恆見於《楚辭·天問》，又得到甲骨卜辭的證明。[9]綜合有關文獻分析與學者之研究結論，「振」與「恆」兩人，他們都是殷商王朝之重要先公，據此可以理解：爻辭「振恆凶」之「振」與「恆」兩字，似指兩位兄弟之名稱；「凶」字，是指兩人異死在他鄉有易國之凶厄事件。「振」與「恆」兩位兄弟，他們原本是要到有易國放牧牛羊的，最後卻被有易國陷害而喪命身亡；追究其原因，恐因迷戀有易國當地之女色，又犯有「硬撐」而執迷不返之不當行為所致。事實上，男人旅居在外且有「硬撐」而執迷不返者，考其態度與行為，確實相當符合經文「亙」或「恆」字、其中所代表之身分及蘊含之古義。

四　六十四卦之聯通

　　通行本《易經》六十四卦，其經文分成上經、下經兩個部分；上經三十卦以乾、坤兩卦作為起首，而下經三十四卦則以咸、恆兩卦作為開端。乾、坤兩卦之經文，似以宇宙星球之運轉作為主要內容，咸、恆兩卦之經文，則以人類交往行為作為主要內容。觀察天地萬物之情，可以知道在廣大宇宙星際中，有著無數的行星繞著恆星不停地運轉；無論光陰是年、月、日、時，終則復始。在地球上之人類社會組織與日常生活中，則有眾多男女之間的來來往往，以及共組家庭以後的種種活動與演進；無論生命是生、老、病、死，規律不易。人類對宇宙大自然之概念，通常是以天尊地卑作為標準的，因此乾、坤兩卦之卦辭，皆有「元、亨、利、貞」之優勢；而咸、恆兩卦之卦辭，僅得「亨、利、貞」之條件。事實上，下經特別安排以「咸」、「恆」作為起頭，兩卦相鄰且內容更以男女之感應及婚姻之大事作為主要物象；作者藉經文敘述青年男女如何循序漸進地交往，並互相認識與取得好感受，以及結婚以後夫婦如何同甘共苦地生活，並長久相處與遵守優良美德。人類之社會組織是以樹立安定和諧，及追求文明進化作為主要目的；從《易經》「咸」卦與「恆」卦之卦、爻辭中，確實可以體會出，兩卦經文所呈現出來的至高至深意象與哲理。

　　從經文之物象稍作分析，可以發現在「隨」卦及「恆」卦內容中，兩卦皆有敘述家庭重要成員之用語；例如隨卦六二爻「系小子，失丈夫」、六三爻「系丈夫，失小子」，及恆卦六五爻「婦人吉，夫子凶」為是。事實上，「隨」卦強調的是，婦人必須時時刻刻掛念她們的丈夫及小孩之安危；而「恆」卦強調的是，婦人必須從一而終及長長久久遵守「三從四德」的重要性。再從動物之擇偶觀念稍作分析，

可以發現鳥類與人類皆有從一而終之行為表現，以鳥為物象的漸卦，其九三爻「鴻漸於陸，夫征不復，婦孕不育，凶，利御寇」；以人為物象的恆卦，其六五爻「恆其德，貞；婦人吉，夫子凶」；從此內容可以發現絕大部分的鳥類和人類，同樣都有採行一夫一妻制之擇偶配對觀念，而由母性一方所扮演的顧家與奉獻犧牲之精神，確實值得大家的尊重與敬佩。另外從物象之心理感受稍作分析，從恆卦九二爻「悔亡」、九四爻「田無禽」，及巽卦六四爻「悔亡，田獲三品」中，可以幫助我們了解，對待對方本應懷有寬恕包容之態度；對於各種環境與狀況之改變，雖是無奈卻要有調適之心理。有關各卦之經文內容具有聯通關係者，茲簡要舉例說明如下：

德

在《易經》六十四卦經文中，「德」字有五見，包括：訟卦六二爻「食舊德」，小畜卦上九爻「尚德載」，恆卦九三爻「不恆其德」、六五爻「恆其德」，及益卦九五爻「惠我德」。「德」字之義，德行，又惠也；《廣韻》曰：德行也；《集韻》曰：德行之得也；《正韻》曰：凡言德者，善美、正大、光明，純懿之稱也。古人有男尊女卑及重男輕女之傳統觀念，在「祖德宗功」之宗族文化特質中，似有強調男人之福分，皆來自於歷代祖先之厚德；而婦人之美德，在於信守夫婦之儀節，故要受到傳統禮教「夫死不嫁」之約束。

田

在《易經》六十四卦經文中，「田」字有五見，包括：乾卦九二爻「見龍在田」，師卦六五爻「田有禽」，恆卦九四爻「田無禽」，解卦

九二爻「田獲三狐」，及巽卦六四爻「田獲三品」。「田」字之義，《釋名》云：土已耕者曰田；田，塡也，五稼塡滿其中也。當古代人類進入農業社會生活以後，田地就成為男人揮動體力及辛勤耕作之場所，這也是生產農作物以供家庭生活所需的重要處所。各卦爻辭中的「田」字，其引申之義，表示男人必須擔負養家生計之重任，因此他們必須天天到田間從事莊稼，這樣才可期待日後會有豐收的一天。事實上，男人體力好又能辛勤耕作者，如此他才會具有能吸引異性之魅力，才能有獲取食物以供養家活口之機緣。

夫

在《易經》六十四卦經文中，「夫」字有十見，包括：蒙卦六三爻「見金夫」，比卦卦辭「後夫凶」，小畜九三爻「夫妻反目」，隨卦六二爻「失丈夫」、六三爻「系丈夫」，大過卦九二爻「老夫」、九五爻「士夫」，恆卦六五爻「夫子凶」，睽卦九四爻「遇元夫」，及漸卦九三爻「夫征不復」。「夫」字之音義，《唐韻》曰：甫無切；《集韻》、《韻會》曰：風無切，从音膚。男子通稱夫，又男女既配曰夫婦。《禮記》曰：夫也者，以知帥人者也；《詩註》夫有傳相之德，而可倚仗，謂之丈夫。

禽

在《易經》六十四卦經文中，「禽」字有四見，包括：師卦六五爻「田有禽」，比卦九五爻「失前禽」，恆卦九四爻「田無禽」，及井卦初六爻「舊井無禽」。「禽」字之音義，《唐韻》、《集韻》曰：巨今切；《韻會》、《正韻》曰：渠今切，从音琴。又《爾雅·釋鳥》曰：「二足

而羽謂之禽，四足而毛謂之獸」；經文取飛鳥作為物象者，至少還有：否卦九四爻辭與離卦六二爻辭之「離」字；[10]解卦上六爻辭之「隼」字；鼎卦九三爻辭之「雉」字；漸卦六個爻辭之「鴻」字，它是指候鳥「大雁」而言；旅卦六五爻辭之「雉」字、上九爻辭之「鳥」字；中孚卦九二爻辭之「鶴」字；及小過卦在卦、爻辭中之三個「飛鳥」用詞。據說商族之先祖是玄鳥，根據《史記‧殷本紀》記載：「殷契，母曰簡狄，有娀氏之女，為帝嚳次妃。三人行浴，見玄鳥墮其卵，簡狄取吞之，因孕生契」。又據學者專家研究指出，在古代婚姻六禮中，惟除納徵外，其餘五禮都以「雁」為贄，可知雁在婚禮中，實為最重要的禮物，且具有雙重意義：一是不失節，不失時；二是嫁娶長幼有序，不相跨越。[11]另外根據前述英國鳥類學家之研究調查，發現在上萬已知的鳥類物種中，以一雄一雌、單配繁殖的比率，就有超過百分之九十。綜合以上史料與研究文獻之內容，能夠幫助我們了解到，中國自古即有「玄鳥生商」之神話及歷史背景，而鳥類也可作為男女雙方信守不渝的象徵。從《易經》恆卦之經文意涵，及鳥類之配對繁殖現象，可以理解人類之婚配禮俗，確實具有「一夫一妻」及「從一而終」之禮教特徵。

五　結論

「恆」字，常也，久也；本義作「常」解，乃習以為常和守之如常之意。「亙」、「恆」應為同源之字；「亙」為初文，「恆」為本義。古代經文常有一字多音、多義之特色，考「恆」字之音義，長久不變之美德為「恆」，發音曰「胡登切」，音峘；臺灣話發音為HENG₅，與行、形、刑、型等字之發音相同。又，長久不變之行為亦為「恆」，發音曰「古鄧切」，音亙；臺灣話發音為KENG₃，其甲骨文字形似以

石頭或木塊做支撐如一千斤頂狀。事實上,「恆」用來表示永恆、恆久之義,而「亙」或「恆」亦可作「竟」解,可以用該字形容含有堅忍不拔之毅力,或具有恆心而能夠持久之人。中國人在男女配對及舉行婚禮時,就常以「雁」作為吉祥信物,並有「白頭偕老」、「天長地久」、「永裕愛河」、「永結同心」等等,表示「恆」之吉祥賀詞。恆卦之「恆」字意涵,可以代表男女配對成婚後,雙方因已共組家庭並施展永恆的愛心;而眾親友也藉此期盼新人,從此都能一生一世、長長久久地相守在一起為貴。

中國在過去封建社會時代,男女受到「戒律有別」及「內外有別」之限制,這些規範反映出傳統社會對於兩性的差別待遇;因此才使婦女受到嚴酷禮教之桎梏,讓她們要嚴守傳統「壹與之齊,終身不改,故夫死不嫁」之約束。以「恆」卦六五爻「恆其德,貞;婦人吉,夫子凶」為例,其經文意涵就是強調身為「婦人」者,因有遵守禮教約束之智慧而能得到平安吉祥。爻辭特別強調婦人之「恆其德」者,如此她們才能有「吉祥」之結果;另一方面,丈夫行為若因自私浪蕩而徘徊於外者,就表示他們可能有迷戀女色之偏差行為,甚至出現長期放縱個人情慾之不好現象,因此才會有遭受「凶厄」之下場。人要有「恆心」(HENG5 SIM1)者,這才是好的;但若屬「硬撐」(NGE7 KENG1)者,那就難說了。作者先在六五爻之經文中,說明上古時代婦人因有「恆其德」之表現,這樣才是屬於聰明與吉祥者。然後在上六爻辭「振恆,凶」之經文中,敘說有商朝先公之名字是「振」與「恆」者,這兩位男人因為「賓于有易而淫焉,有易之君綿臣殺而放之」;對此不幸遭遇凶厄之命運,作者作出最嚴肅之訓語。上六爻辭雖然簡短,卻具有特殊文字應用之技巧,「振恆」一詞實有一語雙關之作用:一作兩位人名之解釋;一作行為有「硬撐」之意思。總之,作者有意藉此諷刺殷之先祖、「振」與「恆」兩位兄弟之不當行為,並藉此

　　喚醒世人應以這兩位男人之慘痛教訓為誡。

　　「恆」卦經文之物象與意象，似以「婦人」與「三從四德」之表現作為主要內容；而「三從四德」正是古代女性必須遵守的最重要禮教規範，這也是古人為了適應家庭穩定與維護父權之利益，所形成的一種社會道德標準。在九三爻辭「不恆其德，或承之羞；貞，吝」中，暗諷「不恆其德」之「婦人」，她恐會給家庭帶來「羞、吝」之不良後果。另外在六五爻辭「恆其德，貞；婦人吉，夫子凶」中，則明確指出，「婦人」要以「恆其德」為貞、為吉。事實上，在古典文獻中，《三禮》是漢民族在禮樂文化上最具代表性的著作；對於中國古代禮法與禮義之理論形態，各書內容均具有最權威的記載與詮釋。《三禮》通常是指《周禮》、《禮記》、《儀禮》等書而言；其中《周禮》偏重政治制度，《儀禮》偏重行為規範，而《禮記》則對禮制及儀節等內容，作出具體的補充、解釋、或論述。根據「恆」卦爻辭之內容，其中牽涉到《三禮》規範者，包括有：《周禮・天官冢宰》、《大戴禮記・本命》、《禮記・昏義》、《禮記・郊特牲》、《儀禮・喪服》諸篇。

注釋

1 陳顧遠：《中國婚姻史》（北京市：商務印書館，2014 年），頁 31。

2 〔英〕柏克海德著，嚴麗娟譯：《鳥的感官：當一隻鳥是什麼感覺？》（臺北市：貓頭鷹圖書公司，2014 年），頁 233-234。

3 高樹藩：《正中形音義綜合大字典》（臺北市：正中書局，1977 年），頁 495。

4 〔日〕白川靜著，蘇冰譯：《常用字解》（北京市：九州出版社，2010 年），頁 135。

5 李孝定：《甲骨文字集釋》（臺北市：中央研究院史語所，1970 年），頁 3969-3972。

6 董忠司總編纂：《臺灣閩南語辭典》（臺北市：五南圖書出版公司，2003 年），頁 743。

7 參閱維基百科〈王恆〉（https://zh.wikipedia.org/wiki/%E7%8E%8B%E6%81%86），2015/8/1。

8 〔南朝〕沈約注，洪頤煊校：《竹書紀年》（臺北市：臺灣商務印書館，1956 年），頁 13。

9 韓江蘇、江林昌；《〈殷本紀〉訂補與商史人物徵》（北京市：中國社會科學院，2010 年），頁 65-76。

10 廖慶六：《歸○解易十六講》，第二集（臺北市：萬卷樓圖書公司，2014 年），頁 23、99-101。

11 馬之驌：《中國的婚俗》（臺北市：經世書局，1981 年），頁 33-34。

第十五講
淺釋易經歸妹卦

一　前言

　　臺灣鄉下有一句俚語曰：「濟牛踏無糞，濟某無地睏」，這是一句諷刺牛隻雖多卻方法不對而沒有辦事效力，妻妾雖多卻沒有一床可讓丈夫得以安眠。臺灣話「濟」（TSE₃），多也；臺灣人常以「濟某濟眠床」形容男人一夫多妻多房之情況。事實上，一個男人如果他有多妻多妾之婚姻，在年輕時候雖可享受齊人之豔福，一旦子女生多了，或他年紀老了，錢財也花光了，恐怕就會面臨到妻妾無情或兒女不理之悽慘下場。俗話常說：男大當婚、女大當嫁，結婚本是人生一件大事；如果大家都是一夫一妻配，並且是遵禮成婚者，這才是文明進步與家庭幸福的表徵與保證。事實上，古代先民採行族外婚制以後，不但標記人類已從一個原始社會向文明社會演進，而且象徵社會型態已經開始進入以父系為主的家庭組織。在另一方面，如果是仗勢奪妻搶婚者，不但會釀成一些家庭的不幸，還會帶來很多的凶兆與厄運，因此相當不利於國家社會及家庭生活的安定與和諧。綜觀古代之男女結婚制度與現象，至少具有幾大特色，包括：一、男女結婚之推手，都是奉父母之命、媒妁之言；二、夫妻結婚之目的，是為了上以事宗廟、下以繼後世；三、平民百姓結婚之習俗，必須遵守一夫一妻、禮

義倫常；四、皇家貴族結婚之通例，則是行一夫多妻制，侄娣可以共嫁一夫。自古以來，歷代正史中的帝王本紀或貴族世家篇章，都有記載關於皇帝后妃、貴族妻妾之淒美故事。事實上，封建時代之皇家貴族婚姻，大都享受奢靡豪華與一夫多妻之特權，考其真正原因，恐怕是與宗廟祭祀及爵位世襲有所關聯。

　　在《易經》歸妹卦之經文內容中，有一「歸妹以娣，跛能履，征吉」之爻辭，它應該是在描述一夫多妻制比較有利的一面。當古代貴族舉行結婚時，女方妹妹可以隨從姊姊同嫁一夫，或同時有多位女弟隨嫁而去；這樣姊妹們又可同居在一個屋簷下，如此她們可以互相扶持照應，又能為丈夫增加生男育女的機會，並為家族之繁衍香火做出一點貢獻。在宇宙大自然界中，大型哺乳動物如老虎、獅子等，其雄性間常為爭奪交配權而打得你死我活，而人類則為貪圖一己性慾或心存多妻多子多福氣之偏差觀念，因此造成如卦辭所言「征凶，無攸利」之不利後果。依據現代民主社會的法律規定，世界上絕大多數國家都已採行一夫一妻婚姻制，如有多妻多妾者，不但會有觸犯重婚罪之虞，而且還會製造子嗣爭名奪利之紛擾，並為家庭帶來永無止境的不幸與不安。有關男女兩性之婚姻習俗與社會現象，古代貴族確實享有一夫多妻之特權，而現代百姓則享有甜蜜戀愛之自由。事實上，由於時代更替與社會變遷，近年來之婚姻觀念與家庭組織，已漸漸增多離婚與單親家庭之比率，甚至傾向不婚不生與少子化之怪現象，這也許是現實世界已經逐步走向捨利就敝之不祥徵兆。本文試以語言文字及歷史文獻之研究方法，探索歸妹卦經文之意象，並依照卦爻辭之解釋、關鍵字辭之解釋、六十四卦之聯通，三個段落順序，分別撰述個人鄙見，並就教於方家。

二　卦、爻辭之解釋

卦辭：歸妹：征凶，無攸利。
譯文：論述歸妹之卦：以威權武力強求女子者，是一凶兆，這也不利
　　　　於家庭的安定與和諧。

初九：歸妹以娣，跛能履，征吉。
譯文：若以女弟之身隨嫁者，就像一個偏足跛腳，卻還能穿鞋走路的
　　　　人；姊妹同嫁一夫且能同心協力向前，這樣才能得到平安吉祥。

九二：眇能視，利幽人之貞。
譯文：就像瞎了一隻眼睛，卻還能看見外面的景物；身處特殊情況
　　　　下，做人要懂得保持沉默幽靜才會有利，同時還可藉此機會表
　　　　現出她的賢慧與聰明。

九三：歸妹以須，反歸以娣。
譯文：男方將已長成之較大女兒，先從娘家迎娶過來；改日再回來娘
　　　　家，把比較年幼的小女兒也迎娶過來。

九四：歸妹愆期，遲歸有時。
譯文：迎娶女子卻要故意錯過婚期，這是因為她的年紀尚小而要稍作
　　　　等待，所以需將迎娶之佳期延遲舉行了。

六五：帝乙歸妹，其君之袂，不如其娣之袂良；月幾望，吉。
譯文：先王帝乙迎娶后妃，當他迎娶君夫人時，她的衣飾還比不上後

來迎娶女弟時之衣飾好看；女弟已經長得亭亭玉立，她明艷的容貌與衣飾，就有如接近十五月圓時的亮麗，在這個時候迎娶她們，將會很平安吉祥的。

上六：女承筐無實，士刲羊無血，無攸利。

譯文：結婚之後要舉行祭祖告廟之禮，在妳所挽提的竹籃裡，並沒有裝滿豐盛祭品，在他所宰殺的羊隻中，也沒有流出鮮血來；從這些虛應不實之舉動看來，對於酬報祖先與家室生活，都將不會有實惠可言的。

三　關鍵字辭之解釋

本卦名曰歸妹，考「歸」字之音、義、形，《唐韻》曰：舉韋切，《集韻》曰：居韋切，從音媯，還也，入也；女人謂嫁曰歸，還所取之物，亦曰歸。又，《集韻》曰：求位切，音匱，同饋。經學家段玉裁（1735-1815）所撰《說文解字注》曰：饋，餉也；饋言歸也。又，《禮記・緇衣》曰：私惠不歸德；歸，合也。臺灣話「歸」字有三種發音：KUI₁, KUI₇, KA₁，其中「歸」（KUI₁），可作多解，本義「嫁」或「還」。另外，臺灣話「歸」（KUI₁）字含有「全」、「整」之義，例如臺灣話「歸工」（KUI₁ KANG₁），表示一整天之意思；「歸莊」（KUI₁ TSNG₁），表示全村莊之意思；「歸欉」（KUI₁ TSANG₅），表示整棵樹之意思。有一句臺灣俗話說：「娶一個某（妻），無閒歸工；娶一個細姨（妾），無閒一世人」，這是一句訓誡人們不要有貪圖一妻多妾之奢念。又，歸（KUI₇）可作「饋」解，而歸（KUI₇）、饋（KUI₇）、餽（KUI₇），三字亦同音。[1]《論語・陽貨》曰：陽貨欲見孔子，孔子不見，歸孔子豚；《儀禮・士虞禮》曰：特豕饋食。古人依禮俗娶親祭

神拜祖或訪友者，以物與神及人，皆言饋或歸。在臺灣很多地方，還保有結婚前夕以全豬全羊祭天祭祖之俗，而祭拜過之豬肉羊肉，除供宴席烹調外，還可切塊分贈給至親好友；這些饋贈專用之豬肉，即可稱為「饋肉」。依臺中地區方言，他人贈物給自己者，稱曰「餉」我。臺灣史家連橫（1878-1936）以臺灣話註解「餉」字，他說：餉，呼如幸。[2]按，幸有寵幸之義，指女人能獲得夫君之特別寵愛；臺灣話之幸（HENG₇），與倖、杏之發音相同。綜合以上之音、義考證，我們可以理解「歸、饋、餉、幸」四字，彼此應可通假互用，並可藉此詮釋嫁娶之意涵。

　　據傳統字書註解，「歸」字是一會意字，其甲骨文字形，是由古字「𠂤」與「帚」組合而成；與此同屬「𠂤」系之上古漢字，尚有官、追、遣等字。據日本漢學家白川靜（1910-2006）對甲骨文「官」、「歸」兩字之考釋，他認為兩字中之「𠂤」字形，就像出征作戰隨營攜帶的一塊「祭肉」；而「帚」之字形，則表示灑潑香酒、清掃廟宇之義。[3]事實上，白川靜將「𠂤」字之甲骨文字形，註解為一塊「祭肉」，尚合一點文字意象；但如果將此塊「祭肉」，改稱為祭祖告成之後，那一塊塊用來分贈給與祭者之「饋肉」，在字意上則會更加貼切些，因「歸」字含有「饋」或「餽」之義也。另按，小篆之「帚」字，係指一般用作掃帚之「帚」，是以蘆花或竹木枝條綑綁而成。傳統字書將「歸」字之原始字形，解讀為一含有「帚」之字形，但觀之甲骨文字形，卻像是一株竹子或禾木之形狀；比較這兩種不同物象，顯有不相吻合之虞。事實上，若將小篆之「帚」字，註解為以竹木枝條綑綁而成之器物，尚可理解其字義；若將甲骨文「歸」字之部分字形，註釋為掃帚之「帚」字，則屬不確之字源。我們試以臺灣民間嫁娶習俗為例，當男方在迎娶新娘時，都會在花轎頂上綁一塊豬肉及一株竹青；「竹青」，可以用甘蔗代之，但不管是竹青或甘蔗，都必須保

有一整株的根、莖、葉。這些豬肉及竹青，原來都屬象徵結婚吉祥之物，除含有避邪之作用外，還可以此豬肉做為饋贈媒人之酬謝禮物；並以全株之竹青或甘蔗，代表嫁娶是有頭有尾之吉祥結合。目前臺灣尚保留這項最古老的嫁娶習俗與形式，大家都在花轎或禮車上繫一塊生豬肉及一株全竹青，而花轎內又坐有一位美麗之新娘。臺灣人仍保存此項特殊文化景觀，它最足以幫助我們考釋「歸」字甲骨文字形之本義。簡而言之，在「歸」字之甲骨文字形中，應該是一塊珍貴吉祥的「饋肉」，及一株頭尾齊全之「竹青」；造字者藉此兩種吉祥物象，創意組合而成一個會意型文字。從此稍可佐證，古人以「歸」字代表「嫁娶」之本義，藉一塊「饋肉」及一株「竹青」，組合成一「歸」字之基本字形。事實上，一株頭尾齊全之「竹青」，也可代表一樁純潔、貞操與圓滿之婚事，並象徵男女雙方結合可以有始有終，一對新人可以白頭偕老之祝福。

　　「歸妹」一詞，是指男女雙方之間的嫁娶大事而言；男方是娶媳婦，女方是嫁女兒。「妹」字之音義，《廣韻》、《集韻》、《韻會》、《正韻》曰：從莫佩切，音昧；《說文解字》曰：女弟也，如《詩經·大雅》曰：俔天之妹；《衞風》曰：東宮之妹。未婚的女子，稱為「妹」，也就是指少女而言；她與今日常聞的「待嫁閨女」或「千金小姐」之美稱，似有相通之處。「妹」字之甲骨文，旁有一「未」字形，表示尚無結果。另有人認為：在甲骨卜辭中，「妹」字之義，用作諸婦之名。[4] 又，「歸妹」兩字，與古稱「嫁」或「嫁娶」，今曰「結婚」或「婚配」之義同。經文「歸妹」兩字，應指上古時代女子之「嫁娶」而言；例如北宋劉恕《通鑑外紀》載曰：「上古男女無別，太昊始設嫁娶，以儷皮為禮、正姓氏、通媒妁，以重人倫之本，而民始不瀆。」據法學家陳顧遠（1896-1981）之研究指出，中國婚姻制度具有社會現象與法律現象之意義；古代婚姻本作「昏姻」或「昏因」，

它是指「嫁娶」女子之儀式而言。⁵事實上，目前臺灣人仍以「嫁娶」（KE₃ TSUA₇）兩字稱呼男女之間的婚姻大事；此種臺灣話用詞，頗富古意。據臺語專家陳冠學（1934-2011）之研究指出，「歸」字，女嫁也；「嫁」，應是「歸」之本字，也許上古音正讀，就如臺灣話「嫁」（KE₃）。⁶《說文解字》曰：嫁，女適人也；一曰家也，故婦人謂嫁曰歸。另《揚子・方言》曰：自家而出，謂之嫁。段玉裁《說文解字注》曰：自家而出謂之嫁，至夫之家曰歸，並引《白虎通》曰：嫁者，家也；婦人外成，以適人為家。

　　根據歷史文獻之記載，古人結婚都要受到禮法之約束，當時男女結婚之特色，主要有三：一、結婚之推手是奉「父母之命，媒妁之言」；二、結婚之目的是為「上以事宗廟，下以繼後世」；三、貴族之結婚是行「一夫多妻制，侄娣共嫁一夫」。據《詩經・大雅・大明》載曰：「文王嘉止、大邦有子。大邦有子、俔天之妹。」這是描述周文王的結婚狀況，其中大意就是指稱周文王以嘉禮迎娶新娘子；讓周族這一諸侯大國，終於娶得一位好妻子。周族大國娶得這一位佳麗，她長得就像天仙一樣的漂亮。「俔天之妹」，形容女孩的容貌有如天仙之美；「俔」字，譬喻的意思，「妹」字，少女之代稱。從本卦之卦名與卦義分析，「歸妹」兩字具有一語雙關之義，一指結婚，由男方迎娶女子為妻的意思；一指眾女子，如臺灣話「歸」（KUI₁）字，即含有「全」或「整」之義。事實上，爻辭「歸妹以娣」，即含有迎娶眾女弟，並有以妾代妻之意涵。本卦六五爻辭：「帝乙歸妹，其君之袂，不如其娣之袂良；月幾望，吉。」其中「歸妹」一詞之義，是指女子之嫁娶，也就是女方將少女嫁出娘家，或是男方把少女娶入夫家。本卦經文之關鍵詞，當以「帝乙歸妹」作為核心內容；在卦爻辭內容中，有關古人之特殊嫁娶形式，及「歸妹」者之不同身分與命運，茲分別詮釋如下：

歸妹以娣

　　初九爻辭：「歸妹以娣，跛能履，征吉。」意指以女弟之身隨嫁而去者，就像偏足跛腳卻還能穿鞋走路；姊妹們若能同心協力共事一夫，這樣大家都能得到平安吉祥。對於男女婚配之相關話題，據信「夫妻」一詞之稱法，最早應出現於《易經》小畜卦「夫妻反目」之爻辭。據說古代官紳之家，多行一夫多妻制，但無論有多少妻子，正妻只有一個，稱之為「嫡」或「正房」。除了正妻之外，其餘的妻子稱之為「妾」或「偏房」。對於一妻多妾之家庭，古人是以「娣」稱呼眾妾，如《詩經・大雅・韓奕》云：諸娣從之，《毛傳》註曰：諸娣，眾妾也。另外，李辰冬（1907-1983）針對《詩經》之「諸娣從之」一詞作解釋，他說：娣為女弟，即今之妹妹；依周朝禮制，就是妹妹們從姊共嫁一夫。[7]「跛能履」一詞，表示人因偏足而能一跛一跛的走路，作者藉「偏足」形容女弟從嫁而去當「偏房」。「征吉」一詞，表示姊妹們能夠同心相聚並共事一夫，這樣的嫁娶形式，讓多位女子也能生活在一起，並各自克盡婦道。

歸妹以須

　　九三爻辭：「歸妹以須，反歸以娣。」意指男方將已長成之較大女兒，先從娘家迎娶過來；改日再回來娘家，把比較年幼的小女兒也迎娶過來。「須」字，《廣韻》曰：錫俞切；《集韻》、《韻會》曰：詢趨切，音需；臺灣話需、須（SU₁）同音。《說文解字》曰：須，面毛也；《釋名》曰：頤下曰須；須，秀也。《廣韻・上平聲・虞・須》曰：須，意所欲也。《爾雅・釋詁》曰：頷，待也；又資也，用也；與

需通。歸妹以須之「須」字，嬃也；反歸以娣之「反」字，返也、覆也，有再回來之義。又「嬃」字之音義，《集韻》、《韻會》曰：詢趨切，从音須。《說文解字》曰：嬃，女字也；「嬃」字是姊姊、女長之稱，例如《前漢紀‧高后紀》有曰：「過其姑呂嬃」，呂后又稱呂嬃。依古代貴族之結婚習俗觀之，皇帝有后妃，諸侯有妻妾；古有諸侯一娶九女之俗，結婚之後有嫡、有媵。「媵」者，送女從嫁也，通常是把自己的妹妹及侄女，讓多位少女一同陪嫁出去；這就是一種古代嫁娶形式，可稱為「媵娣制」之婚姻。事實上，在同胞姊妹中，年紀因有大小之分，大姊雖已達適婚年齡，但小妹年紀可能還小；這時尚屬未成年而有不適合嫁娶與生育之問題，所以才會影響她們的婚嫁之期，並且需要重複舉行二次甚至多次的迎娶儀式。由此爻辭之意旨可以證明，古人對於一生之婚嫁大事，確也相當具有尊重生理與心理之觀念。

歸妹愆期

九四爻辭：「歸妹愆期，遲歸有時。」意指迎娶女子卻要故意錯過婚期，這是因為她的年紀尚小而要稍作等待，所以需將迎娶之佳期延遲舉行了。爻辭「歸妹愆期」，表示古代存有「違時嫁娶」之現象，它應該含有多種情況與意義，例如：一、女子年紀尚未滿十五，因年幼而另需擇期補辦迎娶儀式；二、因戰亂或社會不安而耽誤婚期；三、因近親死亡而延後舉行婚禮；四、因守喪期間與禮制不合。歸妹愆期之「愆」字，過也；愆期就是指錯過了原來的迎親日期。族外婚制發展到周朝時候，有較多諸侯貴族採行媵娣婚制；根據史學家李宗侗（1895-1974）之研究考證，侄娣年十五以上，能共事君子，可以往，二十而御。因此他認為，古代行娣制婚姻者，若姊妹皆已達相當年齡則偕行，否則幼者待年於國或家，及年始往夫國或夫家。[8]事實上，古

代媵娣婚制對於娶妾人數未予明確限制，但對於完婚合巹之年齡卻有所約束，這更加證明古人早已具有優生學之概念了。相對於古人，現代人在指腹為婚或童養媳的舊俗方面，仍時有所聞，但對於結婚之實質要件，民法已明確規定男未滿十八歲者，女未滿十六歲者，不得結婚；對於女子嫁夫成親之年齡，古今所見略同。

其君之袂

　　六五爻辭：「帝乙歸妹，其君之袂，不如其娣之袂良；月幾望，吉。」意指殷商王朝之帝乙迎娶后妃，當他迎娶君夫人時，她的衣飾還比不上後來迎娶女弟時之衣飾好看。從嫁之女弟已經長得亭亭玉立，她明艷的容貌與衣飾，就有如月近十五時的亮麗，在這個時候迎娶她們，將會很平安吉祥的。「君」字，在古代是用得很廣的敬稱，例如大君、君王、君子；在夫妻之關係中，不但妻子可稱呼丈夫為「君」，而且丈夫也可稱呼妻子為「君」。《詩經‧鄘風》曰：我以為君；《傳》曰：君國小君。「其君之袂」一詞，「君」字，當以正宮夫人為是；此爻之「君」字，應作「君婦」解；凡嫡妻者，稱為「君婦」，例如皇后即是。「袂」字，《釋名‧釋衣服》曰：袂，掣也。掣，開也；開張之以受臂屈伸也，《禮記‧曲禮》曰：以袂拘而退。另外，哲學家程石泉（1909-2005）注曰：袂者，容貌也；[9]臺灣話有人稱長袖衣服為長手袂（NG₂）。此爻之「袂」字，似指連接衣服袖口之長飾帶；它很像傳統戲劇中，女旦所穿戴戲服之水袖一般。「月幾望」之「幾」字，近也。事實上，六五爻辭之象徵意義，顯得相當濃厚；其中「其君之袂，不如其娣之袂良」一句，象徵妾比妻好，因為她不但年輕漂亮，而且還能為丈夫生下寶貝兒子。另外，「月幾望，吉」之爻辭，作者是以月亮已近十五，比喻少女年至十五之齡；象徵迎向花好月圓人漂亮之良辰，

這就是人生吉祥幸福好時光。

承筐無實

　　上六爻辭：「女承筐無實，士刲羊無血，無攸利。」意指當一對新人舉行結婚大典時候，他們要進行祭祖告廟之禮；在祭祀祖先時，新娘子所挽提的竹籃裡，並沒有裝滿豐盛祭品，在為新郎宰殺的羊隻中，也沒有流出鮮血來。從這些虛應不實之舉動看來，對於酬報祖先與家居生活，都將不會有實惠可言。本來結婚之目的，就是為了家族的傳衍香火，如果不結婚或結婚不生子的話，就算來到宗廟祭拜祖先也是沒有意義的。《禮記・昏義》曰：「昏禮者，將合二姓之好，上以事宗廟，而下以繼後世也。故君子重之。是以昏禮納采、問名、納吉、納徵、請期，皆主人筵几於廟，而拜迎於門外，入，揖讓而升，聽命於廟，所以敬慎、重正昏禮也。」又，《國語・楚語下》曰：「天子禘郊之事，必自射其牲，王后必自舂其粢；諸侯宗廟之事，必自射牛、刲羊、擊豕，夫人必自舂其盛。況其下之人，其誰敢不戰戰兢兢，以事百神！天子親舂禘郊之盛，王后親繰其服，自公以下至于庶人，其誰敢不齊肅恭敬致力于神！」自古以來，結婚是兩姓、兩族間的大事，結婚娶妻至少具有繁衍子嗣、奉侍翁姑、祭祀祖先等目的與作用。爻辭「女承筐無實，士刲羊無血」，表示嫁娶者有不當或不實的情況發生。爻辭「無實」，可以引申為無法生子女；「無血」，則引申為祭祀不虔敬。俗話說：不孝有三，無後為最；夫婦婚後不能生子繼嗣、不能履行奉承祭祀之事，就是愧對祖先，因此不利於家庭的安樂與和諧，甚至無法履行結婚之目的與任務。

　　「士」字，泛指男子，或未婚的男子；《說文解字》曰：士，事也。殷朝之「士」，為文武官員；這些王臣，又有卿士、多士等不同階

級。「刲」字，《唐韻》曰：苦圭切；《集韻》、《韻會》曰：傾畦切，
從音奎；《說文解字》曰：刺也，割也。「刲」，就是在牲畜或動物之脖
子上劃上一刀；臺灣話「刲」（KUI₃），意指宰殺活的雞鴨或豬羊時，
必先在牠脖子刺劃一刀，好讓身上的鮮血都能流出來，這樣才不會因
有殘血而使屠體呈現黑暗色，表示這是現宰的新鮮而健康的肉體。

四　六十四卦之聯通

　　《周易》六十四卦，從卦序排列觀之，漸卦與歸妹卦相鄰，而且兩
卦之物象與意涵，均與兩性間之婚配（Mating）課題有關。漸卦以雁鳥
作為敘述案例，歸妹卦則以女子作為論述對象。在漸卦之經文中，共
有六個「鴻漸」及一個「女歸」之字詞；在歸妹卦中，則有四個「歸
妹」及三個「娣」之字詞。卦辭「女歸」一語，意指候鳥鴻雁飛回繁
殖地，描寫母鳥開始受孕、生蛋及養育幼鳥成長之全過程；卦名「歸
妹」一詞，意指女子都要經過嫁娶成家，但妻妾身分命運及迎娶形式
卻有不同。事實上，飛鳥與人類之成長與婚配方式確有差異，在漸卦
中之雁鳥，是屬天上的飛鳥，牠們配對具有一公一母特色，而養育幼
鳥之方式，是一種循序漸進的過程。[10] 相對的，在歸妹卦中之帝乙，他
在人間當帝王，嫁娶可享一夫多妻特權；但他娶女弟進入皇宮之期，
卻以她們的長成年齡稍作延遲舉行，這就是違時迎娶的變通方式與真
正意義。

　　事實上，以經文論述古人之嫁娶方式與目的，或家庭組織與和諧
等相關內容者，還有屯卦、蒙卦、小畜卦、賁卦、大過卦、咸卦、恆
卦、家人卦、睽卦、姤卦、鼎卦、震卦等卦；例如屯卦、賁卦、睽
卦、震卦之「婚媾」，小畜卦之「夫妻」，大過卦之「老夫得其女妻」，
蒙卦、咸卦、姤卦之「取女」，家人卦之「家人」，鼎卦之「得妾以

其子」等等，都是有關於婚配與家庭等議題之論述。在六十四卦經文中，「月幾望」一詞共有三見，包括小畜卦、歸妹卦、中孚卦。歸妹卦之「月幾望」，形容女弟已經長得亭亭玉立，她明艷的容貌與衣飾，就有如接近十五月圓時的亮麗；以月到十五時之明亮，拿它來形容女子成長到十五歲時之漂亮美麗。本卦之內容，是以古代女子嫁娶作為物象，並以帝乙之嫁娶故事作為案例；有關「帝乙歸妹」一詞，茲舉相關文獻稍作詮釋如下：

帝乙歸妹

　　泰卦及歸妹卦，各有「帝乙歸妹」之爻辭，這兩個爻辭之故事背景，又與殷朝帝乙之嫁娶大事有關聯；而帝乙皇帝也以其嫁娶特權而得「吉」。泰卦六五爻：「帝乙歸妹，以祉元吉」，表示皇帝為了達到延續血脈與國家的長治久安，因此他採行特殊的嫁娶與繼嗣形式。歸妹卦六五爻：「帝乙歸妹，其君之袂，不如其娣之袂良；月幾望，吉」，表明皇帝採行「媵娣制」之嫁娶特權，最後達到以娣從嫁、以妃代后、以庶為嫡之好結果。事實上，歸妹卦經文即以「帝乙歸妹」為核心內容；歸妹卦之內容，是以上古時代之女子嫁娶方式作為主要的論述內容，並以殷商王朝帝乙皇帝之娶娣得嗣作為故事背景。考《易經》所記載的人物名稱，並不多見；在經文中，明載殷商歷史名人者，僅有五卦，包括：恆卦之振、恆，既濟卦之高宗，泰卦、歸妹卦之帝乙，及明夷卦之箕子等人。古代帝王因享有一夫多妻之特權，依古典文獻記載，《詩經·北山》曰：「溥天之下、莫非王土。率土之濱、莫非王臣。」表明在封建社會環境下，天下就是君王的「家天下」，國家成為君王的「私有財產」，因此帝王可以一夫多妻，甚至可以強佔良家民女。又，《禮記·昏義》曰：「古者天子後立六宮、三夫人、九嬪、

二十七世婦、八十一御妻，以聽天下之內治，以明章婦順；故天下內
和而家理。」依歷史文獻記載，帝乙是殷商王朝的最後第二位皇帝，
《史記・殷本紀》載曰：「帝乙長子曰微子啟，啟母賤，不得嗣。少子
辛，辛母正后，辛為嗣。帝乙崩，子辛立，是為帝辛，天下謂之紂」。
殷商皇帝帝乙，他有三個兒子，長子名啟（即微子啟），次子仲（即
中衍），皆為庶出，故不能繼統。後來，被冊封為后所生的幼子辛，
因屬嫡子而繼嗣為帝，他就是殷商最後一位皇帝紂王。再依《呂氏春
秋・當務》載曰：「紂之同母三人，其長曰微子啟，其次曰中衍，其次
曰受德。受德乃紂也，甚少矣。紂母之生微子啟與中衍也尚為姜，已
而為妻而生紂。紂之父、紂之母欲置微子啟以為太子，太史據法而爭
之曰：『有妻之子，而不可置姜之子。』紂故為後。用法若此，不若無
法。」據《呂氏春秋》所載，啟與辛（即受德）為同母所生，唯微子啟
出生時，其母尚為姜，而受德出生時，其母已為正妻。據說，帝乙夫
婦本欲立微子啟為嗣，但因有太史力爭，認為「有妻之子，而不可置姜
之子。」古代嬪妃被冊封為皇后之後，所生之子即為嫡；幼子辛即因此
而成為嫡子，最終他得以繼嗣帝位。

　　再者，在《太平御覽》八十三引《帝王世紀》之內容，文曰：「帝
乙有二妃，正妃生三子：長曰微子啟，中曰微仲行，小曰受。庶妃生
箕子，年次啟，皆賢。初，啟母之生啟及行也，尚為姜。及立為后，
乃生辛。帝乙以啟賢且長，欲以啟為太子。太史據法爭之，帝乙乃立
辛為太子。」另據歷史小說《封神演義》第一回「紂王女媧宮進香」載
曰：「紂王乃帝乙之三子也。帝乙生三子：長曰微子啟；次曰微子衍；
三曰壽王。因帝乙遊於御園，領眾文武玩賞牡丹，因飛雲閣塌了一
樑，壽王托樑換柱，力大無比；因首相商容、上大夫梅柏、趙啟等上
本立東宮，乃立季子壽王為太子。後帝乙在位三十年而崩，託孤與太
師聞仲，隨立壽王為天子，名曰紂王，都朝歌。」歷史上若有皇后無

出，而妾有子，因此有改立妾為后者；例如春秋時代的衛莊公，幸夫
人女弟而生子完。《史記・衛康叔世家》載曰：「莊公五年，取齊女為
夫人，好而無子。又取陳女為夫人，生子，蚤死。陳女女弟亦幸於莊
公，而生子完。完母死，莊公令夫人齊女子之，立為太子。莊公有寵
妾，生子州吁。十八年，州吁長，好兵，莊公使將。石碏諫莊公曰：
『庶子好兵，使將，亂自此起。』不聽。二十三年，莊公卒，太子完
立，是為桓公。」

　　根據學者考證殷墟卜辭內容，發現在祭祀卜辭中先公與先妣之
間，或先公後多有一「奭」字，實即配偶之意；也就是把卜辭的
「奭」，解釋為匹敵配偶之意。[11]但是，有的先公先王有先妣，而有的卻
付之闕如，例如「帝乙」即屬之。又有學者認為：既有兒子即位為王
者，其生身母親必被排入祀典而參與祭祀，而沒有兒子為王的先王配
偶，則不參予祭祀。[12]據歷史文獻記載，「帝乙」傳位給「帝辛」，「帝
辛」就是殷商末代皇帝「紂王」；他的生母本恐非「帝乙」之正妻，也
就是法定配偶，因此未把正妻從配「帝乙」並排入「旬祭」祀典之中。

五　結論

　　卦名「歸妹」兩字，具有一語雙關之義：一指嫁娶女子，也就是
女子長大並且出嫁到夫家的意思；一指天下女子，她們都將成為男子
婚配的對象。在本卦之爻辭內容中，「歸妹」兩字共有四見，「娣」字
則有三見；爻辭「歸妹以娣」，說明一夫多妻制之社會現象，藉此敘述
有關送女從嫁之媵娣婚制。根據研究，古代「媵娣制」之嫁娶方式，
表示男人可以迎娶一位正妻及多位女弟；希望藉此方式能夠增加繼嗣
傳宗之機會。爻辭「歸妹愆期」，這是因應「媵娣制」的一種權宜措
施；表示以「違時嫁娶」之特殊方式，等待女子年至十五再補辦迎娶

入門儀式，顯示古人已有尊重女性生理長成之優生學觀念了。

　　卦名曰「歸妹」，它與古稱「嫁」或「嫁娶」，今稱「結婚」或「婚配」之義相同。「歸妹」兩字，是指男女雙方之間的嫁娶大事而言；男方是娶媳婦，女方是嫁女兒。上古時代以「歸妹」一詞，代稱「嫁娶」大事；目前臺灣人仍保留以「嫁娶」（KE₃ TSUA₇）兩字，來稱呼男女之間的婚姻大事，而此種臺灣話用詞，頗富古意。上古漢字含有多音、多義之特色，「歸」字之義，可作還、嫁、饋、全等解釋；「妹」字之義，少女之代稱，她與今日常聞的「待嫁閨女」或「千金小姐」之美稱，似有相通之處。

　　臺灣這個地方，尚保留一項很古老的嫁娶習俗與形式，讓我們還能看到花轎或禮車頂上，都有繫綁一塊豬肉及一株竹青之俗；在花轎禮車之內，就坐著一位美麗之新娘。這項嫁娶文化景觀，最足以幫助我們考釋「歸」字之字形本義。在「歸」字之甲骨文字形中，它有一塊珍貴吉祥的「饋肉」，及一株頭尾齊全之「竹青」；造字者藉此兩種物象，創意組合而成一個會意型文字。古人藉一塊「饋肉」及一株「竹青」，組合成一「歸」字之基本字形，從此可以佐證，「歸妹」一詞代表「嫁娶」之本義。事實上，一株頭尾齊全之「竹青」，可代表一樁純潔、貞操與圓滿之婚事，並象徵男女雙方結合可以有始有終，一對新人可以白頭偕老之祝福。據臺語專家之研究指出，「歸」字，女嫁也；「嫁」，應是「歸」之本字，也許上古音正讀，就如臺灣話「嫁」（KE₃）。

　　中國古代貴族之婚姻，已行一夫多妻制，故有姪娣共嫁一夫之事實。古人送女從嫁之媵娣制，屢見於《周禮》及春秋諸國間；從《易經》歸妹卦「歸妹以娣」及「帝乙歸妹」之爻辭內容，亦可佐證殷商帝王之嫁娶，早已施行「媵娣制」了。依照歸妹卦經文所論述之物象，係以皇家貴族之特殊婚姻方式作為範例，從卦爻辭之內容中，可

以看出帝王確實享有一夫多妻之婚姻特權；這種以女弟從嫁正妻之方式，也許是為了保障宗廟祭祀及維繫繼嗣皇統之目的。根據專家考證，天子娶十二女為夏制，依《昏義》則后及妃妾，共有一百二十一人。[13] 從歸妹卦之卦名與卦義分析，「歸妹」兩字，意指「嫁娶」大事；而「歸妹以娣」一詞，意指迎娶女弟。事實上，「帝乙歸妹」一詞，即針對「帝乙」迎娶女弟為妃，最終還為他生下繼嗣皇統的「帝辛」。六五爻辭「帝乙歸妹，其君之袂，不如其娣之袂良；月幾望，吉」，其中「帝乙歸妹」一詞，可以理解作者以商王「帝乙」之特殊嫁娶與生子情況，以作為卦名「歸妹」兩字之意象闡述。初九爻辭「歸妹以娣，跛能履，征吉」，與六五爻辭「其娣之袂良；月幾望，吉」之句；爻辭一前一後，並相互呼應「帝乙」確實能從「歸妹以娣」中，獲得以娣代妻、生嫡繼嗣的最大願望與好處，這與相關歷史文獻所記載情節，頗為吻合。事實上，從歷史文獻之內容看來，「帝乙」有二妃、生三子，並以幼子「辛」繼位為殷商末代皇帝之記載。這段經文內容，與歷史學家所臆測的、帝乙嫁女或嫁妹給周文王為妻之故事，明顯有所出入。[14]

　　再者，聖人以「歸妹以娣」及「帝乙歸妹」之詞，明言殷朝皇帝之嫁娶特權，另以「征凶」及「無攸利」之詞，暗喻昏君強娶女子之下場。聖人以爻辭「歸妹以娣」及「帝乙歸妹」之事實，說明皇室貴族可以藉此增加生育子嗣之機會，並避免重演類似「九世之亂」、爭奪立子繼承王位之弊。在卦、爻辭中，作者先以「征凶，無攸利」為首，再以「女承筐無實，士刲羊無血，無攸利」收尾；經文首尾都有「無攸利」一詞，表示嫁娶形式如有不當者，例如違反禮義倫常或無法生育者，其結果將是無利可圖。嫁娶本屬一件很莊嚴的人生大事，但如有霸王硬上弓之行為，或縱情不生子的態度，就會發生如卦辭所言的「征凶」。事實上，嫁娶絕不能有違犯禮法之行為，也不能以強迫手

段逼人就範。卦辭「征凶」兩字，就含有以威權武力強搜天下女性之意涵，而大動干戈的搶婚方式，這是原始社會的婚配方式，也像老虎獅子等雄性哺乳動物，大家為了爭奪交配權而打得你死我活；這些粗暴的嫁娶或配對方式，都是製造社會爭端，或釀成彼此凶厄與悲劇的根源。《康熙字典》引《史記‧殷本紀》曰：「帝辛，天下謂之紂」；《註》曰：《諡法》殘忍捐義曰「紂」；而「捐義」兩字，就是指霸佔民女為妻妾之類行為，紂王強娶有蘇氏美女妲己，就是一樁歷史教訓。上古時代的昏君，如夏桀迷戀妹喜，及商紂強娶妲己；兩人作為因不合帝王禮法，最後才成為夏、商兩代滅亡之禍首。

注釋

1 徐金松：《最新臺灣話音典》（臺北縣：開拓出版公司，1998 年），字典，頁 113。

2 連雅堂原作，姚榮松導讀：《臺灣語典》（臺北市：金楓出版社，1987 年），頁 59。

3 白川靜著，蘇冰譯：《常用字解》（北京市：九州出版社，2010 年），頁 51-52，66。

4 馬如森：《殷墟甲骨文引論》（長春市：東北師範大學出版社，1993 年），頁 594。

5 陳顧遠：《中國婚姻史》（北京市：商務印書館，2014 年），頁 3-5。

6 陳冠學：《臺語之古老與古典》（高雄市：第一出版社，1984 年），頁 186。

7 李辰冬：《詩經通釋》（臺北市：水牛出版社，1980 年），頁 187。

8 李宗侗：《中國古代社會史》（臺北市：華岡出版社，1977 年），頁 142-143。

9 程石泉：《易辭新詮》（上海市：上海古籍出版社，2000 年），頁 145。

10 廖慶六：《歸○解易十六講》（臺北市：萬卷樓圖書公司，2013 年），頁 187-197。

11 張政烺：《甲骨金文與商周史研究》（北京市：中華書局，2012 年），頁 1-10。

12 朱彥民：〈殷卜辭所見先公配偶考〉，《新世紀南開社會史文集》（天津市：天津人民出版社，2010 年），頁 1-24。

13 陳顧遠：《中國婚姻史》（北京市：商務印書館，2014 年），頁 49。

14 顧頡剛：〈周易卦爻辭中的故事〉，《易學論著選集》（臺北市：長安出版社，1985 年），頁 165-209。

第十六講
淺釋易經節卦

一　前言

　　《論語・庸也》篇記載：「中庸之為德也，其至矣乎！民鮮久矣。」至聖先師孔子認為，以「中庸」作為道德標準，可算是至高無上了，人們缺少它很久了。一個人的言行，如果能夠符合不偏不倚的中正之道，大都以「允執其中」或「允執厥中」稱之。在古典文獻中，《尚書・大禹謨》曰：「人心惟危，道心惟微，惟精惟一，允執厥中。」《論語・堯曰》則曰：「咨！爾舜！天之曆數在爾躬。允執其中。四海困窮，天祿永終。」另外在《中庸》一書，則論述「中」字，或言「中庸」，或言「時中」，或言「中和」；「中」字之義，指不偏不倚，比喻真正做到恰到好處。《中庸》又曰：「天命之謂性，率性之謂道，修道之謂教。道也者，不可須臾離也，可離非道也。是故君子戒慎乎其所不睹，恐懼乎其所不聞。莫見乎隱，莫顯乎微。故君子慎其獨也。喜怒哀樂之未發，謂之中；發而皆中節，謂之和；中也者，天下之大本也；和也者，天下之達道也。致中和，天地位焉，萬物育焉。」人能真誠地堅持「中庸」之道，就是他的言行都能有所「節制」。對於人之言行、個性、態度、作為，因為能知所節制才不會有禍害。

　　人為萬物之靈，只有人類才具有開發德智體群之能力。人類為了

進行正常的社交生活或發展複雜的人際關係，就必須建立一套正確的
禮法制度；因為具有禮法制度，才能培養出合宜的生活禮節。事實
上，常人都有喜、怒、哀、樂之情，就像天有春、夏、秋、冬之氣。
《中庸》一書說得好：喜怒哀樂之未發，謂之中；發而皆中節，謂之
和。反觀《易經》之節卦，在其爻辭內容中，即含有「不節」、「安
節」、「甘節」、「苦節」之四個用詞；它們剛好可以代表喜（安節）、
怒（不節）、哀（苦節）、樂（甘節），四種人類最基本的性情反應。
以「甘節」一事為例，似與殷商王朝之祭祖祈福及飲酒舊俗有關；因
嗜酒無度而誤事，就像《史記・殷本紀》所載述的「帝紂好酒淫樂，
嬖於婦人」，最終國家也遭到滅亡之命運。事實上，節制之項目不同，
「安節」是指安逸，代表「喜」；「不節」是指動氣，代表「怒」；「苦
節」是指悲慟，代表「哀」；「甘節」是指甘甜，代表「樂」。人們必
須懂得如何節制喜、怒、哀、樂之性情，必須知道吉、凶之情境；因
此言行必須要有智慧才行，這樣人生才能得亨、無咎、悔亡。考節卦
之內容，表示為了達到「節制」之好效果，因此特別強調智慧的重要
性，並透過經文闡述「貞」字之特殊內涵。本文試以語言文字、禮俗
文化及歷史文獻之研究方法，探索節卦經文之意象，並依照卦爻辭之
解釋、關鍵字辭之解釋、六十四卦之聯通，三個段落順序，分別撰述
個人鄙見，並就教於方家。

二　卦、爻辭之解釋

卦辭：節：亨，苦節，不可，貞。

譯文：論述節制之卦：人知節制才能得到護佑，但過分節制而感覺痛
　　　　苦者，這樣就不可以了，做人處事應該要有智慧。

初九：不出戶庭，無咎。

譯文：〔節制情慾〕閨房內男女情慾之事，不能出現在家屋門外，這樣才能避免禍害上身。

九二：不出門庭，凶。

譯文：〔遵守家禮〕守喪期間要能遵守禮制，而喪家哀眷也不能隨意步出門庭。

六三：不節，若則嗟若，無咎。

譯文：〔怒〕不能節制情緒而動怒，但如果能有節制而僅發出哀嘆或表示遺憾之聲，這樣就不會有禍害發生了。

六四：安節，亨。

譯文：〔喜〕生活安逸歡喜而能知節制，這樣才能得到更多的護佑。

九五：甘節，吉，往有尚。

譯文：〔樂〕品嚐甘甜滋味而能知節制，行吉禮祭祀祖先，也是為了祈求平安吉祥，而辦事都能遵照祖先的禮制與舊俗。

上六：苦節，貞凶，悔亡。

譯文：〔哀〕悲苦哀慟而能知節制，憑智慧去辦理凶事，這樣才不會有悔恨之心。

三　關鍵字辭之解釋

　　卦名「節」字之音義，據《康熙字典》引用各家字書之註解，

《集韻》、《韻會》、《正韻》、《廣韻》曰：子結切，音接。《說文解字》曰：竹約也，从竹即聲，子結切。段玉裁註曰：約，纏束也，竹節如纏束之狀，引申為節省，節制，節義。臺灣話「節」字，有三種不同發音，包括：「節」（CHIAT₄）育；「節」（THEH₄）日；關「節」（TSAT₄）。俗話有「錙銖必較」之說，而臺語有「做人要有站節」一語；「站節」（TSAM₇ TSAT₄）兩字，具有段落、節制、分寸之義，表示言行要小心、做人有分寸。[1] 按，卦名及卦、爻辭之「節」字，應與臺灣話「關節」、「站節」之「節」（TSAT₄）字，兩者音義相同。「節」字具有一字多義之特色，包括節制、節省、節儉、節約、約束……等多種意思；「禮節」則是引申之義，因為做人要有節制，才能合乎禮法之規定，這樣才能避免禍害發生。考「節」字之形，甲骨文闕，《康熙字典》曰〔古文〕卩，應是「節」字初文。有學者認為：「卩」之甲骨文，象一人跪坐之形，亦躬身行禮之狀，有節制自己行為儀態的用意，大約是最古老的一種禮節，也是最隆重的禮儀；中國人一直以跪禮為大禮，有可能來自於此。[2]

　　卦辭中有「亨」、「貞」兩字，表示人之言行因有所節制，故能得到他人贊同與護佑，這是充滿智慧之好表現。在六個爻辭內容中，聖人首先以初九、九二兩爻，用來節制或規範家人之言行；為了說明不能逾越門戶或走出庭院之原因，因此特別舉出「情慾」與「凶事」、這兩樁具體而相對之感情事例。接著，在六三、六四、九五、上六四個爻辭中，聖人再敘說喜、怒、哀、樂之情，都必須靠一個人的智慧來作節制，這樣才能獲得「無咎」、「亨」、「吉」、「悔亡」之好結果。人對喜、怒、哀、樂之節制，正是履行禮法之好典範，這也是形塑生活禮節的好方法。東漢王充《論衡》之〈本性〉篇有曰：「情性者、人治之本，禮樂所由生也。故原情性之極，禮為之防，樂為之節。性有卑謙辭讓，故制禮以適其宜；情有好惡喜怒哀樂，故作樂以通其敬。禮

所以制、樂所為作者，情與性也。」茲依各爻辭之先後順序，分別解釋
本卦之關鍵字詞如下：

不出戶庭

　　初九爻辭：「不出戶庭，無咎。」意指有關男女兩人在閨房內之情
慾私事，不能出現在家屋門外，這樣才能避免禍害上身。自從人類進
入文明社會，男女遵禮結婚成家，而同床合卺之主要目的，就是為了
繁育子嗣。夫妻攜手共創一個家庭，並要嚴守禮節及約束言行；夫妻
行房只限於自家屋內，這樣才不失禮節，才能避免禍害上身。人與其
他動物之區別，在於人能節制情慾，在時地之客觀條件下，要能嚴守
禮制規定。「戶庭」是進入家戶之門檻，它時時刻刻都在為家屋與家人
把關，它具有神聖而不可侵之重要地位與象徵意義。「庭」字之音義，
《唐韻》曰：特丁切；《集韻》、《韻會》、《正韻》曰：唐丁切，從音
亭。《說文解字》曰：宮中也；《玉篇》曰：堂階前也。臺灣話「庭」
字，共有三種不同發音：戶「庭」（THENG₃），門「庭」（TIANN₅），
法「庭」（TING₅）。《唐韻》訓「特丁切」，它與臺灣話戶庭之「庭」
（THENG₃），發音類同；而爻辭「戶庭」一詞，意指門檻而言。

　　依據臺灣人之傳統結婚禮俗，新娘在結婚當日先拜別父母，在典
禮程序進行中，喜婆或媒人還要隨時說好話，祝福新人一生都能幸福
美滿。典禮程序從拜別娘家父母開始，緊接著就是，蓋頭紗、上轎、
啟程、灑緣粉、出轎、過火、過戶庭、入廳堂、拜堂、入洞房、結婚
酒、喝新娘茶等等。其中「過戶庭」（庭字，今俗作碇）一節，喜婆或
媒人會以四句聯提醒或祝福新人；例如：「新郎新娘過戶庭，腳著舉高
高，予恁囝孫仔考試中狀元」；「新郎新娘過戶庭，予恁闔家萬事成」。
迎娶回到男方家門，當新娘入門檻（不可踏到門檻）時，又會聽到：

「戶碇跨乎過，新娘吃甲百二歲；腳踏落地，金銀春甲無地夏」之四句聯。文人多有描寫「戶庭」之詞句，例如魏晉南北朝詩人陶淵明，在他的《歸園田居》五首之一，有句：「戶庭無塵雜，虛室有餘閒。」東晉名醫葛洪《抱朴子・勘學》曰：「觀萬古如同日，知八荒若戶庭。」南朝宋鮑照《潯陽還都道中》詩：「未嘗違戶庭，安能千里遊？」唐代李頻《府試老人星見》詩曰：「良宵出戶庭，極目向青冥。」

不出門庭

　　九二爻辭：「不出門庭，凶。」意指人要謹守治喪之禮制與規矩，因此家人在守喪期間，都不能隨意步出庭院大門。「門庭」一詞，應是臺灣俗話「門口庭」之簡稱，它是指家屋門外之大庭院而言；在三合院建築中，則有一道大門作為庭院內外之區隔。門庭之「庭」字，臺灣話發音為TIANN₅，與「埕」字同音同義。古人云：「禮有五經，莫重於祭」，據鄭玄注曰：「禮有五經，謂吉禮、凶禮、賓禮、軍禮、嘉禮也。」古代禮制共有五項，其中之凶禮，就是指治理喪事之禮儀；而現代的臺灣人，仍稱喪葬事宜為「凶事」。考「凶」字之音，《唐韻》、《正韻》曰：許拱切《集韻》、《韻會》曰：詡拱切，从臼上聲。古音訓「許拱切」或「詡拱切」，又與臺灣話指稱喪事為「凶事」之「凶」（HIONG₁）字同音；並與兄、匈、鄉等字之發音，屬同聲同調。[3]據此可以理解，爻辭「凶」字，應指「凶事」或「凶禮」而言。事實上，在傳統社會中，如有親人過世而須依禮服喪，若有宦遊或營商在外之家人，都必須儘速趕回家中奔喪及守喪。《禮記・喪服四制》曰：「夫禮，吉凶異道，不得相干，取之陰陽也。喪有四制，變而從宜，取之四時也。有恩有理，有節有權，取之人情也。恩者仁也，理者義也，節者禮也，權者知也。仁義禮智，人道具矣。」再者，《禮記》一書，

更有詳載如何以時間長短來節制言行之內容：

> 始死，三日不怠，三月不解，期悲哀，三年憂，恩之殺也。聖
> 人因殺以制節，此喪之所以三年。賢者不得過，不肖者不得不
> 及，此喪之中庸也，王者之所常行也。《書》曰：「高宗諒闇，
> 三年不言」，善之也；王者莫不行此禮。何以獨善之也？曰：高
> 宗者武丁；武丁者，殷之賢王也。繼世即位而慈良於喪，當此
> 之時，殷衰而復興，禮廢而復起，故善之。善之，故載之書中
> 而高之，故謂之高宗。三年之喪，君不言，《書》云：「高宗諒
> 闇，三年不言」，此之謂也。然而曰「言不文」者，謂臣下也。

以上「聖人因殺以制節」一詞，已明訂「三日不怠，三月不解，期悲
哀，三年憂」之時間限制；「《書》曰」一詞，係指《尚書·周書》〈無
逸〉篇中之言論內容；而「三年之喪，君不言」一語，專指殷之賢王
武丁皇帝，他同樣也要遵「凶禮」之制而守喪三年。在《孟子·滕文
公上》有孟子曰：「不亦善乎！親喪固所自盡也。曾子曰：『生事之以
禮；死葬之以禮，祭之以禮，可謂孝矣。』諸侯之禮，吾未之學也；
雖然，吾嘗聞之矣。三年之喪，齊疏之服，飦粥之食，自天子達於庶
人，三代共之。」典籍所記載之「三年之喪」，表示上自天子，下至庶
人，大家都要在家守喪三年，這正是爻辭「不出門庭，凶」的最佳詮
釋。

不節

六三爻辭：「不節，若則嗟若，無咎。」意指情緒因一時失控而對
他人動怒，但如果他能知所節制而代之以哀嘆或表示遺憾之聲明，這
樣就不會有禍害發生了。據《康熙字典》所載，「則」字之音、義，

〔古文〕劋劋劅劅，《唐韻》、《正韻》曰：子德切；《集韻》、《韻會》曰：既德切，从音側。《說文解字》曰：則等畫物也，从刀貝；貝，古之物貨也。《徐曰》曰：則，節也；取用有節，刀所以裁制之也。又《玉篇》曰：法也。「嗟」字之義，《集韻》曰：痛惜也。「若則嗟若」一詞，表示對於發飆動怒一事，顯示已經受害或心生悔悟了；事後檢討得失，認為遇到不順遂之時候，言行都應該要有節制，頂多只是內心的哀嘆，或表示一點遺憾之聲明。事實上，人與人或國與國發生爭端時，如果有人直接動手回擊或以粗口謾罵，那就有爆發更大衝突或戰爭之危險。在外交辭令上，官員都是發表嚴重關切或表示遺憾之言論，以作為第一時間的回應動作。「不節」一詞，應指人有不良之言行，卻沒有受到節制之意思。

安節

六四爻辭：「安節，亨。」意指生活安逸歡喜而能知節制，這樣才能得到他人的護佑。人雖安逸欣喜而知惜福，能有所節制並與他人共享，這樣才能得到更多的回饋與護佑。「安」字之音，《唐韻》、《集韻》、《韻會》、《正韻》曰：从於寒切，案平聲。「安」字之義，《說文解字》曰：靜也；意指生活中有關安逸、安定、安靜之種種情勢或氛圍。「亨」字，具有分享與護佑之雙重意思；能享安逸快活日子，這雖是個人的福分，卻是拜社會安定賜予的；不但自己要珍惜它，還要能與他人分享才是。人的一生當中，安逸喜事包含有很多情況，例如：結婚、生子、中榜、中獎、喬遷、升官、慶生……等等；人逢喜事時，常會有眾多親友登門道賀，如果自己興奮過度，恐會引來禍害或遭人非議。相反的，享受安逸歡喜而能知節制者，這樣才能得到更多與更久的福氣與護佑。

甘節

　　九五爻辭：「甘節，吉，往有尚。」意指品嚐甘甜滋味而能知節制，行吉禮祭祖是為了祈求平安吉祥，而辦事也都能遵照祖先的禮制與舊俗。「甘」字之音義，《唐韻》曰：古三切；《集韻》、《韻會》、《正韻》曰：沽三切，从感平聲。《說文解字》曰：美也；《徐曰》曰：物之甘美者也。俗話常說：滋味甘醇的美酒，最能令人陶醉與回味；《尚書・夏書》〈五子之歌〉曰：甘酒嗜音，峻宇彫牆。臺灣話以「甘甜」兩字連用；人逢喜慶時候，概以甜食、美酒分享親友。在傳統文化與社交禮儀中，能有「甘節，吉」者，必屬快樂美事一樁，例如舉行祭祖大典是也。以殷商祭祀文化觀之，他們舉行祭祖之目的，就是為了祈求平安吉祥，而祭祀之後又有飲酒作樂之習俗。事實上，因酒能亂性，故飲酒作樂必須知所節制，這樣才能獲得平安吉祥。嗜酒無度而誤事，而飲酒又與殷朝頻繁祭祖文化有關，最終國家也遭到滅亡之命運。依《史記・殷本紀》記載：「帝紂好酒淫樂，嬖於婦人」。古籍《尚書》更有較多關於酒戒之內容，例如〈周書・酒誥〉篇，記載王曰：「封，汝典聽朕毖，勿辯乃司民湎于酒」；〈無逸〉篇，記載無皇曰：「今日耽樂，乃非民攸訓，非天攸若，時人丕則有愆。無若殷王受之迷亂，酗于酒德哉！」「殷王受」，就是指殷朝之末代皇帝紂王。「吉」字具有雙重意涵；可以代表舉行「吉禮」之意思，以及得到平安吉祥之徵兆。古人云：「禮有五經，莫重於祭」，據鄭玄注曰：「禮有五經，謂吉禮、凶禮、賓禮、軍禮、嘉禮也。」據此可以推論，「甘節」表示節制飲酒作樂，「吉」是指祭祀祖先之禮儀；而「往有尚」一詞，則表示對祖德宗功的讚頌與崇拜，並訓勉子孫要遵循祖先的禮制與舊俗。

苦節

上六爻辭:「苦節,貞凶,悔亡。」意指節哀順變之道理,如果喪家哀慟逾恆,對於死者與哀眷來說,都不會有什麼好處。遇有喪事必須節哀順變,因此要用智慧辦理喪事;有關治喪與守喪諸事,一切都要遵循禮俗規定去辦理,完事之後才不會有悔恨之心。《禮記‧檀弓下》有曰:

> 喪禮,哀戚之至也。節哀,順變也;君子念始之者也。復,盡愛之道也,有禱祠之心焉;望反諸幽,求諸鬼神之道也;北面,求諸幽之義也。拜稽顙,哀戚之至隱也;稽顙,隱之甚也。飯用米貝,弗忍虛也;不以食道,用美焉爾。銘,明旌也,以死者為不可別已,故以其旗識之。愛之,斯錄之矣;敬之,斯盡其道焉耳。重,主道也,殷主綴重焉;周主重徹焉。奠以素器,以生者有哀素之心也;唯祭祀之禮,主人自盡焉爾;豈知神之所饗,亦以主人有齊敬之心也。辟踊,哀之至也,有算,為之節文也。袒、括髮,變也;慍,哀之變也。去飾,去美也;袒、括髮,去飾之甚也。有所袒、有所襲,哀之節也。弁絰葛而葬,與神交之道也,有敬心焉。周人弁而葬,殷人冔而葬。

爻辭「苦節,貞,凶」,「節」是節制,「貞」是智慧;「節」與「貞」正是辦理「凶」事的依據與方法。從爻辭「節」、「貞」、「凶」三字,稍可看出凶事與節制之緊密關係,這也許是衍生「節哀順變」及「貞節牌坊」概念之原因。勸人「節哀順變」者,就是要喪家能夠抑制哀傷,並以順應變故作為上策,這算是慰唁死者家屬的一句好話。但是

「貞節牌坊」一詞，卻被用來表彰封建女性的堅貞不渝；對於丈夫不幸過世，妻子就此一生嚴守貞節，因此獲得建立牌坊以表彰其節烈事蹟。曾有一說：節，操也；如《春秋左傳・成公十五年》有曰：「諸侯將見子臧於王，而立之。子臧辭曰：前志有之曰：聖達節，次守節，下失節。為君，非吾節也，雖不能聖，敢失守乎，遂逃奔宋。」到了宋朝程、朱理學興起後，一方面在「存天理，滅人欲」的思想指導下，一方面在統治者的支持和倡導下，因此有衛道人士極力提倡女子守節之風。在過去封建時代，女子在婚前要「守童貞」，婚後夫在要「守婦貞」，夫死還要「守節」。事實上，封建時代寡婦不能再嫁之陋俗，及倡言「餓死事小，失節事大」之異聲，這些謬論不但嚴重違反人性，還有誤解及誤用「節」卦經文之事實。

四　六十四卦之聯通

在《周易》六十四卦中，「渙」卦與「節」卦之卦序排列相鄰，兩卦之卦象則成一錯卦關係；而在兩卦之卦辭中，卻同樣以「亨」字作為首字。節卦經文用字不多，其中卻有四個「不」字之詞。據古文字專家之研究指出：「不」字，依甲骨文字形，表示植物受一阻而不得生出之義，典籍不、丕、否通用；卜辭作副詞用，意為否定，例如「不受祐」（合集三四六八四片）即是。[4] 在全部六十四卦經文中，含有「不」字之詞，竟多達九十七見，包括：不可、不出、不節、不宜、不燕、不雨、不及、不利、不字、不告、不永、不寧、不誠、不富、不戒、不遐、不陂、不復、不興、不死、不事、不薦、不食、不耕、不菑、不盈、不恆、不能、不贏、不明、不信、不勝、不息、不終、不見、不我、不喪、不獲、不拯、不快、不孕、不育，及不如舍、不有躬、不家食、不終日、不克訟、不咥人、不遠復、不鼓缶、不改

井……等等。其他有關各卦經文之聯通關係者，以下簡要舉例說明之：

庭

在《周易》六十四卦經文中，有很多用字是關於住家之建築或器物名稱，例如「戶庭」、「門庭」、「門」、「戶」、「家」、「屋」、「床」、「鼎」等等。其中，「庭」字有五見：明夷六四爻「出于門庭」；夬卦卦辭「揚于王庭」；艮卦卦辭「行其庭」；節卦初九爻「不出戶庭」，九二爻「不出門庭」。「門」字有四見：同人卦初九爻「同人于門」；隨卦初九爻「出門有交功」；明夷六四爻「出于門庭」；節卦九二爻「不出門庭」。「戶」字有三見：訟卦九二爻「其邑人三百戶」；豐卦上六爻「闚其戶」；節卦初九爻「不出戶庭」。節卦之經文內容，同時含有「庭」、「門」、「戶」三個用字；其中之「庭」字，臺灣話即有三種不同發音，包括：戶庭之「庭」（THENG₃）；門庭之「庭」（TIANN₅）；法庭之「庭」（TING₅）。對照節卦之「庭」字，在初九爻為戶庭之「庭」，在九二爻為門庭之「庭」；就像臺灣話一樣，因場所不同而會有不同之發音。事實上，節卦之「庭」字，可以解讀為上古時代的「說的字」，藉此可以表彰不同之物象與意象。

凶

在《易經》六十四卦經文中，「吉」字共一百四十六見，「凶」字共五十八見；「吉」之相對義字，為「凶」。「凶」字古文為「殈」，「凶」字古音，《唐韻》、《正韻》曰：許容切。「凶」字之另一古音，《唐韻》、《正韻》曰：許拱切；《集韻》、《韻會》曰：詡拱切，從臾上聲。古音訓為「許拱切」或「詡拱切」，似與臺灣話指稱喪葬事宜為凶

事之「凶」（HIONG₁）同音；它與兇、匈、鄉等字，亦屬同音同調。古代所指之「凶事」（HIONG₁ SU₇），可以涵蓋人類所遭遇到的水、火、兵、震等災害，以及家人不幸過世之悲傷事件。經文「凶」字，以單字呈現者為多見，另有「貞凶」、「征凶」、「見凶」、「凶事」等字詞形式者，其中又以「貞凶」、「征凶」，各有十見為最多。「益」卦六三爻「益之用凶事」，表示對於辦理「凶事」之哀眷，賜給他們一筆喪葬補助金之意思。另外，經文與古禮確實具有密切關係，而「吉」、「凶」、「征」三字，似可代表「吉禮」、「凶禮」、「軍禮」，這三種古代國家的祭祀禮儀。

尚

在《周易》六十四卦經文中，「尚」字共有六見，分別是：小畜卦「尚德載」，泰卦「得尚于中行」，蠱卦「高尚其事」，坎卦「行有尚」，豐卦「往有尚」，及節卦「往有尚」。考「尚」字之音，據《廣韻》載有三種注釋，曰：市羊切，時丈切，時亮切。訓市羊切，其發音如臺灣話和尚之「尚」（SIU（ŋ）₇）；訓時丈切，如臺灣話尚武之「尚」（SIONG₇）。訓時亮切，則作為姓氏「尚」之音。考「尚」字之義，曾也，加也，佐也，上也，庶幾也。「尚」字之形，甲骨文闕，金文為「賞」之古文，具有賞賜、饋贈、尊崇、貴重之義。「尚」字之意義與利用最具彈性，據高樹藩之注釋，它可做名詞，動詞、形容詞、副詞、連接詞，因此具有多達二十多種之不同解釋。[5]考「尚」字之甲骨文字形，中國社科院考古研究所編輯之《甲骨文編》，及李孝定編述之《甲骨文字集釋》，二書均未著錄；而劉興隆編輯之《新編甲骨文字典》一書，則收錄有三個不同字形，分別是合集七七片、合集七五六六片、合集二〇七八一片。[6]「尚」字，表示具有比較正面之意義；節

卦「往有尚」一詞，則表示言行都能遵照過去祖先之禮制與舊俗，因此才能收到好效果。

五　結論

在古典文獻《中庸》一書中，聖人已經明言：喜怒哀樂之未發，謂之中；發而皆中節，謂之和。人們對於喜、怒、哀、樂之節制，就是要落實禮法之約束，及形塑日常生活之禮節。社會常因風氣敗壞，所以造成迷戀情色而有出軌行為，放縱情慾而演出紅杏出牆醜聞；例如有人相約上摩鐵（Motel Sex），或演出車震（Car Sex），這些緋聞男女都已嚴重逾越「節」卦經文「不出戶庭」之規範。男女依禮結成夫妻後，閨房情事絕不能出現於家門之外，若有「出戶庭」之行為，顯然不符傳統禮法之約束；違犯者必招致嚴厲批評，重則還會拆散甜蜜家庭。

古人云：「禮有五經，莫重於祭」，鄭玄注曰：「禮有五經，謂吉禮、凶禮、賓禮、軍禮、嘉禮也。」據此可以推論，在《周易》成書年代，有多數之「吉」字，是指祭祖禮；「凶」指喪事禮；「征」指軍事禮。節卦「凶」字有二見：九二爻「不出門庭，凶」，上六爻「苦節，貞凶，悔亡」；「吉」字一見：九五爻「甘節，吉，往有尚」。本卦之「吉」字，應指行祭祖禮，而祭後常有飲酒作樂；「凶」字，是指喪事禮，而守喪也常哀慟逾恆。事實上，過度歡樂與悲傷都不好，這就是借助「甘節」與「苦節」兩個爻辭，用以闡發「節」字的意象與哲理。

借助臺灣話來詮釋經文之音義，頗能契合作者之原始意涵。在臺灣話中，「節」字共有三種不同發音，包括：「節」（CHIAT₄）育，「節」（THEH₄）日，關「節」（TSAT₄）。臺語有「做人要有站節」一語；「站節」（TSAM₇ TSAT₄），有「節制」之義，表示言行要小心、做

人有分寸。「庭」字也有三種不同發音，包括：戶「庭」（THENG₃）、門「庭」（TIANN₅）、法「庭」（TING₅）。事實上，初九爻「戶庭」，六二爻「門庭」二詞，及六三爻「不節」、六四爻「安節」、九五爻「甘節」、上六爻「苦節」；為了解讀其中「庭」、「節」兩字詞之意涵，似應視它為古籍中「說的字」為宜。[7]經文「不」字，依甲骨文字形，表示植物受一阻而不得生出之義，典籍不、丕、否通用；卜辭作副詞用，意為否定。六三爻辭「不節，若則嗟若，無咎。」意指情緒不能節制才會對他人動怒，但如果能知節制而代之以哀嘆或表示遺憾之聲明，就不會有禍害了。在外交辭令中，若遇有不利我方情況時，官員都先表示「遺憾」，以作第一時間之回應對方。為避免禍端發生，雙方都不應輕舉妄動或開口謾罵，這就是「節」卦六三爻辭所要表達之意涵。

注釋

1 董忠司總編纂：《臺灣閩南語辭典》（臺北市：五南圖書出版公司，2003年），頁111。

2 謝祥榮：《周易見龍》（成都市：巴蜀書社，2000年），頁887。

3 廖慶六：《歸○解易十六講》，第二集（臺北市：萬卷樓圖書公司，2014年），頁181-182。

4 劉興隆：《新編甲骨文字典》（臺北市：文史哲出版社，1997年），頁777。

5 高樹藩：《正中形音義綜合大字典》（臺北市：正中書局，1977年），頁2016-2017。

6 劉興隆：《新編甲骨文字典》（臺北市：文史哲出版社，1997年），頁958。

7 廖慶六：《歸○解易十六講》（臺北市：萬卷樓圖書公司，2013年），頁233。

後記

　　本書是繼《歸○解易十六講》第一集、第二集出版之後，陸續發表於《國文天地》雜誌、有關易經研究的第三本論文集。本集內容同樣收錄十六篇不同卦別之文章；有關本集之書名與體例，研究方法與詮釋方式，大致與第一、二集相同。本集各篇解易文章，仍以通行本易經之經文內容為本，但不包含易傳內容之解讀，且行文一概不涉及象數、卦象、易例、占卜、或風水等易學觀點之探討。

　　前賢有「六經皆史」之說，「經」是以經文為內容，「史」則以史事為材料；經書之目的，是為了達到文以載道之效果，而歷史之目的，就是要發揮以古鑑今之作用。二十世紀初葉，有王國維、傅斯年等學者，他們陸續發表或闡述「二重證據法」之新概念與新方法，將歷史學與考古學之研究，相互結合或互為印證；幫助中國上古典章政教之研究，往前邁進了一大步，也幫助學術之研究觀念，增加很多新方法與新工具。《易經》是公認最古老的一部經書，經文中更有關於上古歷史故事之內容，本集特別整理一篇〈易經與上古史事對照索引〉，並附錄於本書末端；這些文獻資料雖屬吉光片羽，卻可提供作為歷史研究的佐證資料。

　　臺灣閩南語，通稱為臺灣話，或簡稱臺語。臺灣話確實是上古漢語之活化石，相信透過臺灣話之探索，將可發明不少易經著作時代之語言特色。事實上，在易經六十四卦所用之經文中，確實每卦各含有數個關鍵字辭，我們可以透過這些臺灣話之文字比對解析，藉此達到以音辨字之效果。在本書第二集中，曾附錄一篇〈易經與臺灣話對照

索引〉，本集特別再做整理與更新，並收錄第一、第二及第三集，共計四十八卦之用字對照索引，藉此可以幫助讀者查詢相關字彙之需。

　　本人自二○一二年六月份起，持續在《國文天地》雜誌專欄發表解易論文；很榮幸能獲得此項機會與肯定，對本人之研讀與詮釋《周易》這一本古典經書，確實具有很大的激勵與鼓舞作用。三年多來，很順利能夠每年出版一本專書，對於各界與讀者們的喜愛與指教，特此深表謝忱之意。合第一、第二及第三集之專書內容，至今共已收錄四十八卦；尚餘最後十六卦之解易文章，也將在《國文天地》雜誌中繼續刊登發表，更期盼明年能順利完成全部六十四卦之詮釋與合集之出版。在過去各期刊物及三集專書之編輯與出版過程中，對於文稿內容與版面編排等諸多問題，萬卷樓圖書公司及《國文天地》編輯部同仁，都不吝提供諸多建議與專業意見，讓拙文能夠連續如期刊登，也讓專書得以順利結集出版。萬卷樓圖書公司及《國文天地》雜誌社確實功不可沒，在此衷心感謝董事長兼總編輯陳滿銘、總經理梁錦興、副總編輯張晏瑞等三位老師的賞識與提拔；同時也要感謝編輯蔡雅如、陳若棻、游依玲，以及編輯部與美編顧問等所有同仁的鼎力相助。

廖慶六

二○一五年八月

重要參考書目

一　先秦及兩漢古籍

周易

尚書

世本

列子

爾雅

說文

史記

禮記

逸周書

春秋左傳

竹書紀年

二　易經注釋與研究

丁四新　《楚竹書與漢帛書周易校注》　上海市　上海古籍出版社
　　　2011年

于省吾　《易經新證》　臺北市　藝文印書館　1975年

王弼註　《周易經翼通解》　臺北市　華聯出版社　1977年

王夫之　《船山易傳》　臺北市　夏學社　1980年

王明雄　《易經原理》　臺北市　遠流出版社　1996年

王　鋮、李藍軍、張穩剛　《白話周易解析》　西安市　三秦出版社　1998年

王振復　《周知萬物的智慧──《周易》文化百問》　上海市　復旦大學　2011年

王亭之　《周易象數例解》　上海市　復旦大學　2013年

尹寶生、錢明嘯　《易經的應用哲學》　北京市　宗教文化出版社　2008年

田合祿、田峰　《周易真原：中國最古老的天學科學體系》　太原市　山西科學出版社　2006年

伍　華主編　《周易大辭典》　廣州市　中山大學出版社　1993年

朱駿聲　《六十四卦經解》　臺北縣　頂淵文化　2006年

朱　熹　《易本義》　臺北市　世界書局　1962年

朱伯崑主編　《周易知識通覽》　濟南市　齊魯書社　1996年

朱伯崑主編　《易學漫步》　臺北市　臺灣學生書局　1996年

朱高正　《周易六十四卦通解》　臺北市　臺灣商務印書館　1995年

江國樑　《易學研究基礎與方法一》　臺北市　學易齋　2000年

李光地纂，劉大鈞整理　《周易折中》　成都市　巴蜀書社　2010年

李學勤　《周易經傳溯源》　長春市　長春出版社　1992年

李漢三　《周易卦爻辭釋義》　臺北市　中華叢書編委會　1969年

李士珍　《周易分類研究》　臺北市　臺灣書店　1959年

李循絡　《奇門易經》　臺北市　將門出版社　1985年

李鐵筆　《易經占卜應用》　臺北市　益群書店　1988年

李鏡池　《周易探源》　北京市　中華書局　1991年

李申主編　《周易經傳譯注》　長沙市　湖南教育出版社　2004年

李安綱主編 《儒教三經：易經》 北京市 中國社會 1999年

何　新 《大易通解》 成都市 四川人民出版社 2000年

來知德 《易經來註圖解》 臺南市 大千世界出版社 1981年

金景芳、呂紹綱 《周易全解》 上海市 上海古籍 2005年

金景芳講述，呂紹綱整理 《周易講座》 桂林市 廣西師範大學出版
　　　　社 2007年

余敦康 《周易現代解讀》 北京市 華夏出版社 2006年

邢　文 《帛書周易研究》 北京市 人民出版社 1997年

沈仲濤 《華英易經》 上海市 世界書局 1935年

呂紹綱主編 《周易辭典》 臺北市 漢藝色研文化 2001年

尚秉和 《周易尚氏學》 北京市 中華書局 1998年

屈萬里 《讀易三種》 臺北市 聯經出版公司 1984年

屈萬里 《漢石經周易殘字集證》 臺北市 中央研究院 1999年

南懷瑾、徐芹庭 《周易今註今譯》 臺北市 臺灣商務印書館 1992年

南懷瑾講述 《易經雜說》 臺北市 老古文化 1987年

胡安德 《周易淺說》 臺北市 上智出版社 1979年

周振甫譯注 《《周易》譯注》 南京市 江蘇教育出版社 2006年

柳　村 《周易與古今生活》 武漢市 長江文藝出版社 2004年

孫振聲 《白話易經》 臺北市 星光出版社 1981年

程石泉 《易辭新詮》 上海市 上海古籍 2000年

程　頤 《易程傳》 臺北市 世界書局 1962年

崔波注譯 《周易》 鄭州市 中州古籍出版社 2007年

袁庭棟 《周易初階》 成都市 巴蜀書社 2004年

高　亨 《周易古經通說》 臺北市 華正書局 1977年

高　亨 《周易雜論》 上海市 上海古籍 1979年

高　亨 《周易古經今說》 臺中市 文听閣 2008年

高　亨　《周易古經今注》　臺北市　華正書局　2008年

高　亨　《周易大傳今注》　北京市　清華大學　2010年

高懷民　《先秦易學史》　臺北市　東吳大學　1975年

高懷民　《宋元明易學史》　臺北市　編者　1994年

唐赤蓉主編　《易經64卦384爻故事》　成都市　四川人民　2011年

秦磊編著　《大眾白話易經》　西安市　三秦出版社　1997年

馬恆君　《周易正宗》　北京市　華夏出版社　2004年

馬振彪遺書，張善文整理　《周易學說》　廣州市　花城出版社　2002年

黃　凡　《周易：商周之交史事錄》（上、下冊）　汕頭市　汕頭大學出
　　　　版社　1995年

黃沛榮　《周易彖象傳義理探微》　臺北市　萬卷樓圖書公司　2001年

黃沛榮　《易學乾坤》　臺北市　大安出版社　1998年

黃沛榮編　《易學論著選集》　臺北市　長安出版社　1985年

黃壽祺、張善文　《周易譯註》　上海市　上海古籍出版社　2004年

黃壽祺、張善文　《周易譯註》（修訂版）　臺北市　萬卷樓圖書公司
　　　　2015年

黃忠天　《周易程傳註評》　高雄市　復文圖書出版社　2004年

黃漢立　《易經講堂》　香港　三聯書店　2009年

黃家騁　《洪範易知》　臺北市　皇極出版社　1980年

黃道周撰，翟奎鳳整理　《易象正》　北京市　中華書局　2011年

陳瑞龍　《周易與適應原理》　臺北市　臺灣商務印書館　1985年

陳鼓應、趙建偉注譯　《周易今注今譯》　北京市　商務印書館　2005年

陳夢雷　《周易淺述》　北京市　九州出版社　2004年

陳文德　《易經解碼》　臺北市　奇德爾兒科技　2003年

陳明拱　《白話易經講義入門》　臺北市　智商出版社　年不詳

張曉雨　《周易筮法通解》　濟南市　山東人民出版社　2009年

張政烺　《論易叢稿》　北京市　中華書局　2012年

張文智、汪啟明整理　《周易集解》　成都市　巴蜀書社　2004年

張善文　《象數與易理》　臺北市　洪葉文化　1997年

張善文　《周易：玄妙的天書》　上海市　上海古籍出版社　1998年

張延生　《易學入門》　北京市　團結出版社　2005年

張　朋　《春秋易學研究——以《周易》卦爻辭的卦象解說方法為中心》　上海市　上海古籍出版社，2012年

張　漢　《周易會意》　成都市　巴蜀書社　2002年

喬一凡　《喬氏易傳》　臺北市　臺灣中華書局　1981年

賀華章　《圖解周易大全》　西安市　陝西師範大學出版社　2007年

曹　音　《周易釋疑》　上海市　上海三聯書店　2011年

郭建勳注譯，黃俊郎校閱　《新譯易經讀本》　臺北市　三民書局　1996年

傅佩榮　《傅佩榮解讀易經》　新店市　立緒文化　2005年

曾春海　《王船山易學闡發》　臺北市　嘉新文化基金會　1978年

萬樹辰　《周易變通解》　臺北市　中華叢書　1960年

閭修篆　《易經的圖與卦》　臺北市　五洲出版社　1983年

鄒學熹　《易學精要》　成都市　四川科學技術出版社　1997年

錢基博　《周易解題及其讀法》　桂林市　廣西師範大學出版社　2010年

楊家駱主編　《周易注疏及補正》　臺北市　世界書局　1978年

楊慶中　《二十世紀中國易學史》　北京市　人民出版社　2000年

楊淦植　《周易宗義》　北京市　北京大學出版社　2010年

廖名春　《《周易》經傳十五講》　北京市　北京大學出版社　2004年

廖慶六　《歸○解易十六講》第一集　臺北市　萬卷樓圖書公司　2013年

廖慶六　《歸○解易十六講》　第二集　臺北市　萬卷樓圖書公司　2014年

鄧秉元　《周易義疏》　上海市　上海古籍出版社　2011年

鄧球柏　《帛書周易校釋》　長沙市　湖南出版社　1996年

鄧加榮　《易經的智慧與應用》　北京市　新華書店　2006年

黎凱旋　《易數淺說》　臺北市　名山出版社　1975年

黎子耀　《周易導讀》　成都市　巴蜀書社　1990年

劉大鈞、林忠軍　《周易古經白話解》　濟南市　山東友誼出版社
　　　　1998年

劉大鈞　《周易概論》　成都市　巴蜀書社　2004年

劉大鈞主編　《簡帛考論》　上海市　上海古籍出版社　2007年

劉大鈞主編　《大易集釋》（全二冊）　上海市　上海古籍出版社　2007年

劉思白　《周易話解》　臺北市　弘道文化公司　1977年

劉君祖　《易經與生活規劃》　臺北市　牛頓出版社　1995年

歐陽維誠　《周易新解》　北京市　中國書店　2009年

薛悟村　《易經精華》　臺北市　傳統書局　1978年

熊十力　《乾坤衍》　臺北市　臺灣學生書局　1983年

賴貴三　《易學思想與時代易學論文集》　臺北市　文津出版社　2007年

謝祥榮　《周易見龍》　成都市　巴蜀書社　2000年

（日）大島順三郎　《易占自在》　日本東京　生生書院　1926年

三　語言文字研究

王延林　《常用古文字字典》　上海市　上海書畫出版社　1987年

王　力　《漢語史稿》　北京市　中華書局　2005年

王宇信　《甲骨學通論》（增訂本）　北京市　中國社會科學出版社
　　　　1999年

王宇信、楊升南、聶玉海主編　《甲骨文精華選讀》　北京市　語文出

版社　1996年

李學勤　《古文字學初階》　北京市　中華書局　1985年

李學勤　《簡帛佚籍與學術史》　臺北市　時報文化出版公司　1994年

李學勤　《甲骨百年話滄桑》　上海市　上海科技教育出版社　2000年

李孝定　《甲骨文字集釋》　臺北市　中央研究院歷史語言研究所　1970年

李葆嘉　《清代上古聲紐研究史論》　臺北市　五南圖書出版公司　1970年

何九盈　《中國古代語言學史》　廣州市　廣東教育出版社　2000年

沈富進　《彙音寶鑑》　嘉義梅山　編者　1954年

吳其昌　《殷虛書契解詁》　臺北市　文史哲出版社　1971年

吳守禮　《綜合閩南方言基本字典》　臺北市　文史哲出版社　1987年

林祖恭　《西周甲骨文字考釋》　臺北市　編者　1988年

林正三　《閩南語聲韻學》　臺北市　文史哲　2002年

周克庸　《漢字文字學》　貴陽市　貴州人民出版社　2009年

洪惟仁　《臺灣河佬語聲調研究》　臺北市　自立晚報社　1985年

洪惟仁　《臺灣禮俗語典》　臺北市　自立晚報社　1990年

洪惟仁　《臺灣方言之旅》　臺北市　前衛出版社　1994年

洪乾祐　《閩南語考釋》　臺北市　文史哲出版社　1992年

洪乾祐續編　《閩南語考釋》　臺北市　文史哲出版社　2003年

莊永明　《臺灣諺語淺釋》　臺北市　時報文化出版公司　1987年

夏　炘　《詩古音表二十二部集說》　臺北市　廣文書局　1966年

姜亮夫　《中國聲韻學》　臺北市　文史哲出版社　1971年

高樹藩　《正中形音義綜合大字典》　臺北市　正中書局　1977年

段玉裁　《說文解字段注》　臺北市　藝文印書館　1966年

徐金松　《最新臺語字音典》　臺北新店　開拓出版社　1998年

許進雄　《許進雄古文字論集》　北京市　中華書局　2010年

馬如森　《殷虛甲骨文引論》　長春市　東北師範大學出版社　1993年

連雅堂原作，姚榮松導讀　《臺灣語典》　臺北市　金楓出版社　1987年

黃陳瑞珠　《蘭記臺語手冊》　嘉義市　蘭記出版社　1995年

陳成福　《國臺音彙音寶典》　臺南市　西北出版社　1991年

陳冠學　《臺語之古老與古典》　高雄市　第一出版社　1984年

陳彭年等　《宋本廣韻》　臺北市　黎明文化　1988年

陳新雄　《音略證補》　臺北市　文史哲出版社　2002年

陳夢家　《殷墟卜辭粽述》　北京市　科學出版社　1956年

陳滿銘　《多二一（○）螺旋結構論》　臺北市　文津出版社　2007年

張　恢　《古文字辨第二、三卷》　臺北市　七宏印刷　1987年

張政烺　《甲骨金文與商周史研究》　北京市　中華書局　2012年

葉夢麟　《古音左證》　臺北市　著者　1956年

葉夢麟　《古音蠡測》　臺北市　著者　1962年

董宗司　《福爾摩沙的烙印——臺灣閩南語概要》（上、下冊）　臺北市
　　　　文建會　2001年

董宗司總編纂　《臺灣閩南語辭典》　臺北市　五南圖書出版公司
　　　　2003年

馮其庸、鄧安生　《通假字彙釋》　北京市　北京大學出版社　2006年

薛俊武　《漢字揆初第三集》　西安市　三秦出版社　2009年

楊伯峻、何樂士　《古漢語語法及其發展》　北京市　語文出版社
　　　　1992年

董峰政　《臺語實用字典》　臺北市　百合文化出版公司　2003年

董作賓　《殷虛文字甲編》　中央研究院歷史語言研究所　1948年

董作賓　《殷虛文字乙編》　中央研究院歷史語言研究所　1948-1953年

董作賓　《殷虛文字外編》　臺北市　藝文印書館　1956年

董作賓　《董作賓學術論集》　臺北市　世界書局　2008年

羅振玉　《殷虛書契》影印本　1913年

羅振玉　《殷虛書契續編》影印本　1933年

郭沫若　《卜辭通纂》　日本東京　文求堂　1933年

郭沫若　《殷契粹編》　日本東京　文求堂　1937年

鄭良偉　《走向標準化的臺灣話文》　臺北市　自立晚報社　1989年

滕壬生　《楚系簡帛文字編》　武漢市　湖北教育出版社　1995年

顧炎武　《音學五書》　北京市　中華書局　2005年

《辭彙》　臺北市　文化圖書　1974年

《增補彙音》　臺中市　瑞成書局　1961年

謝秀嵐　《彙音雅俗通十五音》　1818年編

中國社會科學院考古研究所編　《甲骨文編》　北京市　中華書局
　　　　2005年

廈門大學漢語方言研究室編　《普通話閩南方言詞典》　廈門市　廈門
　　　　大學出版社　1982年

臺灣總督府民政部　《臺灣十五音字母詳解》　臺北市　秀英舍　1901年

（日）白川靜著、蘇冰譯　《常用字解》　北京市　九州出版社　2010年

四　相關文獻與研究

王玉林　《中醫古籍考據例要》　北京市　學苑出版社　2006年

王愛和　《中國古代宇宙觀與政治文化》　上海市　上海古籍出版社
　　　　2011年

王國維　《觀堂集林》　北京市　中華書局　2006年

江　灝、錢宗武譯　《白話尚書》　臺北市　地球出版社　1994年

史昌友　《燦爛的殷商文化》　北京市　中國社會科學出版社　2006年

朱季海　《楚辭解故》　上海市　上海古籍出版社　2011年

朱彥民　《商族的起源、遷徙與發展》　北京市　商務印書館　2007年

朱士光、吳宏岐主編　《黃河文化叢書‧行住卷》　西安市　陝西人民
　　　　出版社　2001年

朱高正　《乾坤大挪移》　臺北市　臺灣商務印書館　1995年

宋鎮豪　《夏商社會生活史》　北京市　中國社會科學出版社　2005年

李　零　《中國方術正考》　北京市　中華書局　2006年

李　零　《中國方術續考》　北京市　中華書局　2006年

李辰冬　《詩經研究》　臺北市　水牛出版社　1974年

李辰冬　《詩經通釋》　臺北市　水牛出版社　1980年

李學勤　《青銅器與古代史》　臺北市　聯經出版公司　2005年

李曉東　《中國封建家禮》　西安市　陝西人民出版社　2002年

何光岳　《商源流史》　南昌市　江西教育出版社　1994年

何光岳　《周源流史》（上、下冊）　南昌市　江西教育出版社　1997年

何炳棣　《何炳棣思想制度史論》　臺北市　中央研究院、聯經出版公
　　　　司　2014年

沈　括　《夢溪筆談》　北京市　團結出版社　1996年

宗鳴安　《酓明樓金文考釋》　西安市　陝西人民美術出版社　2002年

吳　璵　《新譯尚書讀本》　臺北市　三民書局　2001年

呂文郁　《周代的采邑制度》　北京市　社會科學文獻出版社　2006年

林慶彰　《中國經學史研究的新視野》　臺北市　萬卷樓圖書公司
　　　　2012年

唐際根　《殷墟：一個王朝的背影》　北京市　科學出版社　2009年

韋心瀅　《殷代商王國政治地理結構研究》　上海市　上海古籍出版社
　　　　2013年

屈萬里　《尚書今註今譯》　臺北市　臺灣商務印書館　1970年

屈萬里　《屈萬里先生文存》　臺北市　聯經出版公司　1985年

高　亨　《詩經今注》　上海市　上海古籍出版社　1980年

馬之驌　《中國的婚俗》　臺北市　經世書局　1981年

胡家聰　《管子新探》　北京市　中國社會科學出版社　1995年

常玉芝　《商代周祭制度》　北京市　中國社會科學出版社　1987年

許倬雲　《西周史》　臺北市　聯經出版公司　1984年

袁珂校注　《山海經校注》　臺北市　里仁書局　1995年

陳夢家　《尚書通論》　石家莊市　河北教育出版社　2001年

陳顧遠　《中國法制史》　臺北市　臺灣商務印書館　1959年

陳顧遠　《中國婚姻史》　北京市　商務印書館　2014年

張渭蓮　《商文明的形成》　北京市　文物出版社　2008年

馮　時　《出土古代天文學》　臺北市　臺灣古籍出版有限公司　2001年

馮　時　《中國天文考古學》　北京市　中國社科　2010年

馮天瑜　《「封建」考論》　武漢市　武漢大學出版社　2006年

費成康主編　《中國的家法規則》　上海市　上海書店　1998年

萬心權　《大學中庸精注》　臺北市　正中書局　1969年

楊善群、鄭喜融　《創世紀在東方》　上海市　上海文藝出版社　2003年

裴普賢　《詩經比較研究與欣賞》　臺北市　臺灣學生書局　1983年

鄒昌林　《中國禮文化》　北京市　社會科學文獻出版社　2000年

褚斌杰　《楚辭要論》　北京市　北京大學出版社　2003年

韓江蘇、江林昌　《《殷本紀》訂補與商史人物徵》　北京市　中國社科
　　　　　2010年

劉　源　《商周祭祖禮研究》　北京市　商務印書館　2004年

鄭天杰　《曆法叢談》　臺北市　中國文化大學　1985年

趙尚華　《醫易通論》　太原市　山西科技　2006年

賴貴三主編　《中孚大有集》　臺北市　里仁書局　2011年

樓宇列　《王弼集校釋》　臺北市　華正書局　1992年

蔡玟芬主編　《商王武丁與后婦好：殷商盛世文化藝術特展》　臺北市
　　　　故宮博物院　2012年

楊家駱主編　《呂氏春秋集釋等五書》　臺北市　世界書局　1977年

熊任望譯注　《屈原辭譯注》　保定市　河北大學出版社　2004年

鍾敬文主編　《中國禮儀全書》　合肥市　安徽科學技術出版社　2003年

陝西歷史博物館編　《西周史論文集》（上、下集）　西安市　陝西人民
　　　　教育出版社　1993年

（美）夏含夷　《興與象：中國古代文化史論》　上海市　上海古籍出版
　　　　社　2012年

（美）夏含夷著，黃聖松等譯　《孔子之前：中國經典誕生的研究》　臺
　　　　北市　萬卷樓圖書公司　2013年

（美）倪德衛著、魏可欽、解方等譯　《《竹書紀年》解謎》　上海市
　　　　上海古籍出版社　2015年

五　網路資訊

谷歌網　www.google.com

美國航太網　www.nasa.gov

維基百科網　www.wikipedia.org

百度百科網　www.baidu.com

互動百科網　www.baike.com

漢典網　www.zdic.net

中國哲學書電子化計劃網頁　http://ctext.org/zh

山東大學易學研究中心網頁　http://zhouyi.sdu.edu.cn/index.asp

附錄一　易經與臺灣話對照索引

序號	出處 （集：頁）	卦名	字例	臺灣話發音
1	一：7	乾	元	GOAN$_5$
2	一：7	乾	亨	HIENG$_1$
3	一：7	乾	貞	TSIEN$_1$
4	一：8	乾	利、內	LAI$_7$
5	一：8	乾	利	LI$_7$
6	一：14, 16	乾	龍、能	LENG$_5$
7	一：14	乾	亢龍、哄乳	HONG$_2$ LENG$_1$
8	一：26	坤	月晦	GOEH$_8$ BAI$_5$
9	一：27	坤	習	PET$_8$
10	一：30	坤	總囊	ZHONG$_1$ LARNG$_2$
11	一：32	坤	黃	NG$_5$
12	一：35	坤	龍	LENG$_5$
13	一：47	屯	非	HUI$_1$
14	一：49	屯	虞	JU$_5$
15	一：57	蒙	蒙	BON$_3$
16	一：87	訟	有孚	WU$_1$ ALL$_4$
17	一：126, 132	大有	交頭	KAU$_3$ TAU$_5$
18	一：127, 132	大有	彭土	PHEN$_5$ TOLL$_5$

序號	出處 （集：頁）	卦名	字例	臺灣話發音
19	一：165	晉	晦	BAI$_5$
20	一：174	姤	遘	GOU$_3$
21	一：174	姤	姤	KAU$_3$
22	一：193	漸	孕	HEUNG$_3$
23	一：206	豐	蔀	POH$_2$
24	一：215	巽	巽	SENG$_3$
25	一：215	巽	床	CHUNG$_5$
26	一：215	巽	床	SHUNG$_5$
27	一：216	巽	喪	SHIUN$_1$
28	二：4	泰	彙	RUI$_1$
29	二：4	泰	茹	DZIAH$_8$
30	二：7	泰	否	HOU$_2$
31	二：7	泰	遐	HEI$_5$
32	二：8	泰	陂、埤	PI$_1$
33	二：14	泰	女、你	LI$_2$
34	二：19, 20	否	否	PHI$_2$
35	二：20	否	否	HOU$_2$
36	二：20	否	羞	TSAU$_1$
37	二：20	否	粒仔否	LIAP$_8$ A$_2$ PHI$_2$
38	二：21	否	鼎否	TIAN$_2$ PHI$_2$
39	二：21	否	羞	TSAU$_1$
40	二：33, 40	同人	同的	TONG$_5$ E$_5$
41	二：36	同人	同事	TONG$_5$ SU$_7$

序號	出處 （集：頁）	卦名	字例	臺灣話發音
42	二：36	同人	同心	TANG5 SIM1
43	二：40	同人	同門	TANG5 MNG3
44	二：40	同人	同姒	TANG5 SAI7
45	二：49, 53, 63	無妄	無妄	BO5 GONG7
46	二：52	無妄	女、你	LI2
47	二：52	無妄	女、汝	LU2
48	二：53	無妄	憨	HAM1
49	二：53	無妄	戇	GONG7
50	二：54	無妄	泅	SIU5
51	二：56	無妄	行口	HANG5 KHAU2
52	二：56	無妄	靠行	KHO3 HANG5
53	二：59	無妄	疾、急	KIP4
54	二：59	無妄	疾、質	CHIT8
55	二：59	無妄	疾	TSIT8
56	二：63	無妄	妄	GONG7
57	二：68, 76	大畜	畜	HAK4
58	二：68, 76	大畜	畜	HIOK4
59	二：68, 76	大畜	畜	THIOK4
60	二：70	大畜	牿	GOUN(ŋ)2
61	二：71, 77	大畜	殘	ZHAN5
62	二：73	大畜	車	GI1
63	二：83	坎	窟窞	KHUT4 LAM3
64	二：84	坎	沙	SUA1 ZUV5

序號	出處 （集：頁）	卦名	字例	臺灣話發音
65	二：84, 91	坎	窞	LAM₃
66	二：86, 91	坎	牖、羑	IU₂
67	二：90	坎	歲	SUE₃
68	二：90	坎	歲	HUE₃
69	二：96, 99, 103	離	離	LAI₇
70	二：96, 98, 99, 103, 108	離	利、內	LAI₇
71	二：96, 99	離	荔	LAI₇
72	二：104, 109	離	耋、跌	TIAT₈
73	二：106, 108, 109	離	出	TSUT₄
74	二：106	離	醜醜佊見笑	TSIU₂ TSIU₁ PUE₅ KIAN₃ SIAU₃
75	二：106	離	醜	TSIU₂
76	二：106	離	皮	PUE₅
77	二：117	家人	家	KA₁
78	二：117	家人	家	KE₁
79	二：118	家人	閑	HAN₅
80	二：119	家人	遂在伊	SUI₇ TSAI₇ I₃
81	二：119	家人	幸、餉	HING₇
82	二：119	家人	睍餅	HING₇ PIANN₂
83	二：124	家人	女、你	LI₂
84	二：132, 137, 140	蹇	蹇顛	KIAN₂ TIAN₁

序號	出處 （集：頁）	卦名	字例	臺灣話發音
85	二：138, 141	蹇	碩	SIK$_8$
86	二：138	蹇	熟	SIK$_8$
87	二：150	蹇	負	PE$_7$
88	二：150	解	俎	TSO$_2$
89	二：150, 151	解	拇	BOA(ŋ)$_1$
90	二：151	解	拇	MOU$_2$
91	二：151	解	拇	BO$_2$
92	二：152	解	綰	KUAN$_7$
93	二：155	解	吝	LIM$_7$
94	二：162, 169, 174	損	朋、平	PIN(ŋ)$_5$
95	二：164	損	損	SUN$_2$
96	二：164	損	筍	SUN$_2$
97	二：169	損	平	PI(n)$_5$
98	二：169	損	平	PIA(n)$_5$
99	二：169	損	平	PI$_5$
100	二：170	損	扒朋	PAT$_4$ PIN(ŋ)$_5$
101	二：170, 173	損	卜	POH$_4$
102	二：180	益	益	IK$_4$
103	二：181	益	造作	TSO$_7$ TSOK$_4$
104	二：182	益	凶事	HIONG$_1$ SU$_7$
105	二：183	益	從	CIONG$_5$, CING$_7$, CHIONG$_1$, TUI$_5$, UI$_5$

序號	出處 （集：頁）	卦名	字例	臺灣話發音
106	二：183	益	從啥	CIONG₅ SIA₂
107	二：184	益	依、衣、月	I₁
108	二：186, 187	益	朋	PIN(ŋ)₅
109	二：186, 187	益	平	PIN(ŋ)₅, PI(N)₅, PIA(n)₅, PI₅
110	二：187	益	圭	KUI₁, KE₁
111	二：188	益	羅庚	LO₅ KENN₁
112	二：189	益	般、搬	PUANN₁
113	二：190	益	布	POO₃
114	二：190	益	播田	POO₃ CHAN₅
115	二：200	井	射	SIA₇
116	二：200	井	射	HIA₁
117	二：200	井	鱟射	HOW₇ HIA₁
118	二：200	井	鮒溜	HOU₅ LIU₄
119	二：201	井	放伴	PANG₃ POA(ŋ)₇
120	二：203	井	贏	LEI₃
121	二：210	革	革	KEK₄
122	二：214	革	大人	TAI₇ JIN₅
123	二：217, 218	革	凶	HIONG₅
124	二：217	革	強驚凶，凶驚無天良	KIONG₅ KIANN₁ HIONG₅, HIONG₅ KIANN₁ BO₁ THIAN₁ LIONG₅
125	二：218	革	凶事	HIONG₁ SU₇

序號	出處 （集：頁）	卦名	字例	臺灣話發音
126	二：228	兌	兌	TUE_1, TOE_7, LUI_3
127	二：228	兌	兌換	TUI_1 $HOAN_7$
128	二：228	兌	匯兌	HOE_5 TOE_7
129	二：228	兌	兌錢	LUI_3 $TSIAN_5$
130	二：228, 234	兌	講和	KNG_2 HO_5
131	二：229	兌	壘兌	LUI_5 TUI_3
132	二：230, 234	兌	參商	$TSHAM_1$ $SIONG_5$
133	二：230	兌	介疾	KAI_3 KIP_4
134	二：233	兌	疾、急	KIP_4
135	二：233	兌	質	$CHIT_8$
136	二：245	中孚	翰	$HANN_2$
137	二：248	中孚	無確它	BUO_5 $KHAK_4$ ZUA_5
138	二：248	中孚	它、蛇	ZUA_5
139	三：4	小畜	畜	HAK_4
140	三：4	小畜	畜	$HIOK_4$
141	三：4	小畜	畜	$THIOK_4$
142	三：20	履	履、里	LI_2
143	三：20	履	履、輦	$LIAN_2$
144	三：20	履	步履	POO_7 $LIAN_2$
145	三：20	履	履起來	$LIAN_2$ KHI_2 LAI_4
146	三：20	履	履	LOP_8
147	三：36, 40	豫	豫、與、預	U_7
148	三：40	豫	盱	$KHOO_3$

序號	出處 （集：頁）	卦名	字例	臺灣話發音
149	三：40	豫	激盰盰	KIK$_4$ KHOO$_3$ KHOO$_3$
150	三：41	豫	簪	CHIAM$_1$
151	三：41	豫	珠簪	TSU$_1$ CHIAM$_1$
152	三：42	豫	猶、由、尤	IU$_5$
153	三：43	豫	青冥	CHENN$_1$ ME$_5$
154	三：43	豫	成	CIANN$_5$
155	三：43	豫	成	CHIANN$_5$
156	三：43	豫	成	SIANN$_5$
157	三：43	豫	成	SING$_5$
158	三：43	豫	有成	U$_7$ SING$_5$
159	三：44	豫	渝	JU$_5$
160	三：49	隨	花	HUE$_1$
161	三：49	隨	冠	KUE$_3$
162	三：49, 52, 62	隨	隨	TOUE$_3$
163	三：49, 62	隨	翁行某隨	ANG$_1$ KIANN$_5$ BOO$_2$ TOUE$_3$
164	三：50	隨	家後	KE$_1$ AU$_7$
165	三：53, 62	隨	系、繫	HE$_7$
166	三：54, 55, 62	隨	大倌、大官	TA$_1$ KUANN$_1$
167	三：58, 62	隨	拘	KOO$_1$
168	三：58	隨	拘桶	KOO$_1$ THANG$_2$
169	三：58, 62	隨	拘得很圓滿	KOO$_1$ KA$_2$ CHIN$_1$ UAN$_5$ BUAN$_2$

序號	出處 （集：頁）	卦名	字例	臺灣話發音
170	三：68	蠱	蠱、估	KOO_2
171	三：68	蠱	龜仔	$KU_1 A_4$
172	三：74	蠱	幹、管	$KUAN_2$
173	三：75	蠱	往往	$ONG_2 ONG_2$
174	三：84, 94	臨	臨	LIM_5
175	三：84	臨	臨	$LIAM_5$
176	三：84	臨	臨時	$LIM_5 SI_5$
177	三：84	臨	臨時	$LIAM_5 SI_5$
178	三：90	臨	至	TSI_3
179	三：91	臨	知、災	$TSAI_1$
180	三：91	臨	知、豬	TI_1
181	三：91	臨	知、智	TI_3
182	三：92	臨	宜、儀	GI_5
183	三：92	臨	敦、墩	TUN_1
184	三：100	噬嗑	齧	$GIAT_4$
185	三：100	噬嗑	齧	KHE_3
186	三：100	噬嗑	齧甘蔗	$GIAT_4 KAM_1 TSIA_3$
187	三：100	噬嗑	齧甘蔗	$KHE_3 KAM_1 TSIA_3$
188	三：100	噬嗑	噬	SE_3
189	三：100	噬嗑	嗑	$KHAP_4$
190	三：100	噬嗑	嗑	HAP_8
191	三：103	噬嗑	屨、句	KU_3
192	三：103	噬嗑	教冊	$KA_3 CHEH_4$

序號	出處 （集：頁）	卦名	字例	臺灣話發音
193	三：103	噬嗑	差教	CHE$_1$ KAH$_4$
194	三：103	噬嗑	教育	KAU$_3$ IOK$_8$
195	三：103	噬嗑	校秤	KAH$_4$ CHIN$_3$
196	三：103	噬嗑	校稿	KAU$_3$ KO$_2$
197	三：103	噬嗑	學校	HAK$_8$ HAU$_7$
198	三：103	噬嗑	屨校	KU$_3$ KAH$_4$
199	三：103, 108	噬嗑	坐校	CHE$_7$ KAH$_4$
200	三：104	噬嗑	鼻	PHINN$_7$
201	三：104	噬嗑	鼻空	PHINN$_7$ KHANG$_1$
202	三：104	噬嗑	鼻芳	PHINN$_7$ PHANG$_1$
203	三：105	噬嗑	肺	JI$_2$
204	三：106	噬嗑	鴨賞	AH$_4$ SIONN$_2$
205	三：106	噬嗑	膽肝	TAM$_2$ KUANN$_1$
206	三：116, 124	賁	賁、奔	PHUN$_1$
207	三：116, 124	賁	賁、庇	PI$_3$
208	三：116, 125	賁	賁、雲	HUN$_5$
209	三：116, 125	賁	賁、費	HUI$_3$
210	三：119	賁	濡	JIU$_5$
211	三：121	賁	邱	KHU$_1$
212	三：121	賁	白	PEH$_8$
213	三：122	賁	小	SIO$_2$
214	三：122	賁	小	SIAU$_2$
215	三：122	賁	小	SE$_3$

序號	出處 （集：頁）	卦名	字例	臺灣話發音
216	三：130, 139	剝	剝	PAK$_4$
217	三：130, 139	剝	剝粿巾	PAK$_4$ KUI$_2$ KIN$_1$
218	三：130, 139	剝	剝粿巾	PAK$_4$ KE$_2$ KUN$_1$
219	三：131, 140	剝	作蔑猜	TSOH$_4$ BIH$_7$ CHAI$_1$
220	三：131, 140	剝	藏水蔑	CHANG$_3$ TSUI$_2$ BIH$_7$
221	三：131, 140	剝	蔑相尋	BIH$_8$ SIO$_7$ CHHE$_7$
222	三：131	剝	床	CHNG$_5$
223	三：131, 139, 140	剝	床	SNG$_5$
224	三：132, 140	剝	足	CHIOK$_4$
225	三：132, 140	剝	辨	PAN$_7$
226	三：133	剝	籠床	LANG$_5$ SNG$_5$
227	三：133	剝	床底	SNG$_5$ TE$_2$
228	三：133	剝	床層	SNG$_5$ TSAN$_5$
229	三：134, 140	剝	貫	KNG$_3$
230	三：135, 140	剝	寵	THIONG$_2$
231	三：136, 140	剝	碩	SIK$_8$
232	三：144, 146, 158	復	復、伏、服	HOK$_8$
233	三：152	復	祗	TI$_2$
234	三：152	復	休	HIU$_1$
235	三：154	復	墩、敦	TUN$_1$
236	三：156	復	朋	PIN(ŋ)$_5$

序號	出處 （集：頁）	卦名	字例	臺灣話發音
237	三：166	頤	領	AM_7
238	三：168	頤	舍面子	SIA_2 BIN_7 TSU_2
239	三：168	頤	舍	SIA_2
240	三：171	頤	由	IU_5
241	三：182	大過	棟、凍、檔	$TONG_3$
242	三：182	大過	棟、凍、當	$TANG_3$
243	三：182	大過	棟、脹、漲	$TIONG_3$
244	三：182, 183	大過	浮動、桴棟	PHU_5 $TANG_7$
245	三：182	大過	桴、浮	PHU_5
246	三：183, 189	大過	得	TIT_4
247	三：183	大過	我有得想	GUA_2 U_7 TIT_4 $SIUNN_7$
248	三：186	大過	無確它	BUO_5 $KHAK_4$ ZUA_5
249	三：186	大過	它、蛇	ZUA_5
250	三：187	大過	吝	LIM_7
251	三：187	大過	花、華	HUA_1
252	三：187	大過	奢華	$CHIA_1$ HUA_1
253	三：196, 204	咸	咸、感	KAM_2
254	三：196, 204	咸	咸、幹	KAN_3
255	三：197	咸	拇	$BOA(ŋ)_1$
256	三：197	咸	拇	MOU_2
257	三：197	咸	拇	BO_2
258	三：198, 204	咸	腓	HUI_5
259	三：199	咸	居	KU_1

序號	出處 （集：頁）	卦名	字例	臺灣話發音
260	三：199	咸	居	KI₁
261	三：199, 204	咸	股	KOO₂
262	三：199	咸	手股頭	CHIU₂ KOO₂ THAU₅
263	三：199	咸	咨	LIM₇
264	三：200	咸	朋	PIN(ŋ)₅
265	三：201, 204	咸	脢	BAI₁
266	三：201	咸	脪脢（女陰）	TSI₁ BAI₁
267	三：203	咸	悔	HUE₂
268	三：203	咸	反悔	HUAN₂ HUE₂
269	三：204	咸	牽手	KHAN₁ TSHIU₂
270	三：209, 220	恆	恆	HENG₅
271	三：210, 220	恆	艮、恆	KENG₃
272	三：211	恆	悔	HUE₂
273	三：211	恆	反悔	HUAN₂ HUE₂
274	三：221	恆	恆心	HENG₅ SIM₁
275	三：221	恆	硬撑	NGE₇ KENG₁
276	三：225	歸妹	濟	TSE₃
277	三：228, 231	歸妹	歸	KUI₁
278	三：228	歸妹	歸、饋、餽	KUI₇
279	三：228	歸妹	歸	KA₁
280	三：228	歸妹	歸工	KUI₁ KANG₁
281	三：228	歸妹	歸庄	KUI₁ TSNG₁
282	三：228	歸妹	歸欉	KUI₁ TSANG₅

序號	出處 （集：頁）	卦名	字例	臺灣話發音
283	三：229	歸妹	幸	$HENG_7$
284	三：231, 240	歸妹	嫁娶	$KE_3\ TSUA_7$
285	三：231, 241	歸妹	嫁	KE_3
286	三：232	歸妹	需、須	SU_1
287	三：234	歸妹	袂	NG_2
288	三：236	歸妹	刲	KUI_3
299	三：248, 258	節	節	$CHIAT_4$
300	三：248, 258	節	節	$THEH_4$
301	三：248, 258	節	節	$TSAT_4$
302	三：248, 258	節	站節	$TSAM_7\ TSAT_4$
303	三：249, 256, 259	節	庭	$THENG_3$
304	三：249, 250, 256, 259	節	庭、埕	$TIANN_5$
305	三：249, 256, 259	節	庭	$TING_5$
306	三：250, 257	節	凶	$HIONG_1$
307	三：257	節	凶事	$HIONG_1\ SU_7$
308	三：257	節	尚	$SIU(\eta)_7$
309	三：257	節	尚	$SIONG_7$

附錄二　易經與上古史事對照索引

序號	出處（集：頁）	卦名	經文	史事對照
1	一：25, 33 ~ 34	坤	上六：龍戰於野，其血玄黃	史記：武王伐紂，兩軍交戰於牧野
2	一：43, 51	屯	六二：女子貞，不字，十年乃字	詩經：文王初載，天作之合 列女傳：太姒生十男：長伯邑考、次武王發 淮南子：文王十五而生武王
3	一：56, 58 ~ 59	蒙	初六：發蒙，利用刑人	尚書：姬發滅紂，訪箕子講解「洪範」九疇
4	一：69, 73 ~ 74	需	九二：需于沙	古本竹書紀年：紂時稍大其邑，南距朝歌，北據邯鄲及「沙丘」，皆為離宮別館
5	一：69, 73 ~ 74	需	九三：需于泥	詩經、水經注、詩地理徵：古地名「泥中」
6	一：69 ~ 70, 77	需	上六：有不速之客三人來	史記：武王姬發滅紂後，封建諸侯與「三監」故事

序號	出處 （集：頁）	卦名	經文	史事對照
7	一：85, 90 ～91	訟	上九：或賜之 鞶帶，終朝三 褫之	史記：武王封商紂子祿 父 尚書：武王勝殷，殺 受，立武庚
8	一：98, 99 ～101	師	卦辭：師： 貞，丈人； 吉，無咎	史記：武王即位，太公 望為師
9	一：98, 99 ～104	師	六三：師或輿 尸六五：長子 帥師，弟子輿 尸	史記：為文王木主，載 以車
10	一：99, 104 ～105	師	六四：師左 次，無咎	史記：武王師，畢渡盟 津，諸侯咸會
11	一：113, 115～116	比	九五：顯比， 王用三驅，失 前禽	史記：湯出，見野張網 四面 禮記：天子不合圍
12	一：113, 116～117	比	上六：比之無 首，凶	韓詩外傳、史記：關龍 逢、比干之死諫
13	一：136, 137～141	謙	六二：鳴謙， 貞吉	史記：商湯讓王 莊子：湯剋桀，以讓卞 隨
14	一：137, 141～143	謙	上六：鳴謙， 利用行師，征 邑國	史記：湯伐夏桀，桀奔 於鳴條，夏師敗績 尚書：湯與桀戰于鳴條 之野

序號	出處 （集：頁）	卦名	經文	史事對照
15	一：159～162	晉	卦辭：晉：康侯，用錫馬蕃庶，晝日三接	竹書紀年：王賜季歷「地三十里、玉十穀、馬十匹」； 史記：周族歷經「亶父、季歷、西伯」三代而興
16	一：172,177～180	姤	九三：臀無膚	楚辭：「干協時舞」、「平脅曼膚」典故
17	一：172～173, 175～176	姤	九五：以杞包瓜	列子：「杞人憂天」寓言
18	一：200,204～207	豐	初九：遇其配主，雖旬無咎，往有尚	禮記：親廟之配主 甲骨卜辭：殷商行「旬祭」之週期禮制
19	一：201,206	豐	九三：豐其沛，日中見沫	竹書紀年：殷末都于沬（朝歌）
20	二：3, 9～11	泰	六五：帝乙歸妹，以祉元吉	史記：帝乙長子曰微子啟，啟母賤，不得嗣。少子辛，辛母正后，辛為嗣 申鑒：歸妹元吉，帝乙之訓
21	二：35, 41～42, 46	同人	九三：伏戎于莽，升其高陵，三歲不興	史記：周武王「三監」武庚及殷民史事

序號	出處（集：頁）	卦名	經文	史事對照
22	二：51, 55 ~ 59	無妄	六三：無妄之災，或繫之牛；行人之得，邑人之災	竹書紀年：有易殺殷侯子亥，殷侯微殺其君綿臣 楚辭：殷侯王亥喪牛、羊於有易國
23	二：67, 70, 75	大畜	六四：童牛之牿，元吉	世本：「王胲作服牛」 管子：「殷人之王，立皂牢，服牛馬，以為民利，而天下化之。」
24	二：81, 84 ~ 86	坎	六四：納約自牖，終無咎	史記、竹書紀年：囚西伯於羑里 漢書：文王拘于牖里
25	二：97, 101 ~ 105	離	九三：日昃之離，不鼓缶而歌	史記：殷之大師、少師，乃持其祭樂器奔周
26	二：131, 134	蹇	九五：大蹇，朋來	史記：西伯禮下賢者，太顛等人，皆往歸之
27	二：144 ~ 145, 148 ~ 149	解	九二：田獲三狐，得黃矢，貞，吉	史記：惡來、費仲、崇侯虎這三個姦猾嬖臣，被解除武裝
28	二：145, 149 ~ 150	解	六三：負且乘，致寇至，貞，吝	史記：武王載木主，號為文王，東伐紂

序號	出處（集：頁）	卦名	經文	史事對照
29	二：178～179, 183～185, 187～190	益	六四：中行告公從；利用為依遷國	史記、竹書紀年、尚書：「盤庚遷殷」史事
30	三：51, 55	隨	六二：系小子，失丈夫	竹書紀年：商王殺季歷，太任失去丈夫
31	三：51, 56	隨	六三：系丈夫，失小子	竹書紀年：紂王囚西伯、殺伯邑考，太姒失去兒子
32	三：52, 58～59	隨	上六：王用亨于西山	史記：武王滅紂，罷兵西歸後，祭祀封侯
33	三：66, 69～73	蠱	卦辭：先甲三日，後甲三日	甲骨卜辭、太平御覽：殷人「武丁、母辛、孝己」
34	三：67, 73～74	蠱	初六：幹父之蠱，有子考	史記、尚書：高宗肜日，有「雉鳥登鼎」而鳴，祖己勸諫父王節儉
35	三：82, 85～86	臨	卦辭：至于八月，有凶	史記：武乙獵於河渭之間，暴雷，武乙震死竹書紀年：王畋于河、渭，大雷震死
36	三：82, 86～89	臨	初九：咸臨，貞吉	史記：巫咸治王家有成，作〈咸艾〉竹書紀年：命巫咸禱于山川呂氏春秋：巫咸作筮

序號	出處 （集：頁）	卦名	經文	史事對照
37	三：83, 89 ~ 90	臨	六三：甘臨	尚書：甘誓篇地名甘
38	三：144, 146, 157 ~ 158	復	卦辭：反復其道，七日來復	周禮：諸侯履行朝覲天子之賓禮
39	三：145, 154 ~ 155	復	上六：以其國君凶，至于十年不克征	竹書紀年：文王薨後十年，武王始克完成翦商滅紂之歷史使命
40	三：165, 168 ~ 172	頤	六二：顛頤，拂經	帝王世紀：紂既囚文王，且烹伯邑考以為羹，賜文王，文王得而食
41	三：165, 170, 173	頤	六三：十年勿用	竹書紀年：文王從受困坐牢到受命復起之十年考驗
42	三：181, 183 ~ 185	大過	九二：枯楊生稊，老夫得其女妻	史記、竹書紀年：文王拜高齡呂尚為師，並以呂尚女為武王妻
43	三：209, 215 ~ 216, 221	恆	上六：振恆，凶	史記、竹書紀年、國語、呂氏春秋、世本、楚辭：殷商之先公「振」與「恆」，兩人在有易國被殺之不幸事件

序號	出處 （集：頁）	卦名	經文	史事對照
44	三：227，237～239，241	歸妹	六五：帝乙歸妹	史記：帝乙長子曰微子啟，啟母賤，不得嗣。少子辛，辛母正后，辛為嗣 申鑒：歸妹元吉，帝乙之訓

經學研究叢書　003

歸O解易十六講　第三集

作　　者	廖慶六	
責任編輯	蔡雅如	
發 行 人	陳滿銘	
總 經 理	梁錦興	
總 編 輯	陳滿銘	
副總編輯	張晏瑞	
編 輯 所	萬卷樓圖書股份有限公司	
排　　版	游淑萍	
印　　刷	百通科技股份有限公司	
封面設計	斐類設計工作室	

發　　行　萬卷樓圖書股份有限公司
　　　　　臺北市羅斯福路二段 41 號 6 樓之 3
　　　　　電話 (02)23216565
　　　　　傳真 (02)23218698
　　　　　電郵 SERVICE@WANJUAN.COM.TW
大陸經銷　廈門外圖臺灣書店有限公司
　　　　　電郵 JKB188@188.COM

ISBN 978-957-739-954-0
2015 年 10 月初版
定價：新臺幣 420 元

如何購買本書：

1. 劃撥購書，請透過以下郵政劃撥帳號：
　　帳號：15624015
　　戶名：萬卷樓圖書股份有限公司

2. 轉帳購書，請透過以下帳戶
　　合作金庫銀行　古亭分行
　　戶名：萬卷樓圖書股份有限公司
　　帳號：0877717092596

3. 網路購書，請透過萬卷樓網站
　　網址　WWW.WANJUAN.COM.TW

大量購書，請直接聯繫我們，將有專人為
您服務。客服：(02)23216565　分機 10

如有缺頁、破損或裝訂錯誤，請寄回更換

版權所有·翻印必究
Copyright©2014 by WanJuanLou Books CO., Ltd.
All Right Reserved　　　　　**Printed in Taiwan**

國家圖書館出版品預行編目資料

歸 O 解易十六講　第三集/ 廖慶六著. -- 初版. --
- 臺北市 ： 萬卷樓, 2015.10-
　　冊 ；　　公分. -- (經學研究叢書 ；3-)
ISBN 978-957-739-954-0(第 3 集 ： 平裝)

1.易經　2.研究考訂　3.臺語

121.17　　　　　　　　　　　　　　104018291